Mirjana Zipperle

Organisationsentwicklung und Fachlichkeit

D1699003

VS RESEARCH

Forschung und Entwicklung in der Erziehungswissenschaft

Herausgegeben von
Prof. Dr. Rainer Treptow, Universität Tübingen

Mirjana Zipperle

Organisations-entwicklung und Fachlichkeit

Eine Fallstudie zur Neustrukturierung von Beratungsdiensten im Jugendamt

Mit einem Geleitwort von Prof. Dr. Rainer Treptow

Bibliografische Information Der Deutschen Nationalbibliothek
Die Deutsche Nationalbibliothek verzeichnet diese Publikation in der
Deutschen Nationalbibliografie; detaillierte bibliografische Daten sind im Internet über
<http://dnb.d-nb.de> abrufbar.

1. Auflage 2008

Lektorat: Christina M. Brian / Dr. Tatjana Rollnik-Manke

Der VS Verlag für Sozialwissenschaften ist ein Unternehmen von Springer Science+Business Media.
www.vs-verlag.de

Umschlaggestaltung: KünkelLopka Medienentwicklung, Heidelberg
Gedruckt auf säurefreiem und chlorfrei gebleichtem Papier
Printed in Germany

ISBN 978-3-531-15898-3

Geleitwort

Soziale Dienstleistungen durchlaufen seit einigen Jahren bemerkenswerte Entwicklungen. Neue Kooperationen, Netzwerke, Konzepte verändern ihre Organisationsformen. Aber sind solche Wandlungsverläufe immer auch fachlich begründet? Freie und kommunale Träger begnügen sich nicht mehr nur mit internen Bestandsaufnahmen. Sie öffnen sich vielmehr für fachlich gebundene Praxisbegleitung, die die Gestaltung dieses Wandels beobachtet und ihre Ergebnisse an die gestaltenden Akteure zurückmeldet.

Ein Beispiel für eine solche, an der Umsetzung fachlicher Argumente interessierten Begleitung bildet die hier von Mirjana Zipperle vorgelegte Arbeit. Gegenstand ist der Zusammenschluss eines Allgemeinen Sozialdienstes und einer Erziehungsberatungsstelle unter dem Dach eines Beratungszentrums. Ziel dieses integrativen Ansatzes ist es, über die multiprofessionelle Zusammenarbeit hinaus einen umfassenderen, lebensweltorientierten Zugang zu Adressaten zu ermöglichen. Entsprechend der Grundsätze einer zeitgemäßen Professionalisierungsdiskussion sollten mehrperspektivische Zugänge zu Familien möglich, außerdem sozialräumliche Aspekte und dienstleistungstheoretische Rahmungen berücksichtigt werden.

Ist die Beschreibung des Veränderungsverlaufs anschaulich und minutiös nachgezeichnet, werden die großen Bemühungen der Mitarbeiterinnen und Mitarbeiter um die Gestaltung gewürdigt, so ist das Fazit dieses Berichts ernüchternd. Eine konzeptionelle Idee großen Stils mündet in eine Bewältigungsform, die das Beste aus einer vorgefundenen Situation zu machen versucht. Reaktion statt Aktion überwiegt. Gestaltungsleitendes Erfahrungswissen wird wenig nachgefragt, kaum aktiv eingebracht. Die angestrebte Verbesserung der Dienstleistung für Adressaten wird überlagert von Nutzenkalkülen, die sich auf die Arbeitssituation der Mitarbeiter richten. Ressourcen bleiben ungenutzt, Koordinierungsnotwendigkeiten im Sozialraum werden nicht begriffen. Daneben gelingt es durch die multiprofessionelle Zusammenarbeit Bedarfslagen von Familien umfassender einzuschätzen und in passgenauere Hilfen zu übersetzen.

Die Diskrepanz, die Mirjana Zipperle hier aufdeckt, besteht in der Kluft zwischen einem über Jahrzehnte hinweg entstandenen Grundbestand an fachlichen Einsichten der Jugendhilfe und einer scheinbaren Eigenlogik organisationalen Wandels, die sich davon entfernen kann. Dies mag eine keineswegs neue

Erkenntnis sein, gäbe es nicht auch Erfahrungen, die von einer, der Fachlichkeit genauer entsprechenden Gestaltung künden. So verstanden ist die Diskrepanz keine unveränderliche Größe. Über sie zu berichten, könnte der Dynamik des Wandels eine veränderte Richtung verleihen. Dann wäre die Adressatenorientierung wieder stärker mit den Dienstleistungsaufgaben in Verbindung gebracht, die Lebenswelt der Individuen wäre auf den Kontext ihrer sozialräumlichen Lebenslage bezogen, Potential von Erziehungsberatung käme zur Synergie mit dem Potential der ressourcenorientierten Jugendhilfe. Die vorliegende Arbeit zeigt, wie die Schere aufgeht, und sie erinnert daran, dass sie zu schließen wäre.

Rainer Treptow

Inhalt

1 Einleitung

> Es ist nicht gesagt, daß es besser wird, wenn es anders wird.
> Wenn es aber besser werden soll, muß es anders werden.
>
> Georg Christoph Lichtenberg (1742-99)

1.1 Thematische Hinführung

Soziale Einrichtungen und Dienste stehen genauso vor der Aufgabe, sich gesellschaftlichen Veränderungen und den dadurch entstehenden Herausforderungen zu stellen, wie andere Institutionen, die am gemeinschaftlichen Leben mitwirken möchten. Veränderung und Wandel sind nicht möglich, wenn alles so bleibt wie es ist, sondern sie bedürfen der Offenheit und Kreativität gegenüber Neuem. Nur dann besteht die Chance, dass den veränderten Rahmenbedingungen angemessene, zukünftig tragfähige Lösungen gefunden und soziale Dienstleistungen verbessert werden. Es bleibt demnach nichts anderes übrig, wie Lichtenberg meinte, als sich auf den Weg der Veränderung zu begeben, in der Hoffnung, das richtige Gespür für die aktuelle Situation zu haben, denn garantiert ist es nicht, dass es besser wird, wenn es anders wird, aber wenn es besser werden soll, führt kein Weg an der Veränderung vorbei.

Auch Grunwald reagiert mit seinen Auseinandersetzungen zur Neugestaltung der freien Wohlfahrtspflege auf die Notwendigkeit, sich mit dem Thema der Veränderung in der Sozialen Arbeit auseinanderzusetzen. Er stellt fest, dass „Einrichtungen (…) aktuell unter einem erheblichen Legitimationszwang im Blick auf das Verhältnis von benötigten Ressourcen und der Qualität der erbrachten Leistungen sowie unter einem erheblichen Veränderungsdruck bezogen auf Fragen der Organisationsgestaltung und des Managements" stehen (Grunwald 2001, S. 9). Es kann davon ausgegangen werden, dass dieser Veränderungsdruck nicht vor dem öffentlichen Träger Halt macht und somit auch Dienstleistungen des Jugendamtes hinterfragt und gegebenenfalls neu strukturiert werden müssen.

Auch in der Arbeitsfeldliteratur der beiden im Zentrum dieser Untersuchung stehenden Dienste – Allgemeiner Sozialdienst (ASD) und Erziehungsberatung (EB) – werden Themen aufgegriffen, die verdeutlichen, dass diese ebenfalls vor der Herausforderung stehen, sich auf Grund von gesellschaftlichen und finanziellen Rahmenbedingungen verändern zu müssen. Kurz-Adam weist für die Erziehungsberatung darauf hin, dass die Diskussion um die Institution Erziehungsberatung heute eingebettet in die Debatte um den Standort und die Orientierung der Jugendhilfe stattfindet und dabei der Diskurs um Modernisierung eine zentrale Rolle spielt (vgl. Kurz-Adam 1997, S. 9). Auch für das Arbeitsfeld Allgemeiner Sozialdienst wird durch Titel wie „Vom ASD zum Sozialleistungszentrum" (Gresse/Kersten-Rettig 1993) oder „Innovation im ASD" (Hinte 1991) deutlich, dass Themen des Wandels diskutiert werden. Gräßer nimmt sogar an, dass der Allgemeine Sozialdienst von einem dauernden Wandel begriffen ist, da sich die Menschen, für die er da ist, und die Gesellschaft ständig ändern (vgl. Gräßer 2002, S. 18).

Es geht also grundsätzlich nicht um die Frage, ob sich soziale Dienste unter den gegebenen Rahmenbedingungen wandeln, sondern wie sie diese Herausforderung, Veränderungen einzugehen, bewältigen und welche Effekte damit erreicht werden können.

Um Veränderungen anzugehen, gibt es mehrere Wege und Möglichkeiten. Auf Grund der Beobachtung, dass Wandlungsprozesse vielfach über eine Veränderung der Strukturen angegangen werden, steht die Ebene der Organisation im Mittelpunkt der Betrachtung dieser Untersuchung.[1] Konzeptionell-organisatorische Umstrukturierungen werden somit als *eine* Möglichkeit erachtet, wie Organisationsveränderungen angegangen werden können.

Die Ebene der Organisation wird dabei als notwendige Voraussetzung für die Umsetzung der sozialpädagogischen Fachlichkeit angesehen (vgl. Grunwald 2004, S. 241). Grunwald geht davon aus, dass professionelle sozialpädagogische Hilfe sich nicht im luftleeren Raum vollzieht, sondern eingebunden und geprägt ist von Organisationen sowie ihrer Gestaltung durch MitarbeiterInnen und Leitungskräfte (vgl. ebd., S. 241). Organisationen stellen somit den entscheidenden Rahmen für fachliches Handeln dar, haben aber, bezogen auf die Aufgaben und Ziele von professionellem Handeln, eine dienende und fördernde Funktion. Sie erfüllen demnach keinen Selbstzweck, sondern sind Mittel zum Zweck.

Die Ausgestaltung von Organisationen muss deshalb „an der jeweiligen Sichtweise der Menschen, mit denen Soziale Arbeit es zu tun hat und an der Erfüllung fachlicher Aufgaben" gemessen werden (ebd., S. 256f.). In Anbetracht dieser Forderung wird eine aktive und bewusste Gestaltung von organisationalem Wandel für Dienste und Einrichtungen der Sozialen Arbeit zu einer zentralen Aufgabe.

Inwiefern Organisationsveränderungen professionelles Handeln in der Praxis unterstützen und damit Fachlichkeit voranbringen können, soll im Rahmen dieser Studie expemlarisch untersucht werden.

---

[1] Flösser sieht Organisation neben Profession und Adressaten als ein internes Strukturmerkmal von Sozialer Arbeit an (vgl. Flösser 1994).

In der theoretischen Fachdiskussion gibt es sehr unterschiedliche Haltungen zu dieser Frage. Liebig bspw. vertritt die Position, dass Organisationsveränderungen einen geeigneten Ausgangspunkt für effektive Wandlungsprozesse darstellen:

> „Organisationen in der Sozialen Arbeit sind als integraler Bestandteil des Erfolgs und der Wirksamkeit des professionellen Handelns anzusehen, sie sind ein Strukturelement der Sozialen Arbeit. Reformmodelle, die die Optimierung des Systems der Sozialen Arbeit zum Ziel haben, können das Strukturelement Organisation nicht aussparen, sondern sehen gerade darin den zentralen Ansatzpunkt. Im Gegensatz zu den anderen Komponenten (Profession, Adressaten), die das Handlungsfeld der Sozialen Arbeit konstituieren, sind Veränderungen des Strukturelements Organisation relativ kurzfristig zu realisieren. Gerade mit der Diskussion über die Effektivität und Effizienz der Sozialen Arbeit gewinnen daher Organisationsfragen an Relevanz und werden in verstärktem Maße zum Ansatzpunkt für Reform- und Modernisierungsbestrebungen" (Liebig 2001, S. 20).

Im Gegensatz dazu ist Hinte der Meinung, dass das Potential von Organisationsveränderungen vielfach überschätzt wird und derartig einseitig initiierte Veränderungen kaum in Gang kommen, geschweige denn nachhaltig wirken. Er bezweifelt, „ob eine neue Struktur bereits der Garant dafür ist, dass die Professionellen anders arbeiten" (Hinte 1993, S. 19) und weist darauf hin, dass vielfach das Phänomen auftritt, dass die Organisation sich verändert, die Professionellen aber die gleichen blieben. Er bezeichnet deshalb eine strukturelle, äußere Neuorganisation ohne eine ‚innere Neuorganisation' der handelnden Individuen als Makulatur (vgl. ebd.). Seine Skepsis pointiert er wie folgt:

> „Die seit mittlerweile 20 Jahren in diesem Lande wabernde Neuorganisationshysterie speziell in den sozialen Diensten und der immer wieder anzutreffende nachgängige Befund, die Neuorganisation sei auf halbem Weg steckengeblieben, habe die Arbeitsweisen der Professionellen im Kontakt zu den betroffenen fast gar nicht verändert oder sei letztlich nur politisch vorzeigbar, lassen Skepsis bezüglich Behauptungen wie der folgenden angebracht erscheinen: ‚Von problemangemessenen Organisationsstrukturen sind deshalb erhebliche Entwicklungsschübe in vielen Feldern der Sozialarbeit zu erwarten'"(Hinte 1993, S. 19).

Auch wenn Hinte eingesteht, dass durch effiziente Organisationsstrukturen manche Reibungsverluste zu vermeiden seien, ist für ihn immer noch fraglich, wie über organisatorische Möglichkeiten fachliches Handeln von MitarbeiterInnen beeinflusst werden kann (vgl. ebd.). Es ist also nicht evident, dass durch Organisationsveränderungen wirksame fachliche Entwicklungen angestoßen werden können.

Aus der Betrachtung dieser Positionen kann zumindest abgeleitet werden, dass der Wandel von Organisationen auch immer eines Wandels von Einstellungen von betroffenen MitarbeiterInnen bedarf. D.h. es geht darum, wie über Organisationsveränderungen Einstellungsänderungen bei MitarbeiterInnen bewirkt werden können.

Nicht zuletzt aus diesem Grund wurden im Rahmen der vorliegenden Studie
MitarbeiterInnen befragt, die diese Organisationsveränderung erlebt hatten und
in den Interviews retrospektiv deren Wirksamkeit aus ihrer Sicht beurteilen können.

1.2 Kontext der Untersuchung

Seit Ende der 1990er Jahren werden in A.[2], wie in vielen anderen Städten und
Landkreisen, Überlegungen angestellt, wie eine moderne Jugendhilfe aussieht,
die sowohl den fachlichen Ansprüchen gerecht wird als auch die drastische Kos-
tenentwicklung in diesem Bereich kontrollieren kann. Mit großen Anstrengungen
wurden Reformprojekte begonnen (z.B. interne Umstrukturierungen im Jugendamt, Umbau der Hilfen zur Erziehung), die innerhalb und außerhalb der Groß-
städter Jugendhilfelandschaft unterschiedlichst aufgenommen, diskutiert und
bewertet werden. Im Rahmen dieser Entwicklung entstand die Idee, die beiden
Dienste ASD und EB zusammenzuführen und zukünftig gemeinsam arbeiten zu
lassen. Gräßer formuliert den Zusammenhang der Veränderungen unter folgen-
dem Aspekt: „Die in (...) [A.] in Gang befindliche Weiterentwicklung der Hilfen
zur Erziehung und die anstehende Umsetzung der neuen Philosophie zu Hilfen
zur Erziehung (flexible Hilfen) erfordert auch eine Weiterentwicklung der Beratungsdienste ASD und EB" (Gräßer 2001, S. 1). Die neu entstandenen Beratungszentren erfüllen somit in einem integrierten Dienst sowohl die Funktion
eines ASDs als auch der Erziehungsberatung und sollen zur Umsetzung der neu-
en Philosophie zur Hilfen zur Erziehung beitragen.
    Im Rahmen dieser Untersuchung wird anhand des Zusammenschlusses von
ASD und EB zum Beratungszentrum die oben eingeführte Frage untersucht,
inwieweit eine Organisationsveränderung (hier zum Beratungszentrum) im
Dienste einer fachlichen Entwicklung (hier der Umsetzung der integrierten, flexiblen Erziehungshilfen sowie der Erfüllung der aktuellen fachlichen Herausforderungen der beiden Arbeitsfelder) steht. Zur Bearbeitung dieser Forschungsfrage, wurden ExpertInneninterviews mit fünf MitarbeiterInnen des Beratungszentrums geführt.

Ziel dieser Arbeit ist es:
- Den Prozess der Organisationsveränderung zum Beratungszentrum zu
  rekonstruieren und zu verstehen, wie dieser aus Sicht der Mitarbeiter-

---

[2] Im Rahmen dieser Arbeit wurden alle Namens- und Ortsangaben anonymisiert.

Innen zustande kam, welche Veränderungen er bewirkte und welche Perspektiven sie für diese neue Organisationsform sehen.

- Eine theoretische Kontrastierung und Bewertung der dargestellten Veränderungen vorzunehmen hinsichtlich a) der Realisierung der beabsichtigten Entwicklungen in A. und b) hinsichtlich der Dienlichkeit der Umsetzung aktueller Fachentwicklungen in der Jugendhilfe, dem Arbeitsfeld des Allgemeinen Sozialdienstes sowie der Erziehungsberatung.

1.3 Aufbau der Arbeit

Die vorliegende Arbeit gliedert sich in drei Abschnitte. Der erste Abschnitt *Kap. 2 - 4* dient der thematisch-theoretischen Einführung, wobei einerseits wesentliche Theoriediskussionen und andererseits Entwicklungen der Praxis in A. skizziert werden.

In *Kapitel 2* wird zunächst ein Überblick über aktuelle Fachentwicklungen in der Jugendhilfe gegeben, um zu zeigen, vor welchem theoretischen Kontext die empirischen Ergebnisse betrachtet werden.

Daran anschließend werden in *Kapitel 3* die beiden Arbeitsfelder Allgemeiner Sozialdienst und Erziehungsberatung theoretisch analysiert. Eine solche theoretische Auseinandersetzung, ist für das Verständnis der ursprünglichen Funktionen und Eigenschaften der Arbeitsfelder außerordentlich wichtig, v.a. um zu erkennen, inwiefern diese Dienste sich durch den Zusammenschluss zum Beratungszentrum verändert haben. Außerdem werden die in der Fachdiskussion relevanten Herausforderungen aufgegriffen.

Im *4. Kapitel* werden aktuelle Entwicklungen und daraus resultierende Projekte in A. mit dem Ziel dargestellt, zu verdeutlichen, in welchem Kontext die Organisationsveränderung zum Beratungszentrum einzuordnen ist.

Der zweite, relativ kurze Abschnitt *Kapitel 5* hat zum Ziel, dem Leser/der Leserin das angewendete methodische Vorgehen bei der anschließend dargestellten empirischen Untersuchung zu erläutern.

Im dritten Abschnitt *Kap. 6 - 8* geht es sowohl um die empirische Analyse der ExpertInneninterviews als auch um die Darstellung der Ergebnisse der theoretisch-fundierten Interpretation.

Dabei wird in *Kapitel 6* der Entstehungsprozess des Beratungszentrums aus Sicht der MitarbeiterInnen rekonstruiert und vor dem Hintergrund eines theoretischen Exkurses mit drei Thesen bewertet.

In *Kapitel 7* stehen die durch den Zusammenschluss erzielten Veränderungen im Zentrum der Auseinandersetzung. Diese werden in den Dimensionen

Veränderungen der Rahmenbedingungen (Kap. 7.1), fachliche Veränderungen (Kap. 7.3) und mitarbeiterinnenbezogene Veränderungen (Kap. 7.5) dargestellt, wobei diese Veränderungen jeweils dazwischen, in Kontrastierung mit den theoretischen Diskussion aus Kap. 2 und 3, hinsichtlich der Relevanz einer fachlichen Weiterentwicklung eingeschätzt werden. Den Abschluss dieses Kapitels bildet zum einen eine tabellarische Gegenüberstellung der Veränderungen, sowohl aus Sicht der MitarbeiterInnen der ehemaligen Erziehungsberatung als auch aus Sicht der MitarbeiterInnen des ehemaligen ASD (Kap. 7.7). Zum anderen werden die Veränderungen im Gesamten nochmals auf dem Hintergrund der in Kap. 3 geschilderten Herausforderungen der Arbeitsfelder bewertet (Kap. 7.8).

Die Darstellung und Bewertung der in den Interviews geschilderten Perspektiven des Beratungszentrums sind Inhalt des 8. *Kapitels*.

Den Abschluss dieser Veröffentlichung bildet ein Fazit (Kap. 9), in dem unter dem Blickwinkel der Forschungsfrage verdeutlicht wird, inwieweit die Organisationsveränderung zum Beratungszentrum im Dienste der in Kap. 2 und 3 dargestellten bzw. geforderten fachlichen Entwicklungen steht. Aus diesen Einschätzungen lassen sich Ausblicke wagen, welchen fachlichen Zugewinn der Zusammenschluss von ASD und EB hinsichtlich den Entwicklungen in A. bietet und welche Effekte ein derartiger Fusionsprozess mit Blick auf die Jugendhilfefachdiskussion generell erzielt.

2 Jugendhilfe im Wandel

Die Jugendhilfe als Gesamtsystem und die dafür zu Grunde liegenden theoretischen Annahmen haben sich in den letzten Jahren genauso weiterentwickelt bzw. weiterentwickeln müssen, wie die jeweils in der Praxis agierenden Dienste. Denn wenn sich Gesellschaft und Lebensbedingungen verändern, müssen sich auch die Systeme verändern, die diese Gesellschaft schafft um einerseits auf gesellschaftlich bedingte Lücken und Defizite zu reagieren und andererseits individuelle Benachteiligung und Hilfsbedürftigkeit von Menschen zu begleiten, so dass diese ihr Leben wieder selbstständig bewältigen können. D.h. auch auf der Systemebene der Jugendhilfe muss auf gesellschaftliche Veränderungen reagiert und die Jugendhilfepraxis reflektiert werden. Entwicklungen in der Praxis sollten dabei jedoch nicht nur von regionalen, trägerspezifischen Rahmenbedingungen beeinflusst werden, sondern sich auch an aktuellen fachlichen Standards orientieren. Hierfür ist es notwendig, diese zu kennen und zu diskutieren.

Ziel dieses ersten Kapitels, das als theoretische und thematische Hinführung dieser Arbeit dienen soll, ist es, einen Grobabriss über die Entwicklungen der letzten 20 Jahre in der Jugendhilfe, vor allem mit dem Blick auf entscheidende Veränderungen im Bereich der Hilfen zur Erziehung, zu geben. Es geht also nicht um die Frage, ob sich Jugendhilfe verändert hat, sondern wie sich dieses System wandelt und welche Ansätze bzw. Vorstellungen somit als derzeitige fachliche Entwicklungen angesehen werden.

Aus der theoretischen Debatte um den Wandel der Jugendhilfe lassen sich folgende Terrains der Entwicklung als Basis der Veränderungen ablesen: Diskussionen um aktuell gültige Theoriekonzepte, die als Hintergrundfolien der Entwicklungen angesehen werden können (2.1), rechtliche Veränderungen (2.2), konzeptionelle Überlegungen bzgl. der Hilfeformen (2.2.2) und institutionell, organisationale Veränderungen (2.2.3). Die auf diesen unterschiedlichen Ebenen der Entwicklung skizzierten Veränderungen in der Jugendhilfe stellen die theoretische Rahmung für die Bewertung meiner empirischen Daten dar.

2.1 Fachlicher Wandel durch Theoriediskussionen in der Sozialen Arbeit

In der fachlichen Diskussion um die theoretischen Hintergrundfolien einer modernen, veränderten Jugendhilfe, lassen sich drei – sich ergänzende – Theorien/Konzepte sozialer Arbeit herausarbeiten: (1) der Lebensweltorientierte Ansatz von Hans Thiersch, (2) der Dienstleistungstheoretische Ansatz der ‚Bielefelder Schule' und (3) der Ansatz einer sozialräumlichen Strukturierung sozialer Arbeit. Im folgenden Abschnitt soll es nicht darum gehen, diese drei Theoriekonzepte ausführlich darzustellen, sondern einen Eindruck dessen zu vermitteln, welche Spuren diese Theorien in der fachlichen Diskussion um eine Neuorientierung in der Jugendhilfe hinterlassen haben.

(1) Lebensweltorientierung

Thiersch setzt mit seinem Konzept der Lebensweltorientierung an einem Verständnis sozialer Arbeit an, den Menschen und dessen Lebensrealität stets als Ausgangspunkt aller Hilfe zu machen. Eine lebensweltorientierte Jugendhilfe steht für eine „konsequente Orientierung an den Adressantinnen mit ihren spezifischen Selbstdeutungen und individuellen Handlungsmustern in gegebenen gesellschaftlichen Bedingungen" (Grunwald/Thiersch 2001, S. 1136). Soziale Arbeit hat somit die Aufgabe, an diesen individuellen Vorstellungen der Menschen anzuknüpfen und funktionierende soziale Zusammenhänge durch Aktivierung vorhandener Ressourcen zu entwickeln, zu stützen oder auch durch geeignete Hilfeangebote zu ergänzen. Dabei geht es um die Förderung der alltäglichen Handlungskompetenz, die Förderung von Lebenspraxis sowie die Aktivierung der Betroffenen selbst (vgl. Frank 2002, S. 609).

Im Mittelpunkt dieses Konzepts stehen Strukturmaximen, die Praxisorientierungen für die Gestaltung einer örtlichen Jugendhilfe operationalisieren. Im 8. Jugendbericht werden diese wie folgt benannt: (1) Prävention, primärer und sekundärer Art, (2) Regionalisierung und Dezentralisierung von Leistungsangeboten, (3) Alltagsorientierung v.a. in institutionellen Settings und Methoden, (4) Integration/Normalisierung und (5) Partizipation (vgl. BMJFFG 1990, S. 85ff.). In Folge dieser Grundforderungen richtet sich das Konzept lebensweltorientierter Sozialer Arbeit gegen eine bürokratische, hoch spezialisierte Ausrichtung von Praxis, die mit defizitärem und individualisierendem Blick auf soziale Problemlagen schaut (vgl. Thiersch/Grunwald/Köngeter 2002, S. 161).[3]

---

[3] Zur ausführlichen Darstellung des Konzepts Lebensweltorientierter Sozialer Arbeit siehe bspw. Thiersch 2000.

(2) Dienstleistungsorientierung

Der Dienstleistungstheoretische Ansatz, der hauptsächlich durch Otto bzw. die ‚Bielefelder Schule' (vgl. Otto 1991; Flösser/Otto 1996; Schaarschuch 1996) entwickelt und in die Forderungen des 9. Jugendbericht (BMFSFJ 1994) einfloss, verlangt in ähnlicher Weise wie das Konzept der Lebensweltorientierung, eine konsequente Orientierung Sozialer Arbeit an den Bedürfnissen der AdressatInnen, hat dabei jedoch eher eine konsequente Anpassung der Strukturen und der Organisationsformen der Jugendhilfe an die Logiken ihrer AdressatInnen im Blick. Es geht also um die Neugestaltung des Verhältnisses zwischen AdressatIn und Organisation (vgl. Füssenhäuser o.J., S. 87ff.).

Eine dienstleistungsorientierte Jugendhilfe steht für eine stärkere Durchsetzung der Nachfragerbedürfnisse und einer Auffassung, dass Leistungen in der sozialen Arbeit nur ‚uno-actu' erbracht werden können, d.h. die Mitgestaltung der Hilfe durch den/die NutzerIn entscheidend ist. Dies erfordert eine Abkehr von starren Organisationsstrukturen hin zu flexiblen, an den NutzerInnen orientierten, Hilfesettings. Otto (1991) fordert in diesem Zusammenhang eine grundsätzliche Neuorganisation Sozialer Dienste. „Für die Jugendhilfe bedeutet [eine Ausdifferenzierung der Problemlagen der AdressatInnen, d.V.], daß sie zunehmend Gefahr läuft, an den Interessen, Bedürfnissen und Problemlagen ihrer Adressaten und Adressatinnen vorbeizuagieren, wenn sie an einer rein organisationellen Rationalität festhält, die in erster Linie auf eine effiziente Problembearbeitung bedacht ist. Die damit verbundene Subsumtion von individuellen Leidenserfahrungen und Auffälligkeiten unter abstrakte rechtliche Vorgaben oder professionelle Routinen muss im Kontext des sozialen Dienstleistungsansatzes den Problemdeutungen und dem Selbstverständnis der Adressaten und Adressatinnen weichen" (BMFSFJ 1994, S. 586).

(3) Sozialraumorientierung

Das Konzept einer sozialraumorientierten Sozialen Arbeit knüpft an den inhaltlichen Positionen der Lebensweltorientierung bzw. Dienstleistungsorientierung an. Die zum Teil dort schon angedachte organisatorische Ausrichtung der Dienste an den sozialräumlichen Strukturen der AdressatInnen, wird im Rahmen dieser Diskussion forciert und als fachlicher Standard etabliert (vgl. Hinte 1999, S. 57). Sozialraumorientierung ist demnach kein grundsätzlich neues Konzept, sondern pointiert infrastrukturelle Überlegungen bekannter Konzepttraditionen[4] und reiht

---

[4] Zu den Wurzeln der Sozialraumorientierung siehe Merchel 2001, S. 371f.

sich damit in die fachlichen Diskussionen um Entwicklungen in der Sozialen Arbeit ein. Die räumlichen Strukturen (als geographischer und erlebter Sozialraum) werden hierin zum zentralen Steuerungselement der Hilfeerbringung (vgl. Merchel 2001, S. 372). Sozialraumorientierung propagiert somit die Forderung, die Einzelfälle nicht mehr isoliert wahrzunehmen, sondern „vom Fall zum Feld" (Hinte u.a. 1999) zu gelangen. D.h. Menschen werden immer im Zusammenhang mit dem sie umgebenden Wohnumfeld bzw. Lebensfeld gesehen, dort werden Ressourcen und Lösungen gesucht, bzw. grundsätzlich geschaut, wie durch fallunspezifische Hilfe schwierige Strukturen grundsätzlich verbessert werden können. Damit zielt die Sozialraumorientierung ebenso darauf ab, spezialisierte, vorgegebene Hilfeformen zu durchbrechen, um individuelle, im Sozialraum verortete Hilfen ausgestalten zu können. Die Schwierigkeit, einen Dienst sozialräumlich auszurichten, besteht allerdings darin, dass Individuen und Gruppen, die im gleichen Wohngebiet wohnen, ihren Sozialraum dennoch ganz unterschiedlich definieren können. D. h. die Ausrichtung eines Dienstes an einem Sozialraum kann immer nur eine Annäherung an eine Schnittmenge von individuell erlebten Sozialräumen sein.

Ziel dieses Abschnittes ist es, aufzuzeigen, welche Spuren die vorgestellten Theorien in der fachlichen Diskussion um eine Neuorientierung in der Jugendhilfe hinterlassen haben. Als gemeinsame Grundhaltung kann bei allen drei Theoriekonzepten herausgearbeitet werden, dass Hilfen stets an den subjektiven Bedürfnissen der AdressatInnen ausgerichtet werden sollen, der Mensch dabei als Mitwirkender in der Hilfe angesehen wird und Hilfeleistungen immer in einer Auseinandersetzung mit den gegebenen Strukturen, d.h. im Aushandlungsprozess, zugeschnitten werden. Jugendhilfe ist in diesem Verständnis eine Dienstleistung für BürgerInnen, die an deren Lebensrealitäten ansetzt und mit Blick auf deren sozialräumliche Gegebenheiten erbracht wird.

2.2 Veränderungen durch die Einführung des Kinder- und Jugendhilfegesetzes

Das Kinder- und Jugendhilfegesetz (KJHG[5]) ist die wichtigste rechtliche Grundlage der Kinder- und Jugendhilfe. Das Gesetz ist seit 1. Januar 1991[6] in Kraft und löste damit das in seinen Grundzügen aus der Weimarer Zeit stammende

---

[5] KJHG (= Kinder- und Jugendhilfegesetz) ist die gebräuchliche Bezeichnung für das Achte Buch Sozialgesetzbuch (SGB VIII). Zur genauen rechtlichen Verbindung zwischen KJHG und SGB VIII siehe Münder (2001) und Struck (2002).
[6] Durch die Wiedervereinigung trat das KJHG für die neuen Bundesländer schon am 3.10.1990 in Kraft.

Jugendwohlfahrtsgesetz (JWG) ab. Das neue Gesetz war somit nach einer lang-jährigen Reformdebatte[7] um die rechtliche Grundlage der Kinder- und Jugend-hilfe eine vorläufige Zäsur in der fachpolitischen Debatte. Münder stellt fest, dass „das neue KJHG (...) die in der Praxis stattgefundene Ablösung der Ord-nungs- und Fürsorgepolitik" (2001, S. 1002) dokumentiert. Seit dem stehen Leis-tungen für Kinder und Jugendliche sowie deren Familien im Mittelpunkt, wobei die im JWG noch zentralen ordnungspolitischen und fürsorgerischen Aspekte in den Hintergrund rücken (vgl. Münder 2001, S. 1002).

Das KJHG ist somit, im Gegensatz zum Jugendwohlfahrtsgesetz, ein Leis-tungsgesetz, das sowohl individuelle Rechtsansprüche von BürgerInnen als auch jugendhilferelevante Infrastrukturangebote regelt. V. a. für den Bereich der Hil-fen zur Erziehung sieht das KJHG erstmals eine Reihe von ambulanten, teilstati-onären und stationären Hilfsangeboten und somit eine Differenzierung der Leis-tungen insbesondere in den §§ 27ff. KJHG vor, auf die die BürgerInnen einen Rechtsanspruch – bei Feststellung eines Bedarfs – haben. Diese Entwicklung basiert auf der fachlichen Einschätzung, dass Kinder und deren Familien durch den Staat nicht hauptsächlich ordnungspolitisch kontrolliert und fürsorglich be-lagert werden sollten, sondern als mündige BürgerInnen ein Recht auf familien-unterstützende Leistungen haben.

Münder u.a. beschreiben das neue KJHG als ein Gesetz „zwischen Sozial-pädagogik und Ordnungsrecht" (1998, S. 82). Sie machen damit deutlich, dass das KJHG einen „sozialpädagogischen Kern" besitzt, die ordnungspolitische Funktion in einigen Bereichen (z.B. §§ 42ff. KJHG) jedoch auch nicht leugnen kann (vgl. ebd.). Zur Zeit seiner Einführung, stellte es eine grundsätzliche recht-liche Fixierung moderner Jugendhilfepraxis dar.

2.2.1 Fachliche Ausrichtung des KJHGs

Die fachliche Ausrichtung des KJHGs ist stark orientiert an einer lebensweltori-entierten Jugendhilfe (vgl. Thiersch/Grunwald/Köngeter 2002, S. 161). Die durch dieses Konzept ins Zentrum gerückte Orientierung an den subjektiven Lebensbedingungen und der jeweiligen Lebenswelt jedes Einzelnen im Hilfe-erbringungsprozess, stellt für das KJHG die fachliche Hintergrundfolie dar und war Impulsgeber für ein neues Verständnis in der Jugendhilfe.

Das KJHG richtet sich somit nach einem fachlichen Konzept, das als zeit-gemäßer Standard (vgl. Münder u.a. 1998, S. 70ff.) der Jugendhilfe bezeichnet

---

[7] Zur Reformdiskussion des Jugendhilferechts und die Einführung des KJHGs siehe Schäfer (1982) sowie Münder (1991).

werden kann. Diese fachliche Orientierung floss in konkrete Veränderungen des KJHGs gegenüber dem JWG ein. Neu waren bspw. auf der einen Seite die Beteiligungsrechte für Kinder, Jugendliche und deren Eltern im Rahmen der Hilfeplanung (§ 36 KJHG) und Jugendhilfeplanung (§ 80 KJHG) gegenüber Fachkräften (vgl. Wiesner 1995), sowie auf der anderen Seite die konsequente Kommunalisierung, „durch die grundlegend die örtlichen Träger für die Leistungserbringung [aller Jugendhilfeangebote sowie der Eingliederungshilfe für seelisch behinderte Kinder- und Jugendliche; d. A.] zuständig wurden" (Struck 2002, S. 533) und somit eine alltagsorientierte Ausrichtung der Hilfen überhaupt möglich wurde.

Das Inkrafttreten des KJHGs als neues Leistungsgesetz kann als eine weiterreichende Veränderung im Feld der Kinder- und Jugendhilfe angesehen werden. Die rechtlichen Veränderungen unterstützen den im 8. Jugendbericht eingeschlagenen fachlichen Wandel hin zu einer subjekt- und lebensweltorientierten Jugendhilfe. So sehen Hamberger/Köngeter/Zeller in der differenzierten Ausgestaltung der §§ 27ff. KJHG den rechtlichen Grundstein für die Neuausrichtung der Erziehungshilfen. „Die bislang exponierte Stellung der Heimerziehung wird durch die Beschreibung und rechtliche Verankerung weiterer Interventionsformen (…) aufgehoben" (Hamberger/Köngeter/Zeller 2004, S. 348).

2.2.2   *Umsetzung des KJHGs und die Gestaltung der Hilfeformen*

Auch wenn die fachliche Neuorientierung des KJHGs zwar einerseits als Reaktion auf eine fortschrittlichere Praxis zu werten ist, bedarf es andererseits dennoch einer konsequenten Umsetzung der teilweise neuen Vorstellung in die breite Praxis. Die Garantie einer bundesweit einheitlichen Umsetzung ist schwierig, da die Gesamtverantwortung für die Leistungen der Jugendhilfe in den Händen der örtlichen Träger, d.h. bei den Landkreisen und kreisfreien Städten, liegt. Die Kommunen müssen die neuen Herausforderungen selbständig in Angriff nehmen und sind für eine neue, dem KJHG entsprechende Kultur in der Jugendhilfepraxis verantwortlich. Die Kommunale Gemeinschaftsstelle für Verwaltungsvereinfachung (KGSt) sieht hierin eine wesentliche Herausforderung für die Institutionen der Jugendhilfe. Sowohl die öffentlichen als auch die freien bzw. privaten Träger müssen die im KJHG formulierten Anforderungen umsetzen (vgl. KGSt 1993b, S. 3). Über die Art und Weise, wie die Jugendhilfepraxis letztendlich nach dem KJHG aussehen soll, gibt es unterschiedliche Ansichten. In der gegenwärtigen Fachdebatte wird jedoch eine zu starre Auslegung – genannt unter dem Stichwort ‚Versäulung' der Hilfen – kritisiert.

So beobachten Hamberger/Köngeter/Zeller, dass die intendierten Veränderungen durch das KJHG in der Praxis nur schwerfällig umgesetzt werden bzw.

das Gesetz eher starr ausgelegt wird. Die im Rahmen von § 27ff. KJHG aufge-
zählten Hilfen werden als vorgegeben und somit nicht veränderbar aufgefasst
bzw. als ein Kanon verstanden, der durch die örtlichen Träger vorgehalten werden muss. Dies verhindere, die in der Hilfeplanung und Hilfegestaltung so wichtige flexible Anpassung der notwendigen Hilfen an die Bedürfnisse der Adressat-
Innen (vgl. 2004, S 348). „Zentraler Kritikpunkt lebensweltorientierter Sozialer
Arbeit an dieser so genannten ‚Versäulung' der einzelnen Hilfeangebote ist die
Missachtung der alltäglichen Deutungsmuster und Problemlösungsansätze der
verschiedenen AdressatInnengruppen" (Hamberger/Köngeter/Zeller 2004, S.
348). Sie sehen in dieser funktionalen Differenzierung eine Überlagerung der
Maximen lebensweltorientierter Jugendhilfe durch die Logik einzelner Organisa-
tionssysteme (vgl. ebd., S. 348).

Auch Klatetzki stellt in ähnlicher Weise fest, dass neben der von ihm präfe-
rierten Umsetzung einer flexiblen Erziehungshilfe, eine starre Auslegung der §§
27ff. des KJHGs in der Praxis weit verbreitet ist. Nach dieser Auffassung reprä-
sentieren die §§ 28-35 KJHG „wohldefinierte und abgrenzbare sozialpädagogische Hilfeformen (…), die jeweils gesondert für sich organisiert werden müssen"
(Klatetzki 1994, S. 6). Er beschreibt diese Position als ein Verständnis, in dem
„die §§ 28-35 KJHG eine Reihe von Behandlungsverfahren auf[zählen], die auf
Problemkonstellationen anzuwenden sind" (ebd., S. 14). Dies hat seiner Ansicht
nach zur Folge, dass fachliche Arbeit in der Zuordnung von Fällen zu den im
Gesetz vorgesehenen Leistungen verkümmert und der Zusammenhang von Problemlage und Gestaltung des Hilfeangebots in den Hintergrund rückt (vgl. ebd.
1994, S. 14). Lösungswege müssen demnach nicht gesucht werden, sondern sind
durch das Gesetz schon vorgegeben.

Auf Grund dieser Betrachtungen kann gefolgert werden, dass die fachlichen
und rechtlichen Rahmenbedingungen der Jugendhilfe mit dem KJHG zwar neu
aufgestellt wurden, die Umsetzung jedoch teilweise eher vorsichtig und system-
erhaltend angegangen wurde. Neue innovative Konzepte, die den fachlichen
Anforderungen einer lebensweltorientierten Jugendhilfe wirklich entsprechen,
etablierten sich nach Einführung des KJHGs nur langsam und schwerfällig.

Integrierte, flexible Erziehungshilfen

Genau in diese Lücke, auch als Kritik an der gängigen Praxis, stößt das Konzept
der integrierten, flexiblen Erziehungshilfen, das für eine andere Sichtweise auf
die Umsetzung des KJHGs plädiert. Die Vertreter der integrierten, flexiblen
Erziehungshilfen gehen von der Annahme aus, dass die im Gesetz aufgelisteten
Hilfeformen als exemplarische ‚gedankliche Gebilde' zu verstehen sind, die

somit nicht in Reinform vorliegen und nicht einzeln institutionalisiert erbracht werden müssen. Als rechtliche Grundlage für ihre Auslegung sehen sie die im § 27 Abs.1 KJHG formulierte Forderung nach einer notwendigen und geeigneten Hilfe für den Einzelfall (vgl. Klatetzki 1994, S. 6 und S.17). Klatetzki geht sogar von einer Dominanz dieser Sichtweise aus: „In der Jugendhilfe der Bundesrepublik besteht Einigkeit darüber, dass diese Aufzählung [der Hilfearten im KJHG, d.V] nicht erschöpfend gemeint ist, sondern Raum für die Etablierung weiterer Hilfeformen lässt" (ebd., S. 6). Offen bleibt hier, ob Klatetzki hierbei die Verbreitung dieser Meinung im Wissenschaftsbetrieb meint, oder ob sich diese Auslegung des § 27 KJHG als Aufforderung zu passgenauen Hilfen wirklich flächendeckend auch in der Praxis durchgesetzt hat. Dies ist kritisch zu hinterfragen, da zumindest in der Umsetzung des KJHGs auch eine andere Praxis wahrgenommen wird (vgl. oben).

Leistungsangebote im Rahmen von integrierten, flexiblen Erziehungshilfen bedeuten somit eine konsequente Ausrichtung an den Bedürfnissen der AdressatInnen. Sie entscheiden mit, wie eine Hilfe in der gegenwärtigen Situation aussehen könnte und nicht welche gesetzlich vordefinierte Hilfeart zur gegenwärtigen Situation am besten passt. Fachkräfte, die integrierte, flexible Erziehungshilfen entwickeln, versuchen die Lebenswelt der AdressatInnen zu verstehen, Bedürfnisse der AdressatInnen zu erkennen und das soziale Umfeld in die Hilfe mit einzubeziehen. Es ist ihre „Intention (…) in der Situation, in der Region, angemessene, gleichsam maßstabsgetreue Hilfen im Gefüge von Ressourcen und Belastungen der Lebenswelt zu finden" (Thiersch 1999, S. 22). Voraussetzung hierfür ist eine gelungene Verständigung zwischen AdressatIn und Fachkraft (vgl. ebd., S. 24). Integrierte, flexible Erziehungshilfen versuchen demnach eine Lebensweltorientierte Jugendhilfe umzusetzen in dem sie deren Strukturmaximen (s.o.) als Leitlinien der alltäglichen Arbeit aufnehmen (vgl. Wolff 2000, S. 34). Thiersch selbst betrachtet die „flexiblen Hilfen als Pointierung und spezifische Weiterentwicklung lebensweltorientierter Sozialer Arbeit" (ebd. 1998, S. 25).

2.2.3 Konsequenzen auf organisationaler Ebene

Eine Deutung des § 27 KJHG als eine Aufforderung, Kindern, Jugendlichen und deren Eltern eine am individuellen Bedarf angepasste Hilfe anzubieten, die dazu noch im Lebensfeld der AdressatInnen angesiedelt ist und auf eine Integration in Regelangebote hinwirkt, stellt die Träger der Jugendhilfe nicht nur fachlich vor erhebliche Herausforderungen. Wenn hierin der Schwerpunkt für die Erbringung der Hilfen zur Erziehung gesehen wird, bedeutet dies, dass Jugendhilfe so organisiert werden muss, dass „maßgeschneiderte sozialpädagogische Arrangements für den Einzelfall kreativ stets neu" (Klatetzki 1994, S. 7) geschaffen werden können. Ziel ist es, „nicht das Vorhalten von einzelnen Hilfeformen sicherzustellen, sondern die Einrichtungen der Jugendhilfe (...) so lern– und wandlungsfähig zu organisieren, dass sie ad hoc in der Lage sind, für jeden Jugendlichen und für jedes Kind eine Betreuungsform zu generieren" (ebd.). Auf der strukturellen Ebene müssen demnach Hilfesettings so umgebaut werden, dass sie diesem neuen fachlichen Anspruch überhaupt entsprechen können. Spezialeinrichtungen müssen andere Hilfeformen in ihre Angebotspalette mit aufnehmen und neue flexible Einrichtungen müssen im Stadtteil aufgebaut werden. „Das Konzept flexibler Hilfen stellt die gegebenen Hilfsformen zur Diskussion, nicht um sie prinzipiell aufzuheben, sondern um zu prüfen, ob neue Vermittlungen zwischen ambulanten, teilstationären und stationären Angeboten und ob v.a. auch fließende Übergänge und neue individuell-phantasievolle Arrangements sinnvoll sind" (Finkel/Thiersch 2001, S. 461). Viele der bisherigen Hilfeformen wurden deshalb in der Praxis kreativ umgestaltet, um diesen Ansprüchen gerecht zu werden. In der Fachdiskussion um die integrierten, flexiblen Erziehungshilfen werden diese Organisationsmodelle mit den Stichworten ‚Jugendhilfestationen', ‚Jugendhilfezentren', ‚Jugendhilfeeinheiten', ‚Hilfen aus einer Hand' und ‚Hilfen unter einem Dach' bezeichnet (vgl. Hamberger/Köngeter/Zeller 2004, S. 349). Allen gemeinsam ist, dass aus dem Team heraus individuelle Betreuungsarrangements für Kinder, Jugendliche und deren Eltern entwickelt werden. Die MitarbeiterInnen kennen die Strukturen vor Ort und versuchen diese als nützliche Rahmenbedingungen und unterstützende Verhältnisse für die individuellen Bedürfnisse als auch als stabilisierende Infrastruktur aufzubereiten. „Dies bedeutet (...), dass es nicht allein darum gehen kann, einzelne Hilfeangebote in sich zu qualifizieren und flexibler zu gestalten (...), sondern dass es um eine grundlegende Änderung der professionellen Haltung und einen dafür notwendigen grundlegenden Umbau der Jugendhilfeinfrastruktur im kommunalen Raum geht" (ebd., S. 350).

2.3 Zusammenfassung und Ausblick

Von den rechtlichen Veränderungen im KJHG und den vorgestellten Theoriekonzepten gehen entscheidende Impulse für ein aktuelles Fachlichkeitsverständnis der Jugendhilfe und somit für einen Wandel der Hilfeformen und Organisationsstrukturen aus. Sie stellen die Träger der Jugendhilfe – sowohl die Jugendämter als auch die freien bzw. privaten Jugendhilfeträger – vor neue Herausforderungen, nämlich ihre bisherigen Formen der Hilfeerbringung zu überdenken und neu auszurichten.

Die KGSt bezeichnet es als eine der wesentlichen Aufgaben der örtlichen Träger, die Organisation der Jugendhilfe nach der Einführung des KJHGs neu zu gestalten und fordert eine umfassende Planung der Standards und Aufgaben. Dabei ist „die Umsetzung der Planung (...) durch geeignete organisatorische, personelle, finanzielle und sächliche Maßnahmen sicherzustellen" (KGSt 1993b, S. 9).

In der derzeitigen Fachdiskussion hat sich die fachliche Orientierung an dem Konzept der integrierten flexiblen Erziehungshilfen durchgesetzt, das sich gegen eine starre Auslegung des KJHGs wehrt und für eine individuelle Hilfegestaltung plädiert.

Wenn die integrierten, flexiblen Erziehungshilfen als fachlicher Standard in den Organisationsformen der kommunalen Jugendhilfe umgesetzt werden sollen, müssen somit folgende Kriterien erfüllt werden:

Integrierte, flexible Erziehungshilfen bedeuten,
- Hilfen am individuellen Bedarf der AdressatInnen konsequent anzupassen;
- sie in der direkten Lebenswelt der AdressatInnen anzusiedeln;
- das soziale Umfeld in die Hilfe zu integrieren;
- an den Problemen und Ressourcen der Menschen in ihrer Lebenswelt anzusetzen;
- den/die Adressaten/in stets im Kontext seiner/ihrer Lebenswelt zu verstehen;
- Verständnis der Situation und Verständigung in der Situation als Ausgangspunkt jeder Hilfe zu nehmen;
- stets die Integration in Regelangebote anzustreben;
- präventive Angebote auszubauen, statt ständig reaktiv die „Feuerwehrfunktion" einzunehmen;
- soziale Netzwerke im Stadtteil als dauerhafte unterstützende Infrastruktur aufzubauen;
- sozialraumorientierte Ausrichtung durch Präsenz vor Ort und Suche sowie Erschließung von fallförderlichen Ressourcen in vielfältigen Kooperationen.

Hamberger/Köngeter/Zeller fassen dies kompakt wie folgt zusammen: „Hilfen müssen offener, komplexer, bedarfsgerechter – flexibler werden" (2004, S. 347).

Anzunehmen ist, dass, obwohl die fachlichen Forderungen klar sind, und sich das Verständnis einer modernen dienstleistungsorientierten und auf kleinräumige Einheiten ausgerichteten Jugendhilfe stetig durchsetzt, neben dieser Grundübereinstimmung immer noch vieles offen und im Fluss ist. An den Umsetzungen der fachlichen Prämissen in die Praxis wird unterschiedlichst gefeilt bzw. noch grob gehobelt, es wird auf allen Ebenen (im Wissenschaftsbetrieb und in der Praxis) diskutiert, Positionen erörtert, Teilbereiche differenzierter ausgearbeitet und gegenüber finanziellen Engpässen und globalen Sparvorgaben für fachlich begründete Lösungen gekämpft. Die Jugendhilfe wird und muss auch in Zukunft formbar bleiben und sich jeweils neuen Herausforderungen stellen. Inwieweit dabei die derzeitige Auffassung einer modernen Jugendhilfe bestehen bleiben kann und die fachlichen Errungenschaften überschuldeten Kommunalhaushalten nicht zum Opfer fallen, bleibt offen. Hinte befürchtet, dass die Auswirkungen einer hohen Arbeitslosigkeit, Rezession und restriktiven Sozialpolitik spürbar sein werden und die Frage nach der Wirksamkeit von Leistungen und Dienste der Jugendhilfe vor allem bei veränderten Umweltbedingungen sich immer wieder stellen wird (vgl. Hinte 2004, S. 83).

3 Allgemeiner Sozialdienst und Erziehungsberatung – Gegenstand und Herausforderungen

Im vorangegangen Kapitel ist deutlich geworden, dass fachliche Entwicklungen nur dann in der Praxis realisiert werden, wenn sie auch auf organisationaler Ebene konsequent umgesetzt werden. D.h. zur Umsetzung fachlicher Konzepte bedarf es einer Verankerung der Ideen in den jeweiligen Strukturen und Kulturen der sozialen Dienste.

Im Rahmen dieser Arbeit geht es um die Frage, ob durch eine Veränderung der Organisationsform von Allgemeinem Sozialdienst (ASD) und Erziehungsberatung (EB), fachliche Vorstellungen besser umgesetzt werden können.

Zur Beantwortung dieser Frage ist es notwendig, die beiden im Mittelpunkt der empirischen Untersuchung stehenden Dienste zunächst in ihrer ‚traditionellen' Form kennen zu lernen. Dabei sollen zum einen fachtheoretische Gegenstandsbeschreibungen – d.h. um was handelt es sich bei dem jeweiligen Dienst – sowie zum anderen die aktuellen Herausforderungen dieser beiden Dienste dargestellt werden, um später diese Erkenntnisse mit den empirischen Ergebnissen zu kontrastieren. Im dritten Unterkapitel (3.3) werden die Ergebnisse der beiden vorangegangen Kapitel in einer Tabelle zusammenfasst.

Die Beschreibungen sind als Bestandsaufnahmen zu verstehen, die sich aus der Sichtung von Fachliteratur ergeben. Dass in der Praxis der eine ASD oder die andere Erziehungsberatungsstelle davon abweichend definiert oder aufgestellt ist, bleibt außer Frage. Wie im Gesamtkontext dieser Arbeit angenommen, gilt auch für diese beiden Dienste, dass professionalisierte, spezialisierte Hilfen im Umgang mit einer veränderten Gesellschaft an Grenzen zu stoßen drohen, wenn sie sich nicht verändern und damit auf neue Herausforderungen reagieren (vgl. Kap. 1.1).

3.1 Der Allgemeine Sozialdienst

Im Folgenden sollen fachtheoretische Beschreibungen zum Arbeitsfeld des Allgemeinen Sozialdienstes dargestellt werden. Dies ist deshalb herausfordernd, weil (1) der ASD einer der umfassendsten Sozialen Dienste auf kommunaler

Ebene darstellt (vgl. ISA 1991, S. 5), (2) dieser von Kommune zu Kommune sehr verschieden organisiert wird und somit sehr unterschiedliche Aufgaben-schwerpunkte verfolgt und (3) dieser Dienst, trotz seiner großen Verbreitung, in der Fachdiskussion wenig Beachtung findet (vgl. Greese u.a. 1993, S. 5).[8]

Trotz dieser Schwierigkeit werde ich versuchen, die grundlegenden Gemeinsamkeiten, die diesen Dienst skizzieren, herauszuarbeiten.

3.1.1 Gegenstand und Funktion

Geschichtliche Herkunft

Die Entwicklung des ASDs lässt sich mit einem kurzen Verweis auf dessen Wurzeln verdeutlichen. Der Allgemeine Sozialdienst hat sich aus der Familien-fürsorge der Nachkriegszeit heraus entwickelt (vgl. Gresse 2001, S. 7). Die da-malige Aufgabe, Familien (die auf Grund der Kriegsereignisse zerbrochen wa-ren) zu stabilisieren und für verbesserte Lebensbedingungen für Kinder zu sor-gen, steht heute nicht mehr allein im Zentrum der Arbeit des ASDs.

Heute, in einer individualisierten und pluralisierten Gesellschaft, sind Le-benskrisen und Lebensrisiken nicht mehr nur typische Herausforderungen für klassische Familien, sondern betreffen alle Mitglieder einer Gesellschaft. Der ASD veränderte sich deshalb von einem Familiendienst zu einem Dienst, der eine breite psychosoziale Grundversorgung anbietet (vgl. Greese 2001, S. 7; Krieger 1994, S. 289ff.).

Selbstverständnis und Aufgaben des ASDs

Geese (2001) beschreibt das heutige Selbstverständnis des ASDs – abgeleitet aus der geschichtlichen Entwicklung – mit den Begriffen ‚Allzuständigkeit' und ‚Ganzheitlichkeit' (vgl. S. 7). Somit ist der ASD, wie schon erwähnt, zunächst ein für alle Personen, die in einem bestimmten Bereich wohnen, bzgl. allen sozi-alen Problemlagen zuständiger Dienst, dessen Aufgabe es ist, BürgerInnen als Ansprechpartner zur Verfügung zu stehen. Dieses Selbstverständnis bringt es mit sich, dass MitarbeiterInnen des ASDs verschiedensten Zielgruppen und ver-schiedensten Aufgabenfeldern mit einer Vielzahl von unterschiedlichen Kompe-tenzen gerecht werden müssen.

---

[8] Auch im Rahmen meiner Literaturrecherchen war auffällig, dass die meisten Publikationen aus den frühen 1990er Jahren stammen. Lediglich Zeitschriftenartikel befassen sich mit der aktuellen Situati-on des ASDs.

Zur Beschreibung der unterschiedlichen Aufgabenfelder des ASDs, bedienen sich die Autoren in der Fachliteratur verschiedener Herangehensweisen. Häufig werden die Aufgaben des ASDs als eine Art Maßnahmenkatalog beschrieben, die aus den verschiedensten Sozialgesetzbüchern hervorgehen (vgl. hierfür beispielhaft Krieger 1994, S. 37ff.; v.a. S. 88ff.). Aus dieser verkürzenden Sicht regeln einzelne Paragraphen die Arbeitsinhalte der MitarbeiterInnen des ASDs.

Eine andere, die inhaltlichen Aspekte der Arbeit betonende Möglichkeit der Beschreibung stellt Schrapper (1998) vor, in dem er Spannungsfelder herausarbeitet, in denen der ASD sich befindet und innerhalb derer er sich immer wieder neu positionieren muss. Er beschreibt diese Spannungsfelder in den folgenden drei Dimensionen: (1) beraten und entscheiden, (2) unterstützen und schützen sowie (3) knappe Güter verteilen.

(1) beraten und entscheiden

„Die Wahrnehmung und Deutung der Lebenssituation von Kindern und Familien in Belastungs-, Krisen- und Notsituationen im Hinblick auf die Frage, ob Bedarf und Anspruch auf öffentliche Leistungen der Entlastung, Förderung oder Unterstützung bei den Aufgaben der Versorgung und Erziehung von Kindern besteht, ist die wesentlichste Aufgabe der MitarbeiterInnen eines Allgemeinen Sozialen Dienstes (ASD) im Aufgabenbereich Kinder- und Jugendhilfe" (Schrapper 1998, S. 15). Der/die MitarbeiterIn des ASDs hat also zunächst die Aufgabe, BürgerInnen in ihrer jeweiligen Lebenssituation zu verstehen, in dem er/sie möglichst viele Informationen einholt, interpretiert und bewertet, um einerseits die Familie bezüglich der Unterstützungsleistungen angemessen zu beraten und andererseits überhaupt entscheiden zu können, was in der gegebenen Situation getan werden muss.

(2) unterstützen und schützen

„Der grundgesetzliche Handlungsauftrag der Kinder- und Jugendhilfe kann wie folgt zusammengefasst werden:

- Die Eltern sind bei den Aufgaben der Versorgung und Erziehung ihrer Kinder zu unterstützen und zu entlasten sowie
- Kinder sind insbesondere präventiv vor Gefahren für ihr Wohl zu schützen" (ebd., S. 18).

Es geht also um die Schwierigkeit, im Einzelfall immer wieder zwischen der Unterstützung von Eltern und dem Schutz der Kinder abzuwägen. Dabei ist es wichtig, dass der Schutz der Kinder zunächst immer durch Unterstützungsleistungen für Eltern erreicht werden soll.

(3) knappe Güter verteilen

Die MitarbeiterInnen des ASDs stehen in ihrer täglichen Arbeit im Spannungs-feld zwischen dem Bedarf von Kindern und Familien nach Unterstützungsleistung und der Begrenztheit vorhandener Ressourcen. Es geht also darum, „die durch den ASD zu treffende Entscheidungen über ‚geeignete und erforderliche‘ Leistungen und die hierfür aufzubringenden Ressourcen (Zeit und Geld) einem nachvollziehbaren Argumenten und Begründungen zugänglichen, fachlich eben-so wie administrativ überprüfbaren Verfahren zugänglich zu machen“ (Schrapper 1998, S. 21). Verfahren sollen demnach eine gerechtere Verteilung regeln.

Wichtig scheint mir jedoch der Hinweis, dass ASD-MitarbeiterInnen in die-sem Prozess möglicherweise in einem Interessenkonflikt stehen, indem sie zum einen die Aufgabe haben, ihre eigenen Interessen hinsichtlich ausreichender und bedarfsgerechten Arbeitsbedingungen zu vertreten, zum anderen jedoch auch zu ermöglichen, dass Kinder und Eltern in diesem Verteilungsprozess Stimme und Gehör bekommen (vgl. ebd.).

Durch die Darstellung dieser Spannungsfelder wird deutlich, dass die Mit-arbeiterInnen im ASD sich immer wieder im Dilemma befinden, zwischen den jeweiligen Aufgaben zu vermitteln, um dabei trotz den bestehenden Polen in ihrem Alltagsgeschäft handlungsfähig zu bleiben.

Auch Schrapper betont, dass diese Spannungsfelder weder theoretisch noch methodisch aufgelöst werden können, sondern auf verschiedenen Ebenen in der Praxis aufgegriffen und gestaltet werden müssen. Hierfür sieht er eine Auseinan-dersetzung sowohl auf der Ebene des einzelnen Mitarbeiters/der einzelnen Mit-arbeiterin, im Team wie auch in der Institution für sinnvoll an (vgl. ebd., S. 22).

Die Darstellung der Aufgaben über Spannungsfelder in der Arbeit des ASDs, kann nur einen vagen Eindruck geben, mit welchen Aufgaben der ASD im Konkreten vertraut ist. Dennoch werden grundlegende Tätigkeitsbereiche dieses Arbeitsfeldes deutlich, die mehr über die Herausforderungen dieses Ar-beitsfeldes aussagen, als eine Auflistung einzelner Paragraphen. Festzuhalten bleibt, dass der ASD von seiner Aufgabenstellung her den umfassendsten Sozi-aldienst einer Kommune darstellt, der ganzheitliche Hilfen zielgruppen- und problemübergreifend anbietet und die Funktion eines Garanten sozialer Grund-versorgung einnimmt (vgl. Feldmann/Tauche 2002, S. 850).

Organisatorische Zuordnung

Die organisatorische Zuordnung von Allgemeinen Sozialdiensten ist in Deutsch-land nicht einheitlich geregelt. Die Mehrzahl von ihnen ist organisatorisch bei den Jugendämtern angegliedert, wobei auch Zuordnungen zum jeweiligen Sozial- und Jugendamt, Sozialamt oder Gesundheitsamt vorkommen sowie sogar die Organisation als eigenständiges Amt (vgl. Greese 2001, S. 8; Krieger 1994, S. 32f.; van Santen/Zink 2003). Greese sieht hierbei für „jede dieser Lösungen (…) spezifische Vor- und Nachteile" (2001, S. 8). Er weißt dabei darauf hin, dass die Wahrscheinlichkeit hoch ist, dass der ASD in den Sog des jeweiligen Amtes gerät, bei dem er angesiedelt ist und dadurch auch die Aufgabenschwerpunkte dominiert werden. Grundsätzlich geht es hier um die Diskussion der Vor- und Nachteile eines allzuständigen Sozialen Dienstes, wie ihn bspw. der Deutsche Verein für öffentliche und private Fürsorge unter dem Begriff des Kommunalen Sozialen Dienstes (KSD) fordert, in dessen Zuständigkeit die generelle psychosoziale Grundversorgung der Kommune liegt und zwar indem er zielgruppen- und problemübergreifend sowie gesetzesübergreifend tätig ist.[9]

Im Rahmen dieser Untersuchung steht die häufigste Organisationsform – ASD im Jugendamt – im Zentrum der Betrachtung und somit dessen Funktion im Bereich der Kinder- und Jugendhilfe.

MitarbeiterInnen

Im Allgemeinen Sozialdienst arbeiten überwiegend diplomierte SozialarbeiterInnen und SozialpägagogInnen (vgl. Krieger 1994, S. 33; Feldmann/Tausch 2002, S. 851). Dies ist zum einen traditionell begründet, zum anderen benötigen die MitarbeiterInnen ein sehr breites Spektrum an Wissen bzgl. a) individuellen Einzelfallentwicklungen und b) den gesellschaftlichen Lebensbedingungen, die die Lebenslagen der einzelnen Menschen prägen. Ihre Aufmerksamkeit gilt den Menschen in deren jeweiligen Lebenszusammenhängen. Dies sind typische Merkmale der sozialpädagogischen Ausbildung. Zudem verfügen die MitarbeiterInnen über unterschiedliche Zusatzausbildungen, häufig im familientherapeutischen Bereich.

AdressatInnen

Zu Beginn dieses Kapitels habe ich schon aufgezeigt, dass der ASD ein für alle BürgerInnen offener psychosozialer Grunddienst darstellt. Spannend ist jedoch vor allem die Frage, welche BürgerInnen wirklich die Angebote des ASDs nutzen. In der Fachliteratur wird deutlich, dass der ASD vielfach Ansprechpartner

---

[9] Zur ausführlichen Diskussion der unterschiedlichen Organisationsmodelle in der Fachdiskussion siehe van Santen/Zink 2003.

für sozial benachteiligte, marginalisierte und einkommensschwache Menschen ist. „Der ASD [ist] vorrangig für die wachsende Anzahl von Menschen zuständig (...), die geringe Möglichkeiten besitzen, ihre Probleme selbst zu lösen. Personen, die finanziell unabhängig sind, können sich Beratung und Hilfe kaufen. Personen, die über soziale Kompetenzen verfügen bei gleichzeitigem Mangel an finanziellen Ressourcen, können in unserer Gesellschaft die dafür spezialisierten Dienste – auch ohne die Vermittlung des ASD – unmittelbar aufsuchen" (Krieger 1994, S. 290). Leider gibt es meines Wissens keine empirischen Erhebungen, die die Zusammensetzung der AdressatInnen des ASD detailliert untersucht haben und somit Aussagen treffen können, welche Menschen wirklich die Angebote des ASDs nutzen.

3.1.2 Aktuelle Herausforderungen

Die sehr vielfältige Arbeit des Allgemeinen Sozialdienstes sieht sich einer Reihe von aktuellen Herausforderungen gegenüber, die zum Teil durch veränderte fachliche und rechtliche Ansprüche an die Jugendhilfepraxis eine Pointierung erfahren.

Im folgenden Abschnitt werde ich, in Anlehnung an Hinte (1993), Krieger (1994) und v.a. Gissel-Palkovich (2004), einige Herausforderungen benennen, die für die konkrete Arbeit im ASD eine bedeutende Rolle spielen und die für die Weiterentwicklung dieses Dienstes beachtet werden sollten. Dabei werde ich zunächst auf herausfordernde Rahmenbedingungen eingehen (a - f), um anschließend aufzuzeigen, welche Herangehensweisen dafür in der Fachöffentlichkeit diskutiert werden. Deren Umsetzung stellt jedoch weitere Herausforderungen für den ASD dar (g - j).

a) Komplexe Problemlagen

Die zunehmend komplexen Problemlagen, bspw. die Anhäufung unterschiedlicher Problematiken wie Arbeitslosigkeit, Schulden, Sucht und erzieherische Probleme in einer Familie, stellen eine Herausforderung für den Allgemeinen Sozialdienst dar (vgl. Hinte 1993, S. 8). „Für die Fachkräfte des ASD hat die gesellschaftliche Entwicklung die Konsequenz, dass sich die Komplexität des Einzelfalls und damit der Fallbearbeitung erhöht und die Anforderungen an die Steuerung der Unterstützungsleistung(en) zunehmen" (Gissel-Palkovich 2004, S. 14f.). Wenn die Problemlagen komplexer werden, oder zumindest der fachliche Blick komplexere Problemlagen erkennt, steht der ASD vor zwei konkreten

Herausforderungen: Erstens der Entscheidung, bezüglich welcher Problemlagen er selbst aktiv wird/werden muss/werden kann und wann eine Weitervermittlung an einen Spezialdienst ihm sinnvoll erscheint, sowie zweitens der Bewältigung des realen Komplexitätszuwachses, der bei ihm verbleibenden Fälle.

1. Die Frage, an welcher Stelle der/die GeneralistIn am Ende seiner Möglichkeiten angelangt ist und ab wann ein/eine SpezialistIn eine bessere Betreuung des Adressaten/der Adressatin garantieren kann, ist eines der Grunddilemmata des Allgemeinen Sozialdienstes. Denn zunächst ist der ASD mit seinem Anspruch auf Ganzheitlichkeit und Allzuständigkeit gefordert, BürgerInnen mit ihren Problemlagen anzuhören und zu unterstützen. Allerdings hat die Allzuständigkeit auch ihre Grenzen und so weißt Gresse zu recht darauf hin, dass der Anspruch, der ASD müsse alles machen und für alle Problemlagen ausgebildet sein, zur Folge hätte, dass die MitarbeiterInnen nicht mehr als Universaldilettanten sein könnten (vgl. Greese 2001, S. 10). Auch Krieger stellt fest, dass der Anspruch der „Ganzheitlichkeit (…) nicht zu einer generellen Allzuständigkeit [verpflichten sollte], sondern zu einer ganzheitlichen Sicht- und Arbeitsweise auf dem Hintergrund des sozialpolitischen Auftrags" (1994, S. 290). So ist folgerichtig, dass „Aufgaben mit einem hohen beraterischen beziehungsweise betreuerischen Anteil (…), die ein vertieftes, spezialisiertes Wissen und Können erforderlich machen, aus dem ASD herausgenommen und – je spezialisierter und differenzierter das Leistungsangebot einer Kommune ist, desto eher – an spezialisierte soziale Dienste delegiert werden" (Gissel-Palkovich 2004, S. 15). Damit verliert der ASD jedoch seine alleinige Stellung als allgemeiner psychosozialer Grunddienst und erfüllt zunehmend die Funktion einer Erstberatungs-, Vermittlungs- und Steuerungsinstanz. Außerdem besteht die Gefahr, dass möglicherweise auf Grund der beschriebenen Überforderung AdressatInnen schnell an einen Spezialisten weitervermittelt werden, und dabei stadtteilspezifische Ressourcen aus dem Blick geraten oder andere parallele Problemlagen der Familie in den Hintergrund treten.

2. Trotz dieser Hinweise auf die beschränkten Möglichkeiten des ASDs in der Fachliteratur sehen sich die MitarbeiterInnen in der Praxis dennoch mit einer Zunahme von Problematiken wie Armut, Wohnungsnot, Orientierungslosigkeit konfrontiert, die die Arbeit mit den bei ihnen verbleibenden Fällen anspruchsvoller macht. Die vielschichtigeren Problemlagen machen detaillierte Situationsanalysen notwendig, verschiedenste Institutionen und Personen müssen bzgl. eines Falls zusammengebracht werden, Absprachen müssen getroffen, eingehalten und rückgekoppelt werden und dabei sollen

die vorhandenen Ressourcen effektiv und effizient eingesetzt werden (vgl. ebd.).

Der Umgang mit diesen beiden – durch komplexere Problemlagen bedingten – Konsequenzen, ist für die MitarbeiterInnen im ASD schwierig. Einerseits sehnen sie sich nach Entlastung und sind verärgert, enttäuscht und resigniert darüber, wenn trotz der schon vorhandenen hohen Belastung zusätzliche Forderungen von außen an ihre Arbeit z.b. nach mehr Effizienz und Effektivität gestellt werden und andererseits bleibt durch die Abgabe von Fällen bei ihnen das negative Gefühl einer Restzuständigkeit für Fälle, die sonst nirgends bearbeitet werden (vgl. ebd.; sowie Abschnitt f) in diesem Kapitel).

Der ASD steht also vor der Herausforderung, sich zum einen auf eine neue Rolle hinsichtlich Überweisung und Koordination von komplexen Problemlagen einzulassen und zum anderen zu entscheiden, wann eine Weitervermittlung der AdressatInnen an einen Spezialdienst Sinn macht.

b) Ressourcenknappheit

Die unter a) erwähnten komplexen Problemlagen müssen in Zeiten knapper Finanzhaushalte und zunehmend schlechterer Ressourcenausstattung erbracht werden. Der ASD hat dabei die Aufgabe, ein grundsätzlich begrenztes Finanzbudget auf eine prinzipiell unendliche Anzahl von Wünschen, Bedürfnissen und Ansprüchen zu verteilen (vgl. Schrapper 1998, S. 20; vgl. Kap. 3.1.1). Gissel-Palkovich weißt darauf hin, „dass die fallbezogene Arbeit aufgrund komplexer werdender Problemlagen und Situationen immer schwieriger, die Gestaltungsmöglichkeiten der Arbeit jedoch aufgrund der sich verschlechternden Rahmenbedingungen immer begrenzter werden" (2004, S. 18). Wenn Fachkräfte somit vermehrt ökonomische Rationalitäten beachten müssen, ist fraglich, inwieweit diese in Konkurrenz zu den fachlichen Lösungsideen der Fachkräfte treten. Auf jeden Fall ist anzunehmen, dass fachliche Ideen gegenüber Vorgesetzten, Kollegen und anderen Stellen (z.B. Wirtschaftliche Jugendhilfe) stärker als zuvor legitimiert werden müssen. Dies verursacht Mehrarbeit, die an anderen Stellen nicht erbracht werden kann, aber für den Erhalt von fachlichen Standards unerlässlich ist.

Eine andere Dimension der knapper werdenden Ressourcen drückt sich durch Personalabbau bzw. Wiederbesetzungssperren aus. Dies bedeutet für die verbleibenden Kollegen zum einen eine Mehrbelastung durch Übernahme von Arbeitsbereichen oder Fällen, zum anderen eine Verunsicherung hinsichtlich der Sicherheit des eigenen Arbeitsplatzes.

Eine besondere Dimension bekommt die Diskussion um Finanzen im Rahmen des Neuen Steuerungsmodells und der darin propagierten Forderung nach einer Zusammenlegung von Fach- und Ressourcenverantwortung. Ist der ASD als Organisationseinheit gleichzeitig Budgetverantwortlicher bspw. für einen Stadtteil, so bringt dies mit sich, dass er neben der fachlichen Ausgestaltung der Hilfe auch die Kosten im Blick haben muss und ggf. über diese mit dem freien Träger verhandeln muss (vgl. ebd., S. 19). Die damit einhergehende neue Rolle des Verhandlungsführers muss der ASD auch erst einmal lernen auszufüllen.

c) Verwaltungsmodernisierung

Eine weitere Herausforderung für die Arbeit im ASD stellt die Verwaltungsmodernisierung und die damit verbundenen Grundhaltungen dar. Die in der Verwaltungsmodernisierung zu Grunde gelegte Prämisse der Kundenorientierung lässt sich in der ASD-Arbeit nur bedingt verwirklichen. Selbstverständlich ist es häufig möglich und immer notwendig, Adressatenwünsche ernst zu nehmen und weitestgehend zu realisieren. Allerdings gibt es auch Fälle, in denen der ASD gerade dann gute Arbeit leistet, wenn er Familien auf die ‚Pelle' rückt und bspw. Hausbesuche durchführt, auch wenn die Familie davon nicht begeistert ist. Die MitarbeiterInnen suchen vor Ort mit der Familie gemeinsam nach Lösungen, versuchen sie für weitere Handlungen zu motivieren und schließlich Absprachen zu treffen, die dann wiederum kontrolliert werden müssen (vgl. Gissel-Palkovich, S. 20). In diesem Rahmen sind ressourcenerschließende und -fördernde Handlungsansätze angebracht. Diese stellen jedoch ebenfalls eine große Herausforderung für die MitarbeiterInnen im Allgemeinen Sozialdienst dar; zum einen angesichts ihres ausgelasteten Arbeitsalltages, zum anderen auf Grund der gegensätzlichen Konstruktion sozialer Hilfe. Soziale Unterstützungsleistungen werden von ihrer Logik her auf Grund von Mangelsituationen legitimiert und auch nur daraufhin nachgefragt. „Der Zugang der Nutzer zum ASD erfolgt in der Regel, weil ‚etwas fehlt' um das Leben beziehungsweise die Situation zu meistern (…) und nicht, weil zur Lebens- beziehungsweise Situationsbewältigung ausreichende Kompetenzen und Möglichkeiten vorhanden sind. Aus dieser Erfahrung heraus, dauerhaft die Stärken der Nutzer und weniger ihre Defizite in den Mittelpunkt des Denkens und Handelns zu stellen, ist für die Fachkräfte eine große Herausforderung" (Gissel-Palkovich 2004, S. 20). Dabei muss noch erschwerend bedacht werden, dass der Kontakt der AdressatInnen zum ASD vielfach nicht selbstmotiviert entsteht, sondern häufig durch Dritte, wie bspw. Schulen oder Ärzte, vermittelt wird. Dies hat zur Folge, dass MitarbeiterInnen zunächst häufig auf Misstrauen und Berührungsängste auf Seiten der

AdressatInnen gegenüber dem eigenen Dienst treffen (vgl. ebd., S. 21). Die Forderung nach einer an Kundenorientierung und Ressourcenorientierung ausgerichteten Arbeit im ASD ist im Rahmen des ASD-Alltags nicht leicht umzusetzen. Dennoch können hiermit Handlungslogiken in den Blick genommen werden, die sehr wohl, egal ob angestoßen durch die Diskussion in der Verwaltungsmodernisierung oder durch andere fachliche Positionen, für den ASD dahingehend eine lohnende Perspektive aufzeigen, indem sie verdeutlichen, dass es unterschiedliche Blickrichtungen auf die Ratsuchenden gibt.

d) Gesetzliche Entwicklungen

„Auch durch die gesetzlichen Entwicklungen, in deren Verlauf anstelle hochgradig normierter Vorgaben und Verfahren zunehmend offene Verfahren getreten sind, führen zu steigenden Anforderungen an die Fallbearbeitung und – steuerung" (Gissel-Palkovich 2004, S. 15). So ist in § 36 KJHG ausdrücklich gefordert, dass die Hilfe im Rahmen eines gemeinsam gestalteten Hilfeprozesses aller Beteiligten stattfinden soll. Damit ist der ASD gefordert, alle Beteiligten zu informieren, insbesondere die AdressatInnen zu beraten und somit die Gestaltung der Hilfe zu koordinieren, anstatt sie einseitig zu entscheiden. Der ASD erhält eine stärker planerische, koordinierende Funktion, in dem er dialogische Aushandlungsprozesse steuern muss.

Nachdem in den Punkten a) - d) von außen dominierte Rahmenbedingungen als Herausforderungen für den ASD geschildert wurden, möchte ich im folgenden noch zwei weitere zentrale Herausforderungen beschreiben, die weniger von außen gestaltete gesellschaftliche Herausforderungen darstellen, sondern vielmehr als Resultat derer angesehen werden können. Zum einen sind dies die schlechten Arbeitsbedingungen im ASD, zum anderen das Selbstbild und die Arbeitsunzufriedenheit der MitarbeiterInnen im ASD.

e) Schlechte Arbeitsbedingungen und die Orientierung am Einzelfall

Schrapper untersucht in seinem Band ,Qualität und Kosten im ASD' den Zusammenhang zwischen schlechten Arbeitsbedingungen im ASD und einer steigenden Fallzahl im Bereich der Heimunterbringung. Auch wenn im Rahmen dieser Arbeit der Fokus auf das Feld der Heimerziehung keine Rolle spielt, so ist dennoch interessant, dass Schrapper zu der Aussage kommt, dass schlechte Arbeitsbedingungen im ASD zu anhaltend hohen Fremdunterbringungszahlen beitragen (vgl. 1998, S.11). Er geht davon aus, dass frustrierte und überlastete MitarbeiterInnen eher dazu tendieren, klar strukturierte Hilfsangebote, wie dies häufig in der Heimerziehung der Fall ist, zu vermitteln, als sich für zeitintensive und von persönlichem Einsatz abhängige, individuell zugeschnittene ambulante Maßnahmen einzusetzen. Auch Hinte bestätigt dieses Bild, in dem er Darstellungen von ASD-Teams erwähnt, die aussagen, dass auf Grund der hohen Fallzahlen und der schwierigen Problemlagen häufig neben den Einzelfällen keine Zeit für bspw. fallunspezifische Hilfen im Stadtteil bleibt (vgl. 1993 S. 10). Hinte merkt daraufhin jedoch auch kritisch an, dass auch auf Grund extremer Sicherheitsbedürfnisse wie z.B. in Form einer übertriebenen ‚Fallkonferenzen-Kultur', die jede kleine Intervention absichern möchte, Arbeitszeit verstreichen kann, die sonst für fallunspezifische Arbeit genutzt werden könnte (vgl. ebd.). Eine erhöhte Konzentration auf den Einzelfall und ein Eintauchen in die helfende Beziehung kann auch als Strategie von MitarbeiterInnen gewählt werden, die zwar grundsätzlich zu einem Engagement über den Einzelfall hinaus bereit wären, mit ihren Initiativen bei anderen Diensten und Kooperationspartner auf verschlossene Türen treffen und somit auf Grund schwieriger Rahmenbedingungen kapitulieren.

Angesichts sich zuspitzender sozialer und ökonomischer Problemlagen und der immer stärkeren Forderung nach Effizienz und Effektivität in der Sozialen Arbeit, ist es, so Hinte, nicht verwunderlich, dass Professionelle sich häufiger Modellen bedienen, die scheinbare Klarheit über Beeinflussbarkeit von Hilfeprozessen erzeugen. „Das klinisch-kurative Modell gediegener Professionalität scheint plötzlich wieder aktuell: Diagnostik, systemische Familientherapie, Anamneseverfahren und Trennungs- und Scheidungsberatung scheinen sich als Arbeitsansätze zu entwickeln, die den geplagten Professionellen in ihrem immer unübersichtlicher werdenden Alltag ein Stück ‚Reduktion von Komplexität' garantieren und zumindest den letzten Anschein von Beeinflussbarkeit zumindest psychischer Strukturen aufrechterhalten" (Hinte 1993, S. 13).

Schlechte Arbeitsbedingungen sind bedingt durch unterschiedliche Faktoren und werden von den MitarbeiterInnen zudem jeweils subjektiv wahrgenommen. Sie müssen deshalb individuell analysiert werden, um wirklich bearbeitet werden zu können. Dennoch scheinen komplexere Problemlagen, knappe finanzielle Ausstattung bzw. Rechtfertigungsdruck, nur bedingt umsetzbare Forderungen und neue fachliche Ansprüche die Wahrscheinlichkeit zu erhöhen, dass MitarbeiterInnen unter einer hohen Arbeitsbelastung und einer daraus resultierenden Überforderung leiden. Dabei ist zum einen entscheidend, ob die Fachkraft sich diesen Herausforderungen alleine gegenüber sieht, oder ob sie in einem funktionierenden Team bzw. Netzwerk arbeitet, in dem sie Unterstützung und Rückhalt erfährt. Zum anderen ist ausschlaggebend, inwieweit sie sich mit ihrer Arbeit identifizieren kann und diese gerne macht.

f) Selbstwertgefühl und Arbeitsplatzunzufriedenheit der MitarbeiterInnen des ASDs

Das Selbstbild der MitarbeiterInnen des ASDs zu bestimmen ist eine schwierige Aufgabe. Nach Aussagen der Fachliteratur scheint es, als ob viele MitarbeiterInnen mit ihrem Arbeitsplatz unzufrieden sind und dabei ein eher negatives Selbstbild entwickeln (vgl. Textor 1994, S. 7f.). Dennoch habe ich im Rahmen der Interviews auch MitarbeiterInnen getroffen, die sehr gerne in diesem Arbeitsfeld arbeiten. Jedenfalls scheint es eine der größten Herausforderungen für den ASD zu sein, dieses zumindest partiell vorhandene geringe Selbstwertgefühl und die Unzufriedenheit mit dem eigenen Arbeitsfeld zu Gunsten einer höheren Qualität und Effizienz zu überwinden.

Ein geringes Selbstwertgefühl bei MitarbeiterInnen des ASDs ist bedingt durch unterschiedliche Faktoren. Einer davon ist, dass die Weitergabe von Fällen an Spezialdienste den MitarbeiterInnen nicht nur Entlastung bringt, sondern auch an dessen Selbstwertgefühl nagt. Dadurch, dass andere scheinbar geeigneter sind, verbleibt bei den MitarbeiterInnen des ASDs das „Gefühl einer Restzuständigkeit für alle unerledigten und unliebsamen Fälle gepaart mit dem Erleben immer mehr auf Feuerwehr- und Kriseneinsätze reduziert zu werden" (Schrapper 1998, S.10). MitarbeiterInnen erleben eine Überlastung auf Grund der hohen Fallzahlen und der gleichzeitig komplizierter werdenden Einzelfälle, und somit zwangsläufig eine Reduktion ihrer Funktion, die ihrem Selbstverständnis – nämlich auf Grund einer helfenden Beziehung Menschen in ihren Problemlagen zu begleiten – widerspricht. Sie fühlen sich als Krisendienst, der angefragt wird, wenn vieles schon passiert ist. Dabei bestimmen immer mehr koordinierende und bürokratische Inhalte ihre Arbeit, wobei für mittel- bzw. langfristige Beratungs- und Betreuungsarbeit weniger Zeit bleibt (vgl. Gissel-Palkovich 2004, S. 15). Dies führt v. a. bei MitarbeiterInnen, die durch therapeutische Zusatzqualifikationen ein eher beraterisch-therapeutisches Selbstverständnis ihrer Arbeit haben, zur Unzufriedenheit mit ihrer Arbeitspraxis.[10] Allerdings weißt Krieger darauf hin, dass im Rahmen neuerer Entwicklungen wie der Sozialraumorientierung Generalisten, die über verschiedenste Kompetenzen verfügen und viele andere Dienste im Blick haben, an Bedeutung gewinnen (vgl. 1994, S. 23f.) und damit evtl. an Status gewinnen könnten.

Ein weiterer Faktor, der nicht gerade das Selbstwertgefühl des ASDs stärkt, ist die geringe Anerkennung seiner Arbeit und seines Wissens innerhalb der Verwaltung. Schrapper beklagt bspw. die mangelnde Berücksichtigung der Er-

---

[10] Manchen MitarbeiterInnen hilft ihre therapeutische Zusatzqualifikation jedoch auch, um Statusunsicherheiten zu kompensieren (vgl. Krieger 1994, S. 23).

fahrungen und Kompetenzen der ASD-MitarbeiterInnen in Planungsprozessen der Jugendhilfeplanung (vgl. Schrapper 1998, S. 10). Außerdem weißt er darauf hin, dass durch die Übernahme von Jugendhilfefremden Kontrollaufgaben der ASD seine Beratungs- und Unterstützungsfunktion in den Augen der BürgerInnen zu verlieren droht (vgl. ebd.). Erschwerend kommt der schlechte Status des ASDs hinzu. „In der sozialarbeiterischen Werthierarchie rangiert die behördliche Sozialarbeit am unteren Ende (…). Auch innerhalb der Ämter bzw. der Gesamtverwaltungen hat der ASD trotz seiner schwierigen Aufgaben oft keinen sonderlich guten Status. In den Kommunalverwaltungen, bei politisch Verantwortlichen und in der Öffentlichkeit fehlt nicht selten differenziertes Wissen über die vielfältigen Funktionen der ASD" (Krieger 1994, S. 22f.).

Ein weiterer Aspekt, der zur geringen Arbeitszufriedenheit beiträgt, ist die hohe Fluktuation der MitarbeiterInnen in diesem Bereich. Der Wunsch der MitarbeiterInnen, das schwierige Arbeitsfeld ASD zu verlassen, um in scheinbar besseren Arbeitsbereichen (Beratung, Therapie, Bildung) zu arbeiten, verstärkt das Image eines unliebsamen Dienstes. Somit entsteht ein Teufelskreis: Die geringe Anerkennung und die schwierigen Arbeitsbedingungen bringen das Abwandern der MitarbeiterInnen mit sich, das Abwandern der MitarbeiterInnen verstärkt wiederum das schlechte Bild auf den Dienst in der Öffentlichkeit.

In der Fachöffentlichkeit werden die bisher dargestellten herausfordernden Rahmenbedingungen, unter denen der ASD seine Arbeit zu vollbringen hat, diskutiert und unterschiedliche Herangehensweisen als Reaktion darauf abgewägt. Diese Herangehensweisen stellen jedoch für den ASD wiederum neue Herausforderungen dar, denen sich die MitarbeiterInnen in ihrer täglichen Arbeit stellen müssen. Die im Rahmen dieser Studie wichtig erscheinenden Diskussionsstränge der Fachdiskussion werden im Folgenden (g - j) darstellt.

g) Definitions- und Interpretationsleistungen

Der ASD hat im Rahmen der zunehmend offenen Verfahren (vgl. d)) in seiner Arbeit die Aufgabe, Definitions- und Interpretationsleistungen zu erbringen. Vor allem hinsichtlich der unbestimmten Rechtsbegriffe im KJHG wie bspw. ‚Kindeswohl' und ‚erzieherischer Bedarf' ist der ASD gefordert, in jedem einzelnen Fall zu definieren, ob eine Gefährdung des Kindeswohles vorliegt oder ein erzieherischer Bedarf besteht. „Idealerweise ergeben sich durch (…) die dialogische und kooperative Ausgestaltung von Verfahren (…) Aushandlungs- und Abstimmungsprozesse, die zu einer im Dialog und in Kooperation entstandenen Interpretationsleistung der jeweiligen Situation und damit zu einer am Einzelfall orientierten, multiperspektivischen, inhaltlichen Füllung des unbestimmten Rechtsbegriffes führen" (Gissel-Palkovich 2004, S. 16f.). Leider bleibt in der Praxis jedoch zum einen oftmals wenig Zeit für eine detaillierte Auseinandersetzung im Team, so dass die MitarbeiterInnen des ASDs im Prozess des Definierens und Interpretierens oftmals alleine gelassen sind. Zum anderen fehlt es häufig an standardisierten Arbeitshilfen, die mit festgelegten Kriterien und Verfahrensweisen bei der Definitionsleistung unterstützen können (vgl. ebd.). Diese Definitions- und Interpretationsleistungen stellen insbesondere im Rahmen der Garantenpflicht eine Herausforderung für die MitarbeiterInnen des ASDs dar.

h) Sozialräumlich denken und handeln, Kooperationen eingehen

Eine weitere Herausforderung stellt die vielfach diskutierte Forderung nach einer sozialraumorientierten Ausrichtung der Sozialen Arbeit dar. Der ASD sieht sich demnach gefordert, seine eher einzelfallspezifische Organisation durch eine sozialräumliche Perspektive zu ergänzen (vgl. Gissel-Palkovich 2004, S. 22). Es geht darum, eine „Erweiterung des Blickfeldes der Fachkräfte auf problemverursachende Mechanismen [zu erreichen], die jenseits der einzelnen Familie bzw. des einzelnen Kindes liegen, [wobei] fallunspezifische Aufgaben einen höheren und verbindlicheren Stellenwert" (ebd., S. 23) bekommen. Somit werden ein zusätzlicher Einsatz und das Engagement für positive Lebensbedingungen im Sozialraum erwartet. D.h. die MitarbeiterInnen sollen neben der Gewährung individueller Hilfen in Kooperation mit anderen Diensten und Institutionen den Stadtteil bzw. dessen soziale Infrastruktur so aktiv mitgestalten, dass sich hieraus ein tragfähiges Netzwerk entwickelt, das sich positiv auf die Lebensbedingungen der dort wohnhaften Menschen auswirkt. Hierfür müssen sie auf Institutionen vor Ort zugehen, ihr Interesse der Zusammenarbeit vertreten, Stadtteilrunden moderieren und unterschiedlichste Prozesse koordinieren. Die hierfür notwendigen Zeitfenster und Kompetenzen müssen sich die MitarbeiterInnen jedoch zunächst erarbeiten.

i) Teambezogen, interdisziplinär Arbeiten

Um die Herausforderungen im Rahmen der ASD-Arbeit bewältigen zu können, benötigen die Fachkräfte im ASD ein sie unterstützendes Team. Dabei wird davon ausgegangen, dass ein gut funktionierendes Team die einzelnen MitarbeiterInnen entlastet und die Problematik der Allzuständigkeit des ASDs durch gezielte Schwerpunktsetzungen bei den einzelnen MitarbeiterInnen überwunden werden kann. Teambezogenes Arbeiten und v.a. die Zusammenarbeit unterschiedlicher Disziplinen erfordert aber auch Fähigkeiten von MitarbeiterInnen, die nicht als selbstverständlich vorausgesetzt werden können. So müssen fachspezifische Sprachen und Erklärungsmodelle für die jeweilige andere Disziplin ‚übersetzt' werden, was zunächst oftmals Mehrarbeit und Geduld erfordert. Teamarbeit kann nicht gelingen, ohne das Wollen aller Beteiligten und klare Strukturen, die die Zusammenarbeit regeln (vgl. Gissel-Palkovisch 2004, S. 22).

j) Bürokratisierung

Den goldenen Mittelweg im Umgang mit einer teilweise übertrieben Dokumentationswut zu finden, ist eine weitere Herausforderung für den ASD. Die vor allem im Rahmen des Qualitätsmanagements vielfach geforderten Standards einer ausführlichen Dokumentationspraxis, können die alltägliche Arbeit überlagern und somit ihr eigentliches sinnvolles Ziel, einer Nachprüfbarkeit von hauptsächlich individuellen Entscheidungen, verfehlen. Hinte kritisiert dabei die Annahme, „man könnte die Qualität fachlicher Arbeit durch vermehrte Anfertigung von Aktenvermerken, durch Aufstellung von Hilfeplänen sowie deren penible Korrektur oder durch die Durchführung von Konferenzen und deren schriftliche Dokumentation erhöhen und präsentieren" (1993, S. 14).

Fazit

Als Konsequenz auf die verschiedenen Herausforderungen wird deutlich, dass sich der ASD einem Veränderungsprozess nicht verwehren kann. Sowohl auf der Ebene der MitarbeiterInnen, d.h. der Ausgestaltung ihrer Kompetenzen zur Bewältigung der täglichen Aufgaben, sowie auf der strukturellen Ebene – Ausstattung und Organisation – bedarf es Entwicklungen, um den ASD in seiner Funktion als Basisdienst im Sozialen Sicherungsnetzwerk handlungsfähig erhalten zu können. Er muss trotz der alltäglich sich aufdrängenden Arbeit, seinen Blick öffnen für Gestaltungsmöglichkeiten in der Zusammenarbeit mit anderen Diensten bzw. Infrastrukturgestaltung in der Lebenswelt/ im Sozialraum der AdressatInnen.

Auf Grund der beschriebenen Herausforderungen wird deutlich, dass dies sicherlich kein leichtes Unterfangen darstellt. Es gibt unzählige Baustellen, an denen der ASD arbeiten müsste. Fraglich bleibt, inwiefern der ASD überhaupt in seiner jetzigen Verfassheit diese Herausforderungen bearbeiten kann. Vielfach wird er sicherlich von Faktoren beeinflusst, auf deren Gestaltung er selbst keinen Einfluss hat. Dennoch gibt es eine Reihe von Herausforderungen, die der ASD trotz der deutlichen strukturellen Schwierigkeiten anpacken muss. Dazu gehört auch die Auseinandersetzung mit der negativen Habitualisierung innerhalb des ASDs. Hinte macht deutlich, dass im ASD häufig die Bereitschaft, Leiden zu ertragen, weitaus größer ist, als für Veränderungen zu kämpfen (vgl. 2002, S. 10). Vor allem die berufliche Sozialisation von neuen MitarbeiterInnen sollte sich dahingehend in eine andere Richtung entwickeln (vgl. Hinte 1993, S. 15). Es geht also darum, dass zum einen die MitarbeiterInnen trotz der schwierigen Arbeitsbedingungen und Belastungen eine positivere Haltung zur ihrem Arbeitsfeld entwickeln und mit Zuversicht für die kleinen Dinge ihre Arbeit angehen, zum anderen, dass strukturelle, organisatorische Schwierigkeiten aktiv gestaltet werden und zwar nicht nur durch den ASD selbst, sondern auch durch die Möglichkeiten der Verwaltungsspitze.

3.2 Die Erziehungsberatung

Im folgenden Kapitel wird die Arbeit in den Erziehungsberatungsstellen vorstellt. Hierfür wird, analog zur Darstellung des Arbeitsfeldes ASD, zunächst herausgearbeitet, was eine Erziehungsberatungsstelle ist und durch welche Merkmale sie geprägt ist. Daran anschließend folgt die Darstellung der Herausforderungen, mit denen sich die Erziehungsberatungsstelle in ihrer Arbeit konfrontiert sieht.

3.2.1 Gegenstand und Funktion

Zunächst scheint es wichtig, darauf hinzuweisen, dass im Gegensatz zum ASD, der hauptsächlich die Funktion der Hilfebedarfsklärung, der Hilfsangebotsentwicklung und -vermittlung übernimmt und eher selten Hilfsmaßnahmen direkt anbietet, die Erziehungsberatung eine klassische Hilfeform neben anderen in der Jugendhilfe darstellt. Diese Hilfeform wird häufig erst durch die Vermittlung des ASDs in Anspruch genommen. MitarbeiterInnen der Erziehungsberatung bieten tendenziell ihre Hilfe selbst an und sehen sich weniger in der Funktion des Abklärens bezüglich der gesamten Hilfsangebote der Jugendhilfe. Wenden sich Ratsuchende direkt an die Erziehungsberatungsstelle, ist die Klärung der Probleme, die sonst meist eine vorgelagerte Prüfung im ASD ist, Teil der Beratung selbst.

Geschichtliche Herkunft

Bei der Betrachtung der historischen Entwicklung der Erziehungsberatung erscheint mir eine ausführlichere Darstellung als im vorangegangen Kapitel über das Arbeitsfeld ASD sinnvoll, da heutige Diskussionsstränge auf Grund der historischen Auseinandersetzung besser verstanden werden können.

„Die Geschichte der Erziehungsberatung erweist sich als Geschichte der Modernisierung einer sozialen Institution, in der die Paradoxien und Widersprüche, aber auch die beständige Weiterentwicklung von Konzepten der sozialen Arbeit sichtbar werden" (Kurz-Adam 1997, S. 105). Aus der historischen Betrachtung wird deutlich, wie die EB sich mit der gesellschaftlichen Entwicklung auseinandersetzen und mit einer Professionalisierung ihrer Konzepte darauf reagieren musste.

In der Anfangszeit der Erziehungsberatung als institutioneller Beratung zu Beginn des 20. Jahrhunderts gab es zunächst „nicht viele Berührungspunkte mit der Jugendhilfe" (Hundsalz 2001, S. 504). Viel mehr entstand diese Institution aus einer eher medizinischen Tradition, häufig durch Initiativen von Ärzten, und war somit von Beginn an psychotherapeutisch/medizinisch geprägt. Auch nach dem zweiten Weltkrieg waren die Erziehungsberatungsstellen zunächst heilkundlich verankert. Nach dem Vorbild des aus den USA importierten Konzepts der Child-Guidance-Clinic wurden Erziehungsberatungsstellen vielfach unter der Leitung eines Arztes wieder aufgebaut. Kurz-Adam weist darauf hin, dass damals schon in der konzeptionellen Grundlegung die fürsorgerischen oder sozialpädagogischen Aspekte immer wieder eingeklagt wurden, sich milieuorientierte Ansätze jedoch auf Grund der durch psychotherapeutische Methoden dominierten Praxis nicht durchsetzen konnten (vgl. 1997, S. 107).

Der hier schon sichtbar werdende Streit, um die Grundausrichtung der Erziehungsberatung, durchzieht alle Entwicklungsdiskussionen dieser Institution bis heute. So etablierte sich Erziehungsberatung als ein Spezialdienst mit eigenständigem Profil, der seine Professionalisierung hauptsächlich durch Therapeutisierung voranbrachte. Diese Entwicklung stieß bei VertreterInnen einer sozialpädagogischen Ausrichtung der Erziehungsberatung auf Kritik, die sich in verschiedensten Gutachten und Erklärungen bündelte. Zu nennen sind hier stellvertretend der Bericht der Psychiatrie-Enquête (1975) sowie der 5. (1980) und 8. Jugendbericht (1990). Hierin wurde deutlich die Öffnung der Erziehungsberatung hinsichtlich einer gemeindenahen und auf Vernetzung angelegten, lebensweltorientierten Arbeit gefordert und somit eine ausschließlich medizinisch-therapeutische Deutung von Problemlagen kritisiert (vgl. Kurz-Adam 1997, S. 53f.). Die gewünschte Abkehr von dieser rein medizinisch-therapeutischen Ausrichtung wurde auch z.T. durch das Aufkommen von einerseits gesprächsorientierten humanistischen Therapiebewegungen und andererseits durch die systemische Familientherapie unterstützt. Zwar haben die Sichtweisen der systemischen Herangehensweise eine Veränderung der Diagnostik bewirkt, doch vermochte sie nicht die grundlegende therapeutische Sichtweise zu verändern. Anstatt dem ‚gestörten' Kind wird nun möglicherweise in der Familie eine gestörte Kommunikation festgestellt (vgl. ebd., S. 108).

Als ein weiterer Faktor für den Wandel und damit Öffnung der EB kann die Veränderung und somit Pluralisierung der Lebens- und Familienformen der AdressatInnen gewertet werden. Die Erziehungsberatung sah sich gezwungen, auf die veränderten Lebenssituationen der Menschen (z.B. Alleinerziehende Mütter und Väter) mit neuen Angeboten zu reagieren. „Gerade diese Pluralisierungsthese hat sich als ein entscheidender Beweggrund für die Erziehungsberatungsstellen erwiesen, ihre Konzepte von innen zu revidieren: neben die therapeutischen Baustellen traten Angebote, die sich an den Besonderheiten von Familienformen ausrichteten und jenseits defizitärer Zuschreibungen Hilfe zur Selbsthilfe bieten sollten" (ebd., S. 109). Diese Entwicklung der Erziehungsberatung passte zu den in dieser Zeit vollzogenen rechtlichen Veränderungen. Nachdem es, wie erwähnt, anfänglich wenig Berührungspunkte mit der Jugendhilfe gab, war mit der Einführung des KJHGs die Verankerung der Erziehungsberatung im Rahmen der Jugendhilfe klar vollzogen (vgl. Hundsalz 2001, S. 505). Dies bedeutet, dass „die Leistungen der Erziehungsberatung, ihre Konzepte, Methoden und ihre Finanzierung (…) durch das KJHG bestimmt [sind] und (…) sich in diesem Gesetz legitimieren [müssen]" (Hundsalz 2001, S. 505). Dies wird vor allem dann für die Erziehungsberatung schwierig, wenn das KJHG Themen wie die institutionelle Eigenständigkeit – die den Kern des Selbstverständnisses der Erziehungsberatung darstellt – antastet bzw. hier sogar Modernisierungsforderungen stellt.

Zusammenfassend lässt sich feststellen, dass sich, historisch betrachtet, die Erziehungsberatung immer im Spannungsfeld zwischen medizinisch/ therapeutischer und sozialpädagogischer Orientierung befand. Der ständige Streit um die richtige Ausrichtung bewirkte jedoch auch einen stetigen Modernisierungsschub, der sich z.B. heute in der zumindest teilweisen Öffnung ausdrückt. Dennoch, auch wenn heute die klare Verankerung der EB im KJHG eine eher sozialpädagogische Orientierung nach außen hin signalisiert, ist in der Praxis die therapeutische Ausrichtung immer noch von entscheidender Bedeutung. Kurz-Adam hält bezüglich des modernen Verständnisses der Erziehungsberatung fest, dass „therapeutische Kompetenz (...) sich mit diffusen alltagsnahen Angeboten [mischt]" (1997, S. 110).

Selbstverständnis und Aufgaben der EB

In diesem Abschnitt möchte ich verdeutlichen, was unter Erziehungsberatung zu verstehen ist, welche Aufgaben die Erziehungsberatung erfüllt und welches Selbstverständnis dieser Arbeit zu Grund liegt.

Zunächst gilt es zwischen funktionaler und institutioneller EB zu unterscheiden. Funktionale Erziehungsberatung ist Bestandteil aller Hilfen in der Jugendhilfe. In unterschiedlichsten Jugendhilfekontexten haben MitarbeiterInnen den Auftrag, in Fragen der Erziehung zu beraten. Institutionelle Erziehungsberatung findet dagegen in den extra dafür vorgesehenen und gestalteten Settings statt. Sie hat zur „Aufgabe, bei Fragen, Konflikten und Krisen in der Erziehung von Kindern und Jugendlichen zu unterstützen sowie Gefährdungen und Störungen ihrer seelischen Entwicklung zu klären und zu behandeln" (Menne 2002a, S. 282). Dabei ist sie Ansprechpartner für Kinder, Jugendliche und deren Eltern sowie andere Erziehungsberechtigte. Für Erwachsene ist sie demnach nur Ansprechpartner in ihrer Funktion als Eltern oder Erziehungsberechtigte.

Im Rahmen dieser institutionellen Erziehungsberatung erledigen die MitarbeiterInnen unterschiedliche Aufgaben. Diese reichen von der informativen Beratung über intensive Beratungsgespräche, diagnostische Klärungen bis hin zur Psychotherapie sowie der Arbeit im Sozialen Umfeld (vgl. ebd.). MitarbeiterInnen der Erziehungsberatung beraten außerdem in Situationen der Trennung und Scheidung, sofern Kinder oder Jugendliche betroffen sind (vgl. § 28 KJHG), und sind Ansprechpartner für andere Institutionen wie bspw. Kindergärten und Schulen, denen sie nach Bedarf Unterstützung z.B. in Form von Supervision anbieten. Außerdem bieten viele Erziehungsberatungsstellen Gruppenangebote an und unterstützen vorhandene Selbsthilfegruppen (vgl. Menne 2002a, S. 283). Hundsalz fasst die Aufgaben der Erziehungsberatung, in Anlehnung an die Bundeskonferenz für Erziehungsberatung (bke), mit den Kategorien Einzelberatung, präventive zielgruppenorientierte Angebote und Vernetzung zusammen (vgl. Hundsalz 2001, S. 514; bke 1998, S. 7). Er weißt darauf hin, dass es vielfache Überschneidungen der Aufgabenbereiche der Erziehungsberatung mit anderen sozialen Diensten gibt und somit im Rahmen von fallbezogener Kooperation und fallübergreifender Vernetzung auch Tätigkeiten von anderen Diensten übernommen werden. Im Arbeitsalltag dominiert die Einzelfallberatung mit einem Umfang von 75% der Arbeit deutlich. Nur 25% der Arbeitszeit wird laut bke für präventive und vernetzende Arbeit verwandt (vgl. bke 1994). Damit wird deutlich, dass die MitarbeiterInnen der EB hauptsächlich mit kurz- und mittelfristigen Interventionsformen bezüglich Einzelfällen zu tun haben (vgl. Menne 1996, S. 230 zit. in: Hundsalz 2001, S. 519).

In der Fachliteratur wird immer wieder auf Merkmale der Erziehungsberatung hingewiesen, die m. E. auf ein deutliches Selbstverständnis und damit auf eine Klarheit hinsichtlich des Grundverständnisses der Arbeit hinweisen. Menne verweist in diesem Zusammenhang auf die von der bke festgelegten Qualitätsmerkmale für die Arbeit in Erziehungsberatungsstellen (vgl. 2002b, S. 135). Abel nimmt ebenso diese Übereinstimmung in den Grundsätzen der Arbeit an, wenn er feststellt: „Als übergreifende Merkmale institutioneller Erziehungsberatung (EB) dürften gelten: ein multiprofessionelles Team, Freiwilligkeit und Kostenlosigkeit der Inanspruchnahme, Schutz der Privatsphäre durch Datenschutzbestimmungen" (1998, S. 87). Im Folgenden möchte ich diese und weitere Aspekte näher darstellen, die als Grundpfeiler der Arbeit in den Erziehungsberatungsstellen angesehen werden können.

(1) Freiwilligkeit

Unter Freiwilligkeit wird die freiwillige Inanspruchnahme der Erziehungsberatung durch die Ratsuchenden verstanden. Dies wird im Wesentlichen mit dem für die Beratung wichtigen vertrauensvollen Beratungsverhältnis begründet (vgl. Hundsalz 1995, S. 170; Menne 2002a, S. 283). „Wenn Ratsuchende ihre innere Welt thematisieren sollen, die sie vor anderen – oft auch vor sich selbst – verschlossen halten, braucht es eine besondere – auf freiwilliger Basis aufgebaute Beziehung, um sich einem – im Grund fremden – anderem Menschen anzuvertrauen" (Hundsalz 1995, S. 170).

Es ist sicherlich richtig, dass die Mitwirkung des Adressaten/der Adressatin in der Hilfe eine entscheidende Voraussetzung für den erfolgreichen Verlauf darstellt, allerdings müssen MitarbeiterInnen der EB – wie in allen anderen Bereichen der Jugendhilfe – auch mit Ratsuchenden arbeiten, die unter Umständen erst durch Druck an der Beratung teilnehmen. Eltern, denen dies dringend vom Kindergarten empfohlen worden ist, Ehepartner, die auf Wunsch des anderen Partners teilnehmen, Kinder, die von den Eltern hergebracht werden und Familien, die durch das Jugendamt vermittelt wurden. Hierbei kann vollständige Freiwilligkeit nicht immer vorausgesetzt werden, auch wenn dies für die Beratung sicherlich hilfreich wäre. In diesen Fällen muss die Offenheit für Beratung im Rahmen der Beratung erst hergestellt werden.

(2) Eigenständigkeit

Die Erziehungsberatung versteht sich als eigenständige Institution, auch wenn sie Teil des öffentlichen Trägers ist. „Die Einrichtung [Erziehungsberatung, d.V.] stellt eine eigene Organisationseinheit dar und soll (auch als Abteilung des Jugendamtes) räumlich getrennt von der Behörde oder Organisation unterge-

bracht werden" (Menne 2002a, S. 283). Durch die im § 28 KJHG gewählte Formulierung – „Erziehungsberatungsstellen und andere Beratungsdienste und -
einrichtungen" – wird jedoch deutlich, dass Erziehungsberatung nicht nur in
Erziehungsberatungsstellen erbracht wird, sondern – sofern die Voraussetzungen
eines multiprofessionellen Teams erfüllt sind – auch in anderen Einrichtungen
stattfinden kann (vgl. Wiesner u.a. 2000, S. 371). Unabhängig vom Ort, wo Erziehungsberatung erfolgt, ist die Erziehungsberatung in der Form eigenständig,
als dass sie keine Informationen über Ratsuchende an Dritte weitergeben muss
und in ihren Entscheidungen fachlich unabhängig ist. Ratsuchende genießen
einen besonderen Vertrauensschutz (vgl. Menne 2002b, S. 135).

(3) Niederschwelligkeit
Erziehungsberatung soll ein leicht zugängliches Beratungsangebot mit präventi-
vem Charakter darstellen. Hierfür ist es notwendig, dass Zugangsbarrieren so
gering wie möglich gehalten werden und ein bedarfsgerechtes Angebot vorhanden ist. Kurze Wartezeiten, offene Sprechstunden und wohnortnahe Angebote
ermöglichen einen Niederschwelligen Zugang für Ratsuchende (vgl. Menne
2002b, S. 135; 141)

(4) Gebührenfreiheit
Nach Menne ist für die Erziehungsberatung, wie für alle ambulanten Hilfen zur
Erziehung nach § 27ff. KJHG, der Grundsatz der Gebührenfreiheit wichtig. Nur
dadurch kann garantiert werden, dass die Inanspruchnahme der Hilfe nicht von
der finanziellen Ausstattung der Eltern abhängig ist (vgl. 2002b, S. 135).

(5) Multidisziplinäres Arbeiten
Im Rahmen der Arbeit in der Erziehungsberatung wird angenommen, dass die
Problemlagen der Ratsuchenden sehr unterschiedliche Ursachen haben. „Entste-
hende Probleme können durch gesellschaftliche Bedingungen oder durch organi-
sche Verursachungen mitbestimmt werden" (Menne 2002b, S. 136). Dies erfordert vielfältige Kompetenzen von den MitarbeiterInnen im Team, die durch die
multiprofessionelle Zusammensetzung des Teams abgedeckt werden sollen.
„Das Zusammenwirken verschiedener Fachkräfte, die mit unterschiedlichen
methodischen Ansätzen vertraut sind, ermöglicht einen differenzierten Zugang
zur Situation der Ratsuchenden, gestattet die Einbeziehung unterschiedlicher
Sichtweisen sowie die Auswahl der im Einzelfall geeigneten Methoden und
Therapieformen aus einem großen fachlichen Repertoire" (Wiesner u.a. 2000, S.
372). Die Multiprofessionalität ist im KJHG durch den Verweis auf das Zusammenwirken von „Fachkräfte[n] verschiedener Fachrichtungen" (KJHG, § 28)
festgeschrieben.

Gesetzliche Grundlagen[11]

Erziehungsberatung basiert auf der Grundlage mehrerer Paragraphen des KJHGs. Präventive Angebote werden nach § 16 Abs. 2 Nr. 2 KJHG angeboten, institutionelle Erziehungsberatung fußt auf § 28 KJHG. Daneben ist Erziehungsberatung für Trennungs- und Scheidungsberatung nach § 17 KJHG und für Beratung bei Ausübung der Personensorge § 18 Abs. 1 und 3 KJHG beauftragt (vgl. Menne 2002b, S. 141). Erziehungsberatung ist somit eine im Kinder- und Jugendhilfegesetz klar definierte Leistung, auf die im Rahmen von § 28 KJHG im Bedarfsfall sogar ein Rechtsanspruch besteht. Sie muss dadurch die allgemeingültigen Anforderungen des KJHGs erfüllen. Bspw. gilt durch die Eingliederung der Erziehungsberatung in die Hilfen zur Erziehung § 36 KJHG zur Hilfeplanung (vgl. ebd., S. 142). Da Erziehungsberatung jedoch nicht immer durch das Jugendamt vermittelt wird, besteht in der Praxis für die Erziehungsberatung erst im Falle eines längerfristigen Beratungskontaktes (länger als ein Jahr) die Pflicht ein vereinfachtes Verfahren der Hilfeplanung umzusetzen (vgl. Deutscher Verein 1994, S. 324).

Organisatorische Zuordnung

Erziehungsberatung wird sowohl von freien (65%) als auch von öffentlichen (35%) Trägern angeboten (vgl. Menne 2002a, S. 283). Diese Trägerpluralität schafft die Voraussetzung für das im KJHG verankerte Wunsch- und Wahlrecht der BürgerInnen. Wie im Rahmen der Darstellung des Selbstverständnisses von Erziehungsberatung deutlich wurde, ist hier nochmals an die Wichtigkeit der Unabhängigkeit und Eigenständigkeit der Institution EB zu erinnern. Erziehungsberatung versteht sich hauptsächlich als ein eigenständiger Dienst, auch wenn im Rahmen des KJHGs andere mögliche Organisationsformen der Erziehungsberatung genannt werden.

MitarbeiterInnen

Wie schon mit dem Grundsatz des multidisziplinären Teams in der Erziehungsberatung dargestellt, arbeiten in Erziehungsberatungsberatungsstellen unterschiedlich ausgebildete Fachkräfte zusammen. Die damit vorhandenen vielfältigen Kompetenzen im Team, sollen der Mehrdimensionalität und Unterschied-

---

[11] Eine detaillierte Darstellung der Gesetzlichen Grundlagen findet sich bei Hundsalz 1995, S. 56-72.

lichkeit der Probleme gerecht werden. Die am stärksten vertretene und damit dominante Berufsgruppe in den Erziehungsberatungsstellen sind die PsychologInnen, die 53% der MitarbeiterInnen stellen. Dies ist auf die traditionellen Wurzeln der EB in der medizinisch-therapeutischen Ausrichtung zurückzuführen. Außerdem sind fast immer SozialarbeiterInnen/SozialpädagogInnen (30% der MitarbeiterInnen) beschäftigt sowie vereinzelt Dipl. PädagogInnen, HeilpädagogInnen und Kinder- und JugendpsychotherpeutInnen. Eine Zusammenarbeit mit ÄrztInnen findet größtenteils auf Honorarbasis statt (vgl. Menne 2002a, S. 283; Hundsalz 2001, S. 513). Nahezu alle MitarbeiterInnen in Erziehungsberatungsstellen besitzen therapeutische Zusatzausbildungen. Nach den Förderrichtlinien der Länder ist eine therapeutische Zusatzausbildung sogar für die Fachkräfte erforderlich (vgl. Menne 2002b, S. 139). Diese eigentliche Kompetenzerweiterung der einzelnen Fachkräfte birgt jedoch die Gefahr einer psychologisch-therapeutischen Überlegenheit. Zum einen gleichen unterschiedliche Berufsgruppen durch therapeutische Zusatzausbildungen ihre Stile an, zum anderen wird durch die Dominanz von PsychologInnen auf Leitungsstellen die Vorbildfunktion von psychologisch-therapeutischem Arbeiten verstärkt (vgl. Kurz-Adam 1997, S. 126). Im Rahmen der Debatte, wie therapeutisch in der EB gearbeitet werden soll, beteuert Hundsalz die Bedeutung von therapeutischen Ausbildungen. Er weist jedoch darauf hin, dass sich die Praxis der therapeutischen Maßnahmen in der Jugendhilfe von denen der heilkundlich orientierten Psychotherapie deutlich unterscheiden (vgl. Hundsalz 2001, S. 516). „Therapeutische Kompetenz ist dabei nicht die einzige Qualifikation, die in Erziehungsberatungsstellen vor[ge]halten werden muss" (ebd., S. 517). Wissen über soziale und gesellschaftliche Strukturen sowie die Kompetenz, zwischen unterschiedlichen Parteien zu vermitteln, sind eben so wichtig (vgl. ebd.; bke 2000, S. 106).

AdressatInnen

Wie anfänglich erwähnt, stellt Erziehungsberatung eine Leistung für „Kinder, Jugendliche, Eltern und andere Erziehungsberechtigte" (Hundsalz 2001, S. 510) dar. Hundsalz weist in diesem Zusammenhang darauf hin, dass Erziehungsberatung auch von jungen Erwachsenen bis 27 Jahre, sowie von anderen Personen, die für Kinder oder Jugendliche zu sorgen haben bzw. pädagogische Verantwortung tragen, als Angebot zur Verfügung steht (vgl. ebd.). Tatsächlich haben es die MitarbeiterInnen in der Erziehungsberatung hauptsächlich mit der Altersgruppe der 3-12jährigen zu tun. Dabei stellen Kinder von Alleinerziehenden und aus Stieffamilien mit 40% der Fälle eine im Gegensatz zur Bevölkerung deutlich überrepräsentierte Gruppe dar (vgl. Menne 2002a, S. 283).

3.2.2 Aktuelle Herausforderungen

Die MitarbeiterInnen der Erziehungsberatungsstellen sowie die Institution selbst stehen ähnlich wie der ASD vor einer Reihe von Herausforderungen, auf die sie mit einer veränderten Arbeitsweise und einem veränderten Selbstverständnis reagieren müssen. Die bedeutenden Herausforderungen werden im Folgenden dargestellt. Dabei lässt sich z.T. eine deutliche Parallelität zu den Herausforderungen des ASDs feststellen, die sich allerdings teilweise in einer für die Erziehungsberatung spezifischen Form ausgestalten. Daneben gibt es eine Reihe von Herausforderungen für die Erziehungsberatungsstellen, die im Kontext des ASDs noch nicht diskutiert wurden.

a) Komplexe Problemlagen

Ähnlich wie für die Arbeit im ASD stellen die veränderten gesellschaftlichen Rahmenbedingungen und die damit einhergehende größere Gefahr einer vermehrten Anhäufung von Problemlagen, wie Armut, Arbeitslosigkeit, Schulden, erzieherische Überforderung, eine Herausforderung für die Arbeit der Erziehungsberatungsstellen dar (vgl. bke 2000, S. 411ff.). Die MitarbeiterInnen der Erziehungsberatung müssen geeignete Methoden für die Arbeit mit Multiproblemfamilien entwickeln, die nicht nur die individuell-psychischen Aspekte betrachten, sondern mit denen auch die sozialen, im Lebensumfeld der Familien entstandenen Probleme bearbeitet werden können. „Eine Erziehungs- und Familienberatung muss (…) [den gesellschaftlichen] Kontext familialen Lebens in ihr Bewusstsein aufnehmen, um artikulierte Sorgen verstehen zu können und, wenn nötig, unterscheiden zu können zwischen realen oder antizipierten gesellschaftlichen Problemen und jenen seelischen bzw. interaktiven Konstellationen, für die sie selbst Rat und Hilfe anbieten kann" (Alter/Menne 1988, S. 8f.; zit. in: Hundsalz 2001, S. 508). Dies erfordert neben der psychologisch-therapeutischen Kompetenz eine fundierte Kenntnis über die Lebenslagen der Ratsuchenden und die Strukturen der Sozialräume, in denen die Menschen leben. Darüber hinaus spielt die Kooperation und Vernetzung mit anderen Diensten eine immer wichtigere Rolle, da Multiproblemfamilien häufig nicht nur von einem Dienst begleitet werden können.

b) Ressourcenknappheit

Die Krise in den öffentlichen Haushalten stellt die Erziehungsberatung insofern vor eine Herausforderung, da zukünftig die, für die Einhaltung fachlichen Standards notwendige, Regelfinanzierung der Beratungsstellen nicht in vollem Umfang garantiert ist. „Die Versuche der Kommunen und Landkreise, sich von sozialen Kosten zu entlasten, führen zu Ungeklärtheiten und Einschränkungen der finanziellen Absicherung von Beratungsstellen" (bke 2000, S. 440). Befürchtet wird außerdem, dass durch die Kommunalisierung der Jugendhilfeleistungen, die Bundesländer sich aus der Finanzierung der Beratungsstellen zurückziehen (vgl. ebd., S. 441). Für Erziehungsberatungsstellen bedeutet dies, dass sie zum einen ihre Leistungen und Strukturen hinsichtlich der Effizienz und Kostenverträglichkeit prüfen müssen und zum anderen, dass sie sich über alternative Finanzierungsmodelle Gedanken machen müssen. Dabei könnte zum einen bspw. das zum Selbstverständnis der EB gehörende Prinzip der Gebührenfreiheit bedroht sein und damit Ratsuchende zu einem finanziellen Eigenanteil verpflichtet werden, oder zum anderen müssten Erziehungsberatungsstellen über Projektanträge Projektmittel akquirieren, die meist nur über einen bestimmten Zeitraum für einen bestimmten Zweck gewährt werden. Diese Finanzierungsformen beeinflussen das Angebot von Erziehungsberatungsstellen entscheidend. Verstärkt wird die Problematik der Ressourcenknappheit durch den anhaltend steigenden Beratungsbedarf.

c) Gesetzliche Entwicklungen

KJHG: Am bedeutendsten ist für die Erziehungsberatung sicherlich die mit dem KJHG veranlasste klare Verortung der Erziehungsberatung als Leistung der Jugendhilfe. Vor allem die Einordnung des § 28 KJHG in die Hilfen zur Erziehung bringt neue Herausforderungen für die Erziehungsberatung mit sich. Demnach muss für eine Erziehungsberatung nach § 28 KJHG zunächst ein erzieherischer Bedarf festgestellt und bei längerfristigen Beratungen zumindest ein vereinfachtes Hilfeplanverfahren durchgeführt werden (vgl. Kurz-Adam 1997, S. 90f.). Weitere wichtige und z.T. neue Entwicklungen stellen die Parteinahme für Kinder und ggf. aktiver Schutz von Kindern, die ausdrückliche Parteinahme für benachteiligte Kinder und deren Familien sowie die Aufforderung zur Mitgestaltung und Verbesserung der Lebenswelten für Kinder und derer Familien dar (vgl. Hundsalz 2001, S. 509). Die Einführung des KJHGs bedeutet außerdem eine bis dahin kaum vorhandene intensive Auseinandersetzung der MitarbeiterInnen in der Erziehungsberatung mit Rechtsvorschriften überhaupt.[12]

Kindschaftsrechtsreform: Die Kindschaftsrechtsreform hat für die Erziehungsberatungsstellen zur Folge, dass sie vermehrt Beratungsleistungen hinsichtlich der Entscheidung zur Regelung des Sorgerechts von geschiedenen Eltern anbieten und mit Gerichten und Rechtsanwälten zusammenarbeiten müssen (vgl. Hundsalz 1995, S. 57). Die Jugendhilfe wurde mit diesem Gesetz beauftragt, Klärungsprozesse mit Beratungsstellen und Diensten der Jugendhilfe zu unterstützen (vgl. Menne 2002b, S. 148). Somit entstand mit der Kindschaftsrechtsrefom ein neues Aufgabenfeld für die Erziehungsberatungsstellen.

Hundsalz diskutiert im Zusammenhang mit den Auswirkungen der gesetzlichen Entwicklungen den Einsatz von Juristen im multiprofessionellen Team. „Die vielen Rechtsfragen, die heute in Erziehungsberatungsstellen auf dem Hintergrund der (...) Aufgaben diskutiert werden müssen, erfordern möglicherweise auch eine neue Schwerpunktbestimmung des multidisziplinären Teams" (1995, S. 75).

d) Fachliche Entwicklungen in der Jugendhilfe – Erwartungen an die Erziehungsberatung

Durch die gesetzliche Verankerung der Erziehungsberatung in der Jugendhilfe, wird von der Erziehungsberatung erwartet, dass sie sich mit den aktuellen Diskursen der Jugendhilfe auseinandersetzt und entsprechend weiterentwickelt. Eine Erziehungsberatung, die lebensweltliche Zusammenhänge in ihrer Arbeit ignoriert und sich auf eine einseitig psychotherapeutisch fundierte Diagnostik reduziert, missachtet die aktuellen Fachdiskussionen[13] um eine ganzheitliche Betrachtungsweise der AdressatInnen und deren Problemlagen. Die hauptsächlich aus der Zeit des 8. Jugendberichts stammende starke Kritik einer zu therapeutisch und einzelfallorientierten Ausrichtung, die sozioökonomisch schwächer gestellten Familien den Zugang zur Erziehungsberatung erschwert (vgl. BMJFFG 1990, S. 137; Thiersch 1985), triff so anscheinend heute nicht mehr zu. Kurz-Adam stellt in ihrer Untersuchung von katholischen Erziehungsberatungsstellen fest, dass die in der Erziehungsberatung stattfindende Psychotherapie

---

[12] Hundsalz stellt diesbezüglich fest, dass es vor der Einführung des KJHGs kaum Auseinandersetzungen mit den rechtlichen Grundlagen der Erziehungsberatung überhaupt gab. Die Welt der Gesetzestexte spielte in der Arbeit der eher therapeutisch arbeitenden Berater eher eine geringe Rolle. Erst mit der Einführung des KJHGs und der klaren Verortung der EB im Rahmen der HzE ist eine Auseinandersetzung mit Rechtsvorschriften zwingend erforderlich (vgl. 1995, S. 56f.).

[13] Vgl. Kap. 2

„sich von einem langfristigen Unternehmen (…) zu einer krisenorientierten, methodisch vielfältigen Vorgehensweise gewandelt [hat], die an einer auch kurzfristigen und am Situativen angesiedelten Hilfe zur Selbsthilfe interessiert ist" (1997, S. 139). Auch Hundsalz vertritt die Position, dass „die Praxis der Erziehungsberatung (…) inzwischen überwiegend auf die Lebenswelt der potentiellen Ratsuchenden bezogen [ist] und (…) eine starke Alltagsorientierung auf[weist]" (2001, S. 516). Hat demnach die Praxis der Erziehungsberatung, die in der Fachdiskussion der Jugendhilfe gängigen Sichtweisen übernommen? Erziehungsberatung hat sich sicherlich in den letzten 15 Jahren stark verändert und dennoch bleibt zu hinterfragen – ebenso wie bei allen anderen Diensten der Jugendhilfe – inwieweit die Prämissen wie Lebensweltorientierung, Dienstleistungsorientierung und der sozialraumorientierten Arbeit konsequent und bei jedem Einzelfall konkret umgesetzt wird. Hierauf weist auch Kurz-Adam mit ihrer Kritik hin, in dem sie verdeutlicht, dass es neben der Einzelfallberatung in den Erziehungsberatungsstellen durchaus lebensweltorientierte Arbeit gibt, diese allerdings meistens außerhalb der therapeutischen Einzelfallarbeit stattfindet. Gemeinwesenorientierte, präventive Arbeit und Einzelfallarbeit werden somit in Arbeitsteilung erbracht und stehen unverbunden nebeneinander (vgl. 1997, S. 135f.). Ähnlich kritisieren Straus/Gmür die Umsetzung der gemeindenahen Arbeit in der Erziehungsberatung (vgl. 1991, S.139ff.). Die im Ansatz der Gemeindpsychologie[14] enthaltene Vorstellung, dass Erziehungsberatung als Teil des Gemeinwesens bekannt ist, sich mit anderen Institutionen vernetzt und somit mit niederschwelligen Angeboten frühzeitig und rechtzeitig wirken kann und dadurch auch zum Ansprechpartner für sozial benachteiligte Familien wird, wird in der alltäglichen Arbeit – so die Meinung der Autoren – nicht richtig umgesetzt (vgl. ebd.). Hundsalz verweist auf die in Zeiten knapper Kassen begrenzte Möglichkeit einer Prioritätenverlagerung. Eine Umverteilung der Ressourcen auf Kosten der Einzelfallarbeit sieht er als höchst kritisch: „Letztlich geht es nach meiner Einschätzung vor allem darum, das Kernstück der Erziehungsberatung, die Beratung selbst, so zu entwickeln, dass es für die lebenspraktischen Alltagsfragen eine angemessene Antwort sein kann" (Hundsalz 1995, S. 192).

Die fachliche Orientierung der Erziehungsberatung scheint demnach immer noch stark geprägt durch eine höhere Bewertung der therapeutischen, beraterischen Einzelfallarbeit; der Blick auf und die Diskussion um sozialpädagogische Konzepte, wie einer lebenswelt-, dienstleitungs-, und sozialraumorientierten Erziehungsberatungsstelle, ist aber dennoch vorhanden. Eine konsequente Um-

---

[14] Eine ausführliche Darstellung über den Ansatz der Gemeindenahen Beratung bzw. Gemeindepsychologie findet sich bei Hundsalz 1995, S.184-192 sowie bei Straus/Gmür 1991.

setzung würde allerdings mehr bedeuten. Auch die politische Einmischung für bessere Lebensbedingungen von Kindern und Familien würde dazugehören.

e) Organisationsformen von Erziehungsberatung

Durch die Auseinandersetzung mit den fachlichen Entwicklungen in der Jugendhilfe, werden neben der Arbeitsweise auch die bestehenden Organisationsformen hinterfragt. Ist eine vom Jugendamt räumlich getrennte Spezialberatungsstelle noch die richtige Form, um den Anforderungen der fachlichen Entwicklung gerecht zu werden? In der Fachliteratur finden sich verschiedene Ansatzpunkte, wie Erziehungsberatung am besten organisatorisch aufgestellt werden soll. Im Folgenden werde ich die wichtigsten Diskussionsrichtungen in knapper Form vorstellen.

(1) Integrierte Beratungsstellen
In einem vom Bundesministerium für Familie und Senioren erstellten Gutachten zum Thema Familie und Beratung wird geprüft, inwieweit sich die einzelnen Beratungsfelder integrieren lassen, um BürgerInnen eine leichtere Orientierung in der unübersichtlichen Beratungsstellenlandschaft zu ermöglichen (vgl. Hundsalz 1995, S. 174). Dafür werden die Beratungsfelder der Erziehungsberatung, der Jugendberatung, der Familien- und Lebensberatung, die Sexual-, Schwangeren- und Lebensplanungsberatung und die Schuldnerberatung untersucht (vgl. BMFuS 1993). Die Kommission erachtet das Konzept der ‚integrierten Beratungsstellen' als sinnvoll, das auf drei verschiedenen Wegen vollzogen werden kann: der additiven Integration, der kooperativen Integration und der familienorientierten Integration. Das Maß der institutionellen Zusammenarbeit nimmt von der additiven Integration zur familienorientierten Integration ab (vgl. BMFuS 1993, S. 145ff.).

Hundsalz spricht sich ebenfalls für eine (additive) Integration von Beratungsstellen aus. Dabei ist für ihn entscheidend, dass nur Beratungsstellen mit ähnlichem methodischen Ansatz zusammengefasst werden. Integrationsfähig sind in diesem Sinne die Erziehungsberatung mit der Ehe- und Lebensberatung, wogegen er inhaltlich ausgerichtete Beratung wie Schuldner- oder Rechtsberatung auf Grund des notwendigen Fachwissens als nicht integrierbar erachtet (vgl. 1995, S. 176). Neben der Integration scheint ihm auch eine Zusammenarbeit auf der Basis einer ständigen Kooperation (kooperative Integration) sinnvoll. Er verspricht sich damit passgenaue, unbürokratischere Übergänge zwischen Beratungsstellen und den Abbau von unnötigen Überschneidungen sowie von Konkurrenz (vgl. ebd., S. 176f.). Dieser Aspekt wird von anderen Stellen unter dem

Stichwort Vernetzung diskutiert. Erziehungsberatung kann ihren Auftrag nicht isoliert wahrnehmen, sondern ist gefordert ihre Dienstleistung in Abstimmung mit anderen Diensten anzubieten. Erziehungsberatung ist in diesem Verständnis ein Baustein der Erziehungshilfen (vgl. bke 2000, S. 420) bzw. des lokalen sozialen Unterstützungsangebots.

(2) Beratungs- und Hilfezentren
Mit dem Vorschlag eines Beratungs- und Hilfezentrum wird das Anliegen aufgegriffen, eine engere Verzahnung der Erziehungs- und Familienberatung mit den erzieherischen Hilfen herzustellen (vgl. bke 2000, S. 136). Im Unterschied zu den Jugendhilfestationen liegt der Schwerpunkt in den Beratungs- und Hilfezentren auf Erziehungs- und Familienberatung, die durch ein multiprofessionelles Team erbracht wird. Neben Erziehungsberatung werden dort ergänzende ambulante erzieherische Hilfen angeboten. Somit verbindet das Beratungs- und Hilfezentrum „zwei unterschiedliche Arbeitskonzepte, nämlich beratende/therapeutische Interventionen und pädagogisch betreuendes Handeln unter einem Dach" (bke 2000, S. 136).

(3) Erziehungsberatung in Jugendhilfestationen
Erziehungsberatung wird in diesem Modell nicht mehr in einer eigens dafür vorgesehenen Institution erbracht, sondern ist eines von vielen möglichen Hilfsangeboten einer Jugendhilfestation. Nach dem Konzept der integrierten, flexiblen Hilfen (vgl. Kap. 2.2.2) werden, je nach Bedarf, Hilfen entwickelt, in denen Elemente von Erziehungsberatung vorkommen können. Erziehungsberatung wird in diesem Modell sehr eng mit den anderen Leistungen der Jugendhilfe verbunden. Hundsalz kritisiert an diesem Ansatz die unzureichende Personalausstattung, die den Anspruch eines multiprofessionellen Teams – im herkömmlichen Sinne einer Erziehungsberatungsstelle – nicht immer erfüllen kann. Er sieht deshalb in diesen Konzepten eher die Absicht, Kosten einsparen zu wollen. „Integrative Ansätze, so sinnvoll sie inhaltlich sein mögen, entpuppen sich demnach als Versuch, mit weniger Personal ein ausgeweitetes Beratungsfeld zu bearbeiten" (Hundsalz 1995, S. 175). Außerdem sieht Hundsalz auf Grund der vielfältigen Aufgabenbereiche in der Erziehungsberatung selbst schon einen ganzheitlichen integrierten Ansatz verwirklicht. Er kommt zu dem Schluss, dass „diese Institution (…) weitgehend der Forderung nach[kommt], möglichst viele Hilfen aus einer Hand anzubieten und (...) einem ganzheitlichen Ansatz verpflichtet [ist]" (ebd.,S. 178).
Welche Organisationsform für die Erziehungsberatung die richtige ist, kann nicht pauschal festgestellt werden, sondern ist im Einzelfall und mit Blick auf die regionale soziale Infrastruktur zu prüfen. Dieser Herausforderung müssen sich

Erziehungsberatungsstellen stellen, auch wenn die Erhaltung des Bestehenden für viele MitarbeiterInnen zunächst als die bessere Variante erscheinen mag. In diesen Fällen sind die Leitung sowie die Träger gefordert, innovative und bedarfsgerechte Strukturen zu schaffen.

f) Einlösen/Erfüllen des eigenen Selbstverständnisses

Als eine weitere Herausforderung für die Erziehungsberatung kann die Erfüllung ihrer eigenen Ansprüche betrachtet werden. Erziehungsberatung erhebt für sich den Anspruch, dass die freiwillige Inanspruchnahme, die Eigenständigkeit der Institution, der niederschwellige Zugang, das Arbeiten im multiprofessionellen Team sowie die Gebührenfreiheit für Ratsuchende zum Standard ihrer Arbeit gehören. Am Aspekt der Niederschwelligkeit sowie dem des multiprofessionellen Teams möchte ich verdeutlichen, dass eigens aufgestellte Standards dahingehend herausfordernd sind, als dass sie auch eingehalten werden müssen.

Niederschwelligkeit: Im oberen Abschnitt über die Fachdiskussionen in der Jugendhilfe und den daraus entstehenden Erwartungen an die Erziehungsberatung wird deutlich, dass sich die Erziehungsberatung seit jeher mit dem Vorwurf der unzureichenden Offenheit von Seiten der Jugendhilfe konfrontiert sieht. Auch wenn die vor allem im 8. Jugendbericht zugespitzte Kritik heute so nicht mehr zutreffend ist, so ist dennoch zu prüfen, inwiefern die Erziehungsberatung ihren Anspruch auf einen niederschwelligen Zugang für alle Bevölkerungsgruppen und –schichten einlöst. Zu dieser Frage gibt es unterschiedliche Meinungen: Hundsalz vertritt die Ansicht, dass die EB vom überwiegenden Teil der Bevölkerung wahrgenommen wird und deshalb ein gut verankerter Dienst im System der sozialen Sicherung ist. „Der offene und niederschwellige Zugang zur Erziehungsberatung hat sich bewährt und entspricht der realen Praxis" (2001, S. 522). Er räumt allerdings ein, dass es dennoch im Bereich der von Armut betroffenen Kinder, im Bereich der Migrantenkinder und der Mädchen einer vermehrten Anstrengung bedarf, um die Offenheit der Erziehungsberatung für alle Menschen zu garantieren (vgl. ebd., S. 511). Auch für andere Institutionen wie Schulen und Kindergärten muss eine deutliche Offenheit erkennbar sein, damit eine frühzeitige Vernetzung der Unterstützung möglich wird. Auch Kurz-Adam macht deutlich, dass, auch wenn es in der Erziehungsberatung keine Ausgrenzung von Unterschichtklientel von vorne herein gibt, der immer noch vorhandene starke therapeutische Blick in der Einzelfallberatung für Multiproblemfamilien zunächst einmal weniger geeignet ist und somit die Erziehungsberatung durch ihre Arbeitsweise für einzelne Bevölkerungsgruppen ein doch eher nachrangiger Ansprechpartner wird (vgl. 1997, S. 132). Die Herstellung einer vollständigen Niederschwelligkeit bleibt demnach eine Herausforderung für die Erziehungsberatungsstellen.

Multiprofessionelles Team: Für die Arbeit der Erziehungsberatung ist es – so die fachliche Meinung – zwingend erforderlich, dass MitarbeiterInnen mit unterschiedlichen Kompetenzen gemeinsam in einem Team arbeiten (vgl. Kap. 3.2.1). Nur so kann auf die mannigfachen Ursachen der Problemlagen mit verschiedenen Kompetenzen reagiert werden. Kann diesem Anspruch auch dann noch entsprochen werden, wenn auf Grund von therapeutischen Zusatzqualifikationen und einer langjährigen Sozialisation des Berufsfeldes sich die Kompetenzen und Haltungen angleichen? Dann, so scheint es, rückt die eigentliche Berufsausbildung in den Hintergrund und auch SozialpädagogInnen übernehmen den eher therapeutischen Blick (vgl. Kurz-Adam 1997, S. 209; Gräßer/Schäfer o.J., S. 9). Die Erziehungsberatung steht also vor der Herausforderung, trotz der vielfältigen therapeutischen Zusatzqualifikationen die unterschiedlichen Blickwinkel auf die Problemlagen zu erhalten. Dabei ist es nicht zwingend, dass immer SozialpägagInnen die sozialen Dimensionen einer Problemlage in Blick nehmen und PsychologInnen stets die individuell-psychischen, die Fähigkeit der mehrperspektivischen Inblicknahme würde alle MitarbeiterInnen einer Erziehungsberatungsstelle bereichern. Um diese Fähigkeit herzustellen, bedarf es Fortbildungen in den verschiedenen Richtungen und Supervision, in der die Möglichkeit zum Austausch zwischen den MitarbeiterInnen besteht.

Fazit

Auch die Institution Erziehungsberatung ist mit einer Vielfalt an Herausforderungen konfrontiert, die die MitarbeiterInnen in ihrer alltäglichen Arbeit belasten und dennoch bearbeitet werden müssen. Sie ist gefordert, ihrer Position im Rahmen der Jugendhilfe gerecht zu werden, in dem sie sich einerseits für neue Arbeitsformen öffnet und andererseits dennoch ihre bewährten Qualitäten beibehält. „Erziehungsberatung befindet sich ‚zwischen unterschiedlichen wissenschaftlichen Denkansätzen', ‚zwischen einer Orientierung an medizinischen Kompetenzen und der Forderung nach lebensweltorientierter Arbeit', ‚zwischen einer inhaltlichen Problemorientierung und Prozessen sozialer Selektion' … ‚zwischen einer Kritik durch ‚klassische Jugendhilfe' und einer ‚Vorreiterfunktion' für ein modernes Verständnis von Jugendhilfe'" (bke 1991, S. 6ff. zit. in: Kurz-Adam 1997, S. 95f.). Dieser Weg zwischen Umorientierung und Bewahren ist sicherlich sehr spannungsreich und bedeutet deshalb eine große Herausforderung. Die Gefahr, dass die Institution an Klarheit und MitarbeiterInnen die scheinbar so ausgeprägte Identifikation mit ihrem Arbeitsfeld verlieren und Zeit brauchen, um ein neues Selbstverständnis in ihrer Arbeit leben zu können, ist groß. „Diese Zwischenstellung bedeutet zunächst, dass das Selbstverständnis professioneller Sicherheit geschwunden ist" (Kurz-Adam 1997, S. 96).

3.3 Gegenüberstellung der beiden Arbeitsfelder

In den vorangegangen Beschreibungen der beiden Arbeitsfelder und der Herausforderungen sind viele Unterschiede zwischen ASD und EB deutlich geworden. Als Zusammenfassung und Überblick werde ich im Folgenden die Ergebnisse der Punkte 3.1. und 3.2. in einer Tabelle gegenüberstellen. Dafür habe ich zum einen die Merkmale der beiden Dienste, zum anderen – soweit dies möglich war – die Herausforderungen gegenübergestellt, mit denen diese beiden Institutionen konfrontiert sind. Diese beiden Arbeitsschritte sind direkt aus den vorangegangen Kapiteln ableitbar. Im dritten Abschnitt der Tabelle finden sich Herausforderungen, die nicht direkt miteinander vergleichbar sind, da sie in der Fachdiskussion meist jeweils nur für ein Arbeitsfeld thematisiert wurden.[15] Das jeweilige noch nicht explizit beleuchtete Pendant des anderen Arbeitsfeldes, werden selbst abgeleitet. Diese Ergebnisse lassen sich an der kursiven Schrift erkennen.

---

[15] Ob Herausforderungen in der Fachdiskussion thematisiert werden oder nicht, hängt auch vom Erkenntnisinteresse der jeweiligen Publikation ab. Außerdem wurden die jeweils in 3.1.2 und 3.2.2 beschriebenen Herausforderungen aus den für diese Arbeit verfügbaren Publikationen abgeleitet. Es ist somit nicht auszuschließen, dass an anderen Stellen auch andere Herausforderungen diskutiert werden.

Gegenstandsbeschreibung und Funktion

	ASD	EB
Geschichte	Aus der Fürsorge heraus entwickelter Grunddienst hauptsächlich für Familien, heute zielgruppen- und problemübergreifender Dienst.	Therapeutisch/medizinische Tradition, langjährige langsame Öffnung des Arbeitsfeldes für sozialpädagogische Arbeitsansätze.
Aufgaben	Unterschiedlichste Aufgabenfelder auf Grund der Allzuständigkeit. Inhaltlich beschrieben in den Dimensionen beraten und entscheiden, unterstützen und schützen sowie knappe Güter verteilen. V.a. tätig im Kontext der Jugendhilfe	Hauptsächlich Einzelberatung, daneben präventive zielgruppenorientierte Angebote und Vernetzung mit anderen Diensten.
Selbstverständnis	Allzuständiger Dienst, der ganzheitliche Hilfe zielgruppen- und problemübergreifend anbietet.	Freiwilligkeit, Eigenständigkeit, Niederschwelligkeit, Gebührenfreiheit und Multidisziplinäres Arbeiten sind Grundsätze des Arbeitens.
Gesetzliche Grundlagen	Je nach Anfrage, regeln unterschiedliche Gesetze die Leistungen.	§§ 16-18 sowie § 28 KJHG.
Organisation	Beim öffentlichen Träger angesiedelter Dienst, meistens beim Jugendamt.	Eigenständige vom Jugendamt unabhängige Institution in öffentlicher und freier Trägerschaft.
Personal	SozialarbeiterInnen/SozialpädagogInnen, Dipl. PädagogInnen	Multidisziplinäres Team aus PsychologInnen, SozialarbeiterInnen/SozialpädagogInnen, sowie evtl. PädagogInnen, HeilpädagogInnen und nebenamtlich beschäftigte Ärzte/ÄrztInnen. Fast alle hauptamtlichen MitarbeiterInnen haben therapeutische Zusatzaus-

		bildungen.
Klientel	Per Definition: Ansprechpartner für alle BürgerInnen eines Bezirks. Real: Ansprechpartner für alle, die sich selbst keine Hilfe finanzieren oder organisieren können und den Weg zu Spezialdiensten nicht von alleine finden.	Per Definition: Beratungsinstitution für Kinder, Jugendliche und Eltern sowie andere Erziehungsberechtigte bzw. Institutionen, die mit Kinder und Jugendlichen arbeiten. Real: Eltern und deren Kinder, die den Weg zur EB selbst finden oder von einer anderen Institution vermittelt werden.
Hilfeart	Hilfe besteht hauptsächlich in der Klärung, Beratung und Vermittlung von weiteren Hilfeleistungen.	EB ist eine bestehende Hilfeart als Teil der Jugendhilfe. Sie wird von Erziehungsberatungsstellen meist direkt erbracht.

Thematisch ähnliche Herausforderungen

Komplexe Problemlagen	Komplexe Problemlagen müssen entweder selbst bearbeitet oder an andere Dienste vermittelt werden.	Komplexe Problemlagen zwingen die Erziehungsberatungsstellen, ihr Angebot für vielfältige Themen zu öffnen und mit anderen Diensten zu kooperieren.
Ressourcenknappheit	Leistungen müssen vermehrt legitimiert werden; Stellen werden z.T. abgebaut, was zur Verunsicherung bei den Mitarbeitern führt.	Regelfinanzierung nicht mehr vollständig gesichert, alternative Finanzquellen müssen gefunden werden.
Gesetzliche Entwicklungen	Vermehrt offene Verfahren, d.h. der ASD erhält eher planerische, koordinierende Funktion.	Verankerung der Erziehungsberatung im KJHG. Kindschaftsrechtsreform erfordert vermehrte Unterstützung der Eltern bei Regelung des Sorgerechts.
Fachliche Entwicklungen im Jugendhilfediskurs	Sozialräumlich denken und handeln: Die eher einzelfallspezifische Organisation soll durch eine sozialräumliche	Konsequente Umsetzung der Lebenswelt-, Dienstleistungs- und Sozialraumorientierten Ansätze in der täglichen Arbeit sowie Ausei-

	Perspektive ergänzt werden.	nandersetzung mit Qualitätssicherungssystemen.
Unterschiedliche Herausforderungen		
Arbeitsbedingungen	Schlechte Arbeitsbedingungen führen zu einer vermehrten Orientierung am Einzelfall.	*Obwohl sich die EB auch mit komplexeren Problemlagen und Ressourcenknappheit auseinandersetzen muss, werden die schlechten Arbeitsbedingungen nicht so deutlich thematisiert wie im Rahmen des ASDs.*
Organisationsform	Der ASD scheint nicht unter dem gleichen Legitimationszwang seiner Organisationsform zu stehen wie die EB. Es werden im Rahmen der Diskurse um wohnortnahe Hilfen und Sozialraumorientierung neue Organisationsformen, wie Sprechstunden in Schulen oder in anderen Jugendhilfeeinrichtung diskutiert.	*Hinterfragen der bestehenden Organisationsform von Erziehungsberatungsstellen. Verschiedene Formen der Zusammenarbeit mit anderen Beratungsfeldern.*
Selbstwertgefühl	Negatives Selbstwertgefühl und Arbeitsplatzunzufriedenheit durch Gefühl der Restzuständigkeit und mangelnder Anerkennung der Arbeit von außen.	*In der Erziehungsberatungsfachdiskussion spielen Debatten um fehlende Anerkennung und negatives Selbstwertgefühl des Dienstes scheinbar keine Rolle.*
Einlösen des eigenen Selbstverständnisses	Der ASD ist kein der EB vergleichbarer homogener Dienst, der sich auf verbandlicher Ebene zusammenschließt und gemeinsame Standards festlegt. Die Standards resultieren aus der allgemeinen Fachdiskussion um Pro-	*Es bedarf einer vermehrten Anstrengung, die selbst definierten Standards wie Niederschwelligkeit und Multidisziplinarität einzulösen.*

fessionalität in der sozialen Arbeit.

Verwaltungsmodernisierung	Verwaltungsmodernisierung fordert eine konsequente Umsetzung des Prinzips der Kundenorientierung, welches jedoch nicht linear auf die Arbeit des ASDs zu übertragen ist.	*Durch die räumliche Distanz zur Behörde Jugendamt, spielt die direkte Auseinandersetzung mit der Verwaltungsmodernisierung evtl. noch keine so große Rolle. Haltungen aus der Verwaltungsmodernisierung, die die Sozialpädagogische Fachdiskussion aufgegriffen hat (z.B. Kundenorientierung) wirken sich jedoch auch auf die Praxis der EB aus.*
Definitions- und Interpretationsleistungen	Unbestimmte Rechtsbegriffe müssen durch die MitarbeiterInnen des ASD am Einzelfall definiert werden.	*In der Erziehungsberatung nimmt die Klärung von Rechtsbegriffen keine primäre Rolle ein.*
Teambezogenes und interdisziplinäres Arbeiten	Teambezogenes und interdisziplinäres Arbeiten erfordert Offenheit gegenüber anderen Professionen und Strukturen, die das Team stützen.	*In der Erziehungsberatung gibt es eine langjährige Tradition des multidisziplinären Arbeitens.*
Kooperation	Kooperation mit anderen Diensten zur Herstellung einer positiven sozialen Infrastruktur im Sozialraum setzt Kenntnis des Sozialraums und Pflege der Beziehungen voraus.	*Die Kooperationsbeziehungen spielen für Erziehungsberatungen nicht so sehr im sozialräumlichen Bezug eine Rolle, sondern finden eher fallbezogen statt. Bspw. mit Kinderärzten oder Kindertageseinrichtungen und Schulen.*
Bürokratisierung	Bürokratisierung ist im Rahmen von qualitätssichernder Dokumentation notwendig, sollte jedoch nicht überhand nehmen.	*Eine Zunahme des Dokumentationsaufwandes im Rahmen von Qualitätssicherung findet sich sicherlich auch bei den EBs. Allerdings wird er in der Fachdiskussion nicht als Herausforderung diskutiert.*

Schon an dieser Stelle wird deutlich, wie spannend es sein wird zu betrachten, was geschieht, wenn diese beiden Arbeitsfelder in einer Institution zusammenarbeiten. Was bedeutet es für die jeweiligen MitarbeiterInnen, mit dem anderen Dienst zusammenzuarbeiten? Welche fachlichen Veränderungen bringt dieser Zusammenschluss mit sich? Wie können arbeitsfeldspezifische Qualitäten in einem Zusammenschluss erhalten bleiben? Kann mit dem neu entstanden Dienst auf die eine oder andere Herausforderung besser reagiert werden? Diese Fragen verdeutlichen die Herausforderung, die hinter einer Zusammenlegung der beiden Dienste Allgemeiner Sozialdienst und Erziehungsberatung stehen. Im empirischen Teil werde ich darstellen, ob und wie dies in A. verwirklicht werden konnte.

4 Entwicklungen in A.

Ehe ich den Zusammenschluss von ASD und Erziehungsberatung empirisch darstelle, möchte ich im Folgenden auf die aktuellen Jugendhilfeentwicklungen in A. eingehen. Wie schon erwähnt, sind die regionalen Gegebenheiten ein wichtiger Aspekt für die Entscheidung, welche fachlichen Veränderungen wie angegangen werden sollen (vgl. Kap. 2). So ist für die Organisationsveränderung zum Beratungszentrum wichtig, welche sonstigen Entwicklungen mit ähnlicher Zielrichtung im Jugendamt A. angedacht werden bzw. schon vollzogen wurden. Deshalb werde ich zunächst einen Überblick über die Entwicklungen des Jugendamtes und hierbei v.a. der Hilfen zur Erziehung geben, bevor ich das Beratungszentrum als neue Organisationsform vorstelle.

4.1 Entwicklung des Jugendamtes und der Hilfen zur Erziehung

In A. löste der oben beschriebene Wandel in der Jugendhilfe (vgl. Kap. 2) ebenso wie in vielen anderen Kommunen in Deutschland (vgl. bspw. INTEGRA-Projekte in: Peters/Koch 2004) tief greifende Veränderungen aus. Schon 1993 wurde begonnen, sich über einen grundsätzlichen Organisationsentwicklungsprozess des städtischen Jugendamtes Gedanken zu machen und in dessen Folge auch über veränderte Strukturen der gesamten Jugendhilfeinfrastruktur nachzudenken. Es begann damals ein langjähriger Entwicklungsprozess, dessen Umsetzung bis heute andauert.

Die Verantwortungsträger sahen sich in A. vor der Herausforderung, eine veränderte Jugendhilfelandschaft so zu gestalten, dass diese den fachlichen und rechtlichen Anforderungen des 8. Jugendberichts sowie des KJHGs entsprechen.

Weber beschreibt für diesen Auseinandersetzungsprozess zu Beginn der Neustrukturierungen eine Reihe von Überlegungen, die Anlass und Motor zugleich für den bevorstehenden Umbauprozess waren. Er nennt hierbei u.a. folgende grundsätzliche Fragen, die mit dem Reformprozess beantwortet werden sollten:

(1) „Werden die vorhandenen Strukturen des Jugendamtes den gesetzlichen Vorgaben durch das Kinder- und Jugendhilfegesetz, den Forderungen des achten

Jugendberichtes, den fachlichen Anforderungen und den gegebenen und noch zu erwartenden gesellschaftlichen Entwicklungen gerecht?
(2) Lässt sich innerhalb der bestehenden Strukturen eine bessere und primär an den Lebenszusammenhängen und den Wünschen der BürgerInnen ausgerichtete Kooperation der verschiedenen Arbeitsbereiche des Jugendamtes verstärken oder neu entwickeln?
(3) Stärken die Strukturen flexible und präventive Arbeitsansätze und Lösungen?
(4) Sind sie [die Strukturen, d.V] (…) eine Grundlage für ein neues Selbstverständnis der beratenden und unterstützenden Arbeit des Jugendamtes?" (Weber 2000, S. 284f.)

Aus diesen Überlegungen heraus und den parallel umzusetzenden Anforderungen der Verwaltungsreform, wurden folgende handlungsleitende Ziele für die Organisationsentwicklung des Jugendamtes in A. entwickelt:
1.   „Bürgernähe und Nutzerorientierung
2.   Fachlichkeit und Qualität
3.   Wirtschaftlichkeit
4.   Zusammenführung von Fach- und Ressourcenverantwortung
5.   Partnerschaftlichkeit mit freien Trägern" (ebd., S. 285)

Erziehungshilfen: „Umbau statt Ausbau"

Für den Bereich der Hilfen zur Erziehung wurden diese Ziele wie folgt übersetzt: Erziehungshilfen sollen (1) möglichst wenig aus Kindergärten und Schulen aussondern, (2) nicht an Schwächen sondern an Stärken der Kinder und Jugendlichen ansetzen, (3) Maßanzüge entwickeln, statt Konfektionsware, (4) wohnortnah erbracht werden, (5) zu möglichst wenig Beziehungsabbrüchen führen, (6) Ressourcen des Stadtteils für die HzE-Gestaltung nutzen, (7) so finanziert werden, dass es die fachlichen Ziele unterstützt und (8) sowohl in fachlicher als auch finanzieller Auswirkung gedacht werden (vgl. Jugendamt A. 2000, S. 1).
    Die Entwicklung in A. greift dabei die fachliche Kritik der starren Auslegung des KJHGs auf und versucht durch ein vor Ort entwickeltes Umbauprojekt, in der Praxis neue flexiblere Herangehensweisen in der Jugendhilfe möglich zu machen.
    Damit wird die bisherige Praxis - vor allem stark intervenierende Hilfeformen kritisch hinterfragt, da hierbei die Gefahr gesehen wird, dass zu wenig an

den Ressourcen im sozialen Umfeld des/der Adressaten/in angeknüpft wird (vgl. Früchtel u.a. 2001, S. 9) und somit Potentiale verschenkt werden.[16]
Genau diese Möglichkeiten der individuellen und sozialräumlichen Ressourcenorientierung, soll in der zukünftigen Arbeit nicht mehr ungenutzt bleiben, sondern verstärkt in den Blick genommen werden und soweit wie möglich die Ausrichtung aller Organisationsformen prägen. Eine an den vorhandenen Angeboten orientierte Erziehungshilfe wird durch eine prozess- und nachfrageorientierte Praxis, die individuelle und passgenaue Hilfen integriert und flexibel anbietet, ersetzt (vgl. Früchtel/Scheffer 2001, S. 17).
Der im Detail in dieser Arbeit nicht zu beschreibende Umsetzungsprozess des Umbaus der Hilfen zur Erziehung war in 3 Phasen gegliedert: (1) einer konkrete Konzeptionierung des Vorhabens von 1997 bis 1998, (2) Erprobung der Veränderungen im Rahmen eines Experimentes erst in einem und dann in einem weiteren zweiten ausgewählten Stadtteil von 1998 bis 2002 und (3) stadtweite Umsetzung der neuen Struktur auf alle zehn neu definierten Sozialräume von 2002 bis 2005 (vgl. Stiefel 2001, S. 56).
Als die wesentlichsten *organisationalen* Veränderungen kann die Auflösung der Fachabteilungen innerhalb des Jugendamtes und somit grundsätzliche Dezentralisierung aller Dienste des Jugendamtes in Sozialräume[17] sowie die Zuordnung von jeweils einem Schwerpunktträger zu einem Sozialraum, der innerhalb dieses Sozialraums für fast alle Leistungen der Hilfen zur Erziehung zuständig ist, angesehen werden.[18] Damit soll garantiert werden, dass sich ein Träger für einen Stadtteil zuständig fühlt, dessen Strukturen und Lebensbedingungen kennt und dieses Wissen in allen notwendig werdenden Hilfeleistungen – wenn möglich – als Ressourcen mitberücksichtigen kann. Für jeden dieser Stadtteile gibt es seit dem Umbauprozess ein Stadtteilteam aus MitarbeiterInnen des ASDs und des jeweiligen Schwerpunktträgers, die gemeinsam alle Fälle der Hilfen zur Erziehung in Stadtteilteams besprechen.

Für die *inhaltliche* Veränderung des Reformprozesses in A. stehen
a. eine veränderte Hilfeplanung in neu eingerichteten Stadtteilteams, in dem MitarbeiterInnen des Jugendamtes und des Schwerpunktträgers gemeinsam

---

[16] Ob A. die Fremdunterbringungen wirklich ausschließlich aus fachlichen Gründen kritisch hinterfragt oder ob dabei auch die hohen Finanzbelastungen durch stationäre Hilfen eine Rolle spielen, bleibt offen.
[17] Weißenstein weißt darauf hin, dass die zugeschnittenen Sozialräume eher als Planungs- und Verwaltungseinheiten angesehen werden können, als dass diese Sozialräume im pädagogischen Sinne zugeschnitten wären (vgl. Weisenstein 1999, S. 2).
[18] Offen bleibt, ob in A. wirklich von einer sozialraumorientierten Arbeit gesprochen werden kann, oder ob die neu zugeschnittenen zehn Stadtteile eher offizielle Planungseinheiten darstellen.

    – mit ihren je unterschiedlichen Sichtweisen – eine Hilfsoption für den je-
    weiligen Adressaten/die jeweilig Adressatin entwickeln.

b.   die fallunspezifische Arbeit, mit der Ressourcen im Stadtteil gesichtet und
    mobilisiert werden und somit stabilisierende Netzwerke im Stadtteil aufge-
    baut werden sollen.

c.   eine sozialraumbezogene Budgetierung, die dem Schwerpunktträger einen
    größeren Spielraum bei der Entwicklung von maßgeschneiderten Hilfen und
    ergänzenden fallunspezifischen Hilfen bieten soll.

d.   integrierte Erziehungshilfen in Regeleinrichtungen, die Ausschlüsse von
    auffälligen Kindern und Jugendlichen vermeiden sollen und somit stigmati-
    sierende Zuschreibungen abfedern bzw. mildern.

e.   Eine umfassende Qualitätssicherung und –entwicklung um den Transfer der
    Ideen auch in die alltägliche Praxis und somit in die Köpfe der Mitarbeite-
    rInnen zu garantieren. (vgl. Früchtel/Scheffer 2001, S.17ff.)

Der in A. begonnene Umbauprozess der Erziehungshilfen ist großflächig angelegt und erfordert eine schrittweise Umsetzung bis in die kleinsten Bereiche des
Jugendamtes, um im Gesamten wirksam zu werden. Die grundlegende Veränderung des fachlichen Denkens bedeutet somit eine tiefgreifende Umgestaltung der
bestehenden Organisationsstrukturen beim Jugendamt und bei den freien Trägern, der Finanzierungsformen, des Verhältnisses zum Stadtteil und der dort
ansässigen Kooperationspartner und vor allem der alltäglichen Routinen jedes/r
einzelnen Mitarbeiters/in.

Dass sich hierbei Schwierigkeiten und Widerstände ergeben, ist selbstverständlich und erfordert, wie jeder grundlegende Wandel in der Jugendhilfe, einen
langen Atem bis heute. Laut seinen veröffentlichten Leitzielen versteht sich das
Jugendamt A. jedoch als lernende Organisation, die Fachkräfte an Veränderungsprozessen beteiligt, Veränderungen evaluiert und auf ein gutes Betriebsklima achten will (vgl. Jugendamt A. 2005), so dass mit dieser Grundhaltung
zumindest gute Voraussetzungen für die Umsetzung dieser Organisationsveränderung gegeben sind.

4.2 Das Beratungszentrum

Die beiden in Kapitel 3.1 und 3.2 beschriebenen Dienste Allgemeiner Sozialdienst und Erziehungsberatung haben sich im Laufe der Jahre auch in A. verändert und Antworten auf die Herausforderungen gesucht. Im Rahmen dieser Weiterentwicklungen ist die Konzeption des Beratungszentrums entstanden, ein
neues Angebot, in dem ehemaliger ASD und ehemalige Erziehungsberatung in

einem Team zusammenarbeiten. Diesen Dienst habe ich im anschließenden empirischen Teil dieser Arbeit ausführlich untersucht, weshalb ich zunächst nur relativ knapp diesen Dienst vorstellen möchte. Was kann man sich unter einem Beratungszentrum vorstellen, warum wurde es gegründet und wie wird dort gearbeitet?[19]

4.2.1 Ausgangssituation

Betrachtet man die Dienste ASD und Erziehungsberatung vor dem Hintergrund der von mir in Kapitel 2 dargestellten Entwicklungen und die Dimensionen der Veränderung in der Jugendhilfe, sowie der in Kapitel 4.1 vorgestellten Veränderungen in A., so ist es naheliegend, dass auch die beiden Dienste ASD und EB hinsichtlich ihrer organisatorischen Aufstellung und ihren Aufgaben überprüft werden. Kurz-Adam stellt ebenfalls die These auf, dass im Rahmen der reflexiven Moderne und den Veränderungen in der Jugendhilfe, jeder Dienst hinsichtlich seiner Effizient in Blick genommen wird (vgl. 1997, S. 12).

Ausgehend von dieser Situationsanalyse wurde überlegt, wie die Qualität der Arbeit im Allgemeinen Sozialdienst, vor allem hinsichtlich der Beratungsleistungen für BürgerInnen, verbessert werden kann. Es geht also nicht nur um eine Qualitätsverbesserung im Bereich Erziehungshilfen, die mit dem Umbauprojekt der Hilfen zur Erziehung erzielt werden soll, sondern auch um eine Verbesserung der Grundkompetenz des ASDs, die bei allen Hilfsangeboten zum tragen kommen soll. Dies hat zur Folge, dass die gesamte Beratungskompetenz der Dienste, die das ‚Eingangstor' zur Jugendhilfe sind, noch weiter qualifiziert werden.

Für das Arbeitsfeld der Erziehungsberatungsstellen wurde überlegt, wie dieses hochqualifizierte und spezialisierte Angebot einerseits allen BürgerInnen niederschwellig zur Verfügung gestellt und andererseits in die dezentrale Organisationsstruktur des Jugendamtes eingegliedert werden kann. Erziehungsberatungsstellen mussten sich auch in A. der oben dargestellten Kritik der Mittelschichtorientierung und der Ferne zur Jugendhilfe stellen. Die Jugendamtsleitung ist davon überzeugt, dass durch die organisatorische Veränderung noch bessere Voraussetzungen als in der Vergangenheit geschaffen werden, dass die hohe Fachkompetenz der Erziehungsberatung unkompliziert und wenn nötig in kooperativen Kontext genau für die Menschen zur Verfügung gestellt wird, die ihrer dringend bedürfen.

---

[19] Bei diesen Ausführungen stütze ich mich ausschließlich auf mir vorliegendes, offizielles Material zum Beratungszentrum wie bspw. den Geschäftsbericht des Jugendamtes oder die Konzeption des Beratungszentrums.

In der Konzeption drückt sich dies wie folgt aus:

> „Die in A. im Gang befindliche Weiterentwicklung der Hilfen zur Erziehung und die anstehende Umsetzung der neuen Philosophie zur Hilfen zur Erziehung (flexible Hilfen) erfordert auch eine Weiterentwicklung der Beratungsdienste ASD und EB mit dem Ziel, zusätzlich zur Aufgabe der Leistungsgewährung eine unterscheidbare Positionierung gegenüber den Hilfen zur Erziehung zu erreichen" (Gräßer 2001).

Aus diesen Überlegungen entstand die Idee, diese beiden Dienste zur wechselseitigen Bereicherung zusammenzuschließen. Die Erziehungsberatung soll von der Nähe des ASDs zur Jugendhilfe und von der Niederschwelligkeit dessen Arbeit profitieren, der ASD bekommt durch die MitarbeiterInnen der Erziehungsberatung eine neuartige Beratungskompetenz.

Ein weiterer Grund, diese beiden Dienste zusammenzulegen, war die Herstellung einer größeren Transparenz der Angebote des Jugendamtes. „Nicht nur den ratsuchenden Bürgerinnen und Bürgern, auch den Fachkräften selbst fiel es aufgrund der vielfältigen Veränderung der letzten Jahre immer schwerer zu unterscheiden, für welche Fragen der Allgemeine Sozialdienst und für welche die Erziehungsberatungsstellen zuständig waren" (Gräßer 2002, S. 16; vgl. Gräßer 2001, S.1). Durch den Zusammenschluss werden Überschneidungen in den Leistungsangeboten verhindert und eine einfachere Struktur für BürgerInnen hergestellt.

Außerdem war mit dem Organisationsentwicklungsprozess des Jugendamtes und der darin zu Grunde liegenden Auflösung der Fachabteilung die Voraussetzung geschaffen, neue arbeitsfeldübergreifende Strukturen zu etablieren.

4.2.2   Gegenstandsbeschreibung und Funktion

In den neu entstandenen Beratungszentren arbeiten seit 2001 je ein Team des ASDs mit der Hälfte eines Teams der ehemaligen städtischen Beratungsstelle für Eltern, Kinder und Jugendliche zusammen. „Es entsteht so ein neues multidisziplinäres Fachteam, das auf die Bedarfe im Sozialraum und auf die Nachfragen der Bürgerinnen und Bürger flexibel und mit passgenauen Leistungsangeboten reagieren und diese selbst erbringen kann" (Gräßer 2001, S. 2). Nach dem Zusammenschluss sind somit im Beratungszentrum SozialpägogInnen (7,2 Stellen), PsychologInnen (2,75 Stellen) und Verwaltungsfachkräfte (2,0 Stellen) gemeinschaftlich in einem Team unter einer gemeinsamen Leitung beschäftigt. Innerhalb des Teams gilt das Teamprinzip, d.h. das ganze Team ist zusammen für den jeweiligen Sozialraum zuständig (vgl. Gräßer 2001, S. 3). Bei der Fallverteilung unter den Fachkräften werden die individuellen Kompetenzen, die individuelle

Terminauslastung sowie die Wünsche der Ratsuchenden berücksichtigt. Durch diese multidisziplinäre Zusammenarbeit und der Möglichkeit, die AdressatInnen direkt an eine Fachkraft mit den besten fachlichen Kompetenzen zu vermitteln sowie durch die kürzeren Wege entstehen Synergieeffekte in der Arbeit des Beratungszentrums (vgl. ebd., S. 4). Das Beratungszentrum ist auf einem Stockwerk des Jugendamtes untergebracht.

Der neue Dienst erbringt die bisherigen Leistungen des ASDs und der Erziehungsberatungsstelle. Dazu gehören:

- „Allgemeine Sozial- und Lebensberatung
- Psychologische Beratung, Erziehungsberatung
- Beratung und Unterstützung von Müttern, Vätern und Kindern in Erziehungs-, Umgangs- und Sorgerechtsfragen
- Beratung zur Hilfeplanung/Finanzierung von Hilfen zur Erziehung und anderen (Jugendhilfe-)Leistungen
- Individueller Schutz von Kindern und Jugendlichen, Sicherung des Kindeswohls
- Übernahme von Teilnahmebeiträgen nach SGB VIII
- Stadtteilorientierte Sozialarbeit des Allgemeinen Sozialdienstes
- Jugendhilfespezifische Öffentlichkeitsarbeit" (Gräßer 2001, S. 3).

Diese Leistungen stehen allen Familien, Kindern, Jugendlichen und jungen Erwachsenen sowie Paaren und Alleinstehenden (bis 63 Jahre) zur Verfügung (vgl. ebd.).

Die fachliche Grundhaltung der Arbeit im Beratungszentrum drückt sich laut Schäfer in folgenden Merkmalen aus:

- „Lebensfeldorientierte Arbeit
- Berücksichtigung der individuellen Besonderheiten des Einzelfalls
- Ressourcen- und Lösungsorientierung
- Eltern und Kinder werden in die Problemanalyse der Hilfeplanung als gleichberechtigte Partner mit einbezogen
- Diagnostische Überlegungen oder Erkenntnisse sind Arbeitshypothesen, die in der Fallarbeit ständig hinterfragt und ggf. revidiert werden" (2005, S. 3f.).

Schäfer bezeichnet außerdem eine systemische Perspektive auf die Arbeit als gemeinsamen fruchtbaren Arbeitsansatz (vgl. ebd., S. 4f.).

Die neue gemeinsame Organisationsform von ASD und Erziehungsberatungsstelle versucht durch den Zusammenschluss, BürgerInnen eine niederschwellige psychosoziale Grundversorgung anzubieten, die sich durch vielfältige Kompetenzen im multidisziplinären Team auszeichnet. Dieser Dienst soll damit den

Bedürfnissen der BürgerInnen besser Rechnung tragen, MitarbeiterInnen durch die neuen Zusammenarbeitsformen weiter qualifizieren und durch Synergieeffekte effizienter arbeiten.

Wie diese Organisationsform aus Sicht der MitarbeiterInnen funktioniert, wird im folgenden empirischen Teil ausführlich untersucht. Bei der Sichtung der offiziellen Materialien wurde jedenfalls auch deutlich, dass im Vorfeld des Zusammenschlusses einige kontroverse Diskussionen stattfanden, in denen sich Kritiker wie Befürworter des Beratungszentrums zu Wort gemeldet haben (vgl. Pfeifle 2000; Hundsalz 2000).

5 Methodisches Vorgehen

5.1 Datenerhebung und Auswahl der InterviewpartnerInnen

Zentrale Intention dieser Untersuchung ist es, aus Sicht der MitarbeiterInnen des Beratungszentrums herauszuarbeiten, ob die Zusammenlegung von ASD und EB zum Beratungszentrum Auswirkungen auf fachliches Handeln hat und somit zu einer fachlichen Weiterentwicklung beiträgt. Hierfür wurden zwei Mitarbeiter und drei Mitarbeiterinnen des Beratungszentrums im Rahmen von ExpertInneninterviews befragt.

ExpertInneninterviews

ExpertInneninterviews sind als eine von Meuser/Nagel präzisierte Erhebungs- und Auswertungsmethode (Auswertung vgl. Kap. 5.2) bekannt, die sich an den Grundsätzen der Qualitativen Sozialforschung orientiert und als kodierend vergleichendes Verfahren bezeichnet werden kann. Als Unterschied zum narrativen oder biographischen Interview, nennen Meuser/Nagel vor allem die spezifische Art der Gesprächführung mit ExpertInnen (vgl. 1997, S. 482).

ExpertInneninterviews zielen auf die „Erfassung von praxisgesättigtem Expertenwissen" (Meuser/Nagel 1997, S. 481). Es gilt also, die Personen zu befragen, „die selbst Teil des Handlungsfeldes sind, das den Forschungsgegenstand ausmacht" (Meuser/Nagel 1991, S. 443). Im Rahmen der vorliegenden Untersuchung sind dies die MitarbeiterInnen des Beratungszentrums, die durch ihre alltägliche Arbeit detailliertes Erfahrungswissen haben und als „FunktionsträgerInnen innerhalb eines organisatorischen oder institutionellen Kontextes" angesehen werden können (ebd., S. 444). „Die damit gewonnenen exklusiven Erfahrungen und Wissensbestände sind die Gegenstände von ExpertenInneninterviews. (…) In ExpertInneninterviews fragen wir nicht nach individuellen Biographien, untersuchen wir keine Einzelfälle, sondern wir sprechen die ExpertInnen als RepräsentantInnen einer Organisation oder Institution an" (vgl. ebd.). Die befragten MitarbeiterInnen erhalten somit einen, hinsichtlich des Forschungsinteresses verliehenen, ExpertInnenstatus und sind als ein im Funktionskontext

eingebundener Akteur, und nicht als private Person mit individueller Lebensge-
schichte, interessant.

Sample Auswahl

Hinsichtlich der Auswahl der zu Befragenden, stellt Lamnek fest, dass es bei der
qualitativen Methodologie eher um Typisierungen und/oder Typologien geht und
nicht um generalisierende Aussagen auf der Grundlage repräsentativer Zufall-
stichproben. Demnach sucht man sich nach seinem eigenen Erkenntnisinteresse
interessante Interviewpartner aus (vgl. Lamnek 1993, S. 92ff.). Die Auswahl der
Interviewpartner entstand im Rahmen dieser Untersuchung erst im Laufe des
Forschungsprozesses, angelehnt an den Grundsatz des ‚theoretical samplings‘[20]
nach Glaser/Strauss, und wurde durch folgende Kriterien geleitet:

(1) Ein wesentliches Merkmal für die Auswahl der InterviewpartnerInnen war
zunächst die Beschäftigungsdauer. Es erschien zentral, MitarbeiterInnen zu interviewen, die den Organisationsentwicklungsprozess als Betroffene miterlebt
haben und somit sowohl zur früheren als auch zur derzeitigen Situation Auskunft
geben können. Für die empirische Untersuchung wurden deshalb zunächst drei
langjährige MitarbeiterInnen ausgewählt.

(2) Ein weiteres Auswahlkriterium war dabei der Erfahrungshintergrund der
jeweiligen InterviewpartnerInnen. Dahinter lag die Hypothese zu Grunde, dass
für das professionelle Handeln der MitarbeiterInnen entscheidend ist, wo diese
vor der Zusammenlegung zum Beratungszentrum gearbeitet haben und somit
durch eine spezifische berufliche Tradition einsozialisiert wurden. Auf Grund
dessen wurden sowohl MitarbeiterInnen des ehemaligen ASDs als auch der e-
hemaligen Erziehungsberatungsstelle ausgewählt.

(3) Ausgehend von der Annahme, dass die unterschiedlichen Ausbildungen eine
nicht zu unterschätzende Rolle für die Ausprägung der Beratungsarbeit im Beratungszentrum spielen, wurde der professionelle Hintergrund das zentrale Auswahlkriterium in der zweiten Runde der Auswahl der InterviewpartnerInnen.
Neben SozialpädagogInnen wollte ich auch PsychologInnen befragen. So sind

---

[20] „Dieser Begriff bezeichnet ein von Glaser/Strauss im Rahmen der Grounded Theory vorgeschlage-
nes Auswahlverfahren für alle Fälle und Daten (…). Zentrales Merkmal ist der Verzicht auf einen
vorab bestimmten Auswahlplan zugunsten einer schrittweisen Entwicklung des Samples, orientiert an
der im Forschungsprozess iterativ entwickelten Theorie" (Strübing 2003, S. 154; vgl. hierzu auch:
Glaser/Strauss 1998, S. 53ff. sowie Flick 2000, S. 81ff.).

die interviewten Mitarbeiter zu dreifünftel SozialpädagogInnen und zu zweifünftel PsychologInnen. Alle Interviewten verfügen über eine therapeutische Zusatzausbildung.

(4) Ebenfalls erst im Prozess der Forschung wurde deutlich, dass es für die Untersuchung wichtig ist, MitarbeiterInnen, die am Gründungsprozess beteiligt waren, zu befragen, da mir die bis dahin interviewten MitarbeiterInnen wenig über den Entstehungsprozess berichten konnten. Deshalb wurde die Leiterin des Beratungszentrums als fünfte Interviewpartnerin ausgewählt.

Generell wurde die Auswahl der Interviewpartner nach der Strategie des ‚minimalen Vergleichs' getroffen, in der es darum geht, in Bezug auf das untersuchte Phänomen möglichst homogene Fälle zu untersuchen (vgl. Strübing 2003, S. 155). Ein daran anschließender ‚Maximaler Vergleich'[21], wie es Glaser und Strauss vorsehen, kann im Rahmen dieser Arbeit aus Kapazitätsgründen nicht geleistet werden, wäre aber sicherlich sehr spannend. Als Kontrastierung würden sich bspw. Interviews mit MitarbeiterInnen aus einem anderen Beratungszentrum eigenen.

Folgende Tabelle gibt eine Übersicht über die im Rahmen dieser Studie interviewten MitarbeiterInnen:

	Vorheriges Arbeitsfeld	Ausbildung	Zusatzqualifikation	Beschäftigungsdauer im Arbeitsfeld
Herr Luca[22] (L)	ASD	Sozialpädagoge	Sozialtherapie	10 Jahre
Herr Müller-Lüdenscheidt (ML)	EB	Sozialpädagoge	Systemische Familientherapie	14 Jahre
Frau Schiller (S)	ASD	Sozialpädagogin	Systemische Familientherapie	10 Jahre

---

[21] Im Rahmen des maximalen Vergleichs geht es darum, „systematisch Daten zu Falldomänen aus[zu]suchen, die gute Chancen haben, abweichende Ausprägungen des Phänomens aufzuweisen" (Glaser/Strauss 1998, S. 62f.).
[22] Die Namen der InterviewpartnerInnen wurden anonymisiert.

| Frau Nuss-baumer (N) | EB | Psychologin | Systemische Beratung, Psy-chodrama | 8 Jahre |
| Frau Weber (W) | EB | Psychologin/ Sozialpädagogin | Systemische Familientherapie, Supervision | 21 Jahre (davon 9 Jahre Leitung) |

Kontakt zu den InterviewpartnerInnen

Die InterviewpartnerInnen wurden im Rahmen einer Dienstbesprechung von der Leiterin über das Untersuchungsinteresse informiert und daraufhin angefragt, wer bereit wäre, für eine solche Untersuchung zur Verfügung zu stehen. Nach Aussagen der Leiterin und eines Interviewpartners meldeten sich die fünf oben genannten Personen[23] freiwillig[24]. Die bereitwilligen InterviewpartnerInnen kontaktierte ich per Telefon und erläuterte dabei das Vorhaben und die Fragestellung der Untersuchung. Sie wurden in diesem Rahmen darauf hingewiesen, dass die ca. 1-stündigen Interviews auf Tonband aufgenommen und anschließend vollständig transkribiert würden. Die so vereinbarten Interviews fanden jeweils in den Arbeitszimmern der MitarbeiterInnen statt.

Leitfaden

Die ExpertInneninterviews wurden auf der Basis eines flexibel zu handhabenden Leitfadens geführt (vgl. Meuser/Nagel 1997, S. 483). Dabei weisen Meuser/Nagel in Anlehnung an Dexter (1970) auf die Wichtigkeit der offenen Interviewsituation hin, in der die ExpertInnen die Situation selbst definieren können (vgl. 1991, S. 442) und sich eine angenehme Gesprächsstruktur entwickeln kann. Dabei sollen unerwartete Themendimensionierungen der ExpertInnen nicht verhindert werden, sondern aufgegriffen werden. „Nur so kann sichergestellt werden, dass Wissen und Erfahrungen der ExpertInnen möglichst umfassend in das Interview einfließen" (Meuser/Nagel 1997, S. 487). Dennoch hat die Vorgabe von zentralen Fragen, die allen MitarbeiterInnen gestellt werden, die wichtige

---

[23] Zunächst vereinbarte ich jedoch, wie im Rahmen der geschilderten Sample Auswahl erwähnt, nur Interviews mit Herrn Luca, Herrn Müller-Lüdenscheidt und Frau Schiller.
[24] Inwiefern sich die InterviewpartnerInnen wirklich freiwillig meldeten und welche Faktoren bei der Auswahl der mir zur Verfügung gestellten InterviewpartnerInnen ausschlaggebend waren, kann ich, da ich an diesem Prozess nicht aktiv beteiligt war, nicht beurteilen.

Funktion, die Vergleichbarkeit der einzelnen Interviews zu sichern. Außerdem, so Meuser/Nagel, bedeutet „auf jegliche thematische Vorstrukturierung zu verzichten, wie dies für narrative Interviews kennzeichnend ist, [die Gefahr einzugehen] (…), sich der ExpertIn als inkompetenter Gesprächspartner darzustellen (…) und somit das Wissen der ExpertIn nicht umfassend zu erheben" (ebd., S. 486). Des Weiteren wird durch den Leitfaden der Gesprächsinhalt deutlich auf das Untersuchungsinteresse beschränkt und kann sich nicht ins Uferlose verlieren. Die flexible Verwendung eines Leitfadens ermöglicht somit einerseits das freie Antworten der Befragten und damit die Integration aller Aspekte, die von den InterviewpartnerInnen als wesentlich betrachtet werden, als auch andererseits die Begrenzung von Ausschweifungen.

Durch die Vorbereitung des Leitfadens setzt sich die forschende Person außerdem so intensiv mit der Thematik des Gesprächs auseinander, dass diese zu einem/r gut vorbereiteten GesprächspartnerIn des/r Experten/in wird.

Bezogen auf die Organisationsveränderung zum Beratungszentrum wurden von mir Fragen zu folgenden Themenkomplexen entwickelt:

- Fragen zum Entstehungsprozess des Beratungszentrums
- Fragen zu den Veränderungen durch den Zusammenschluss bzw. zu Merkmalen heutiger Arbeit
- Fragen zur Bewertung der Veränderungen bzw. der heutigen Arbeit
- Fragen zu den Perspektiven des Beratungszentrums

Dabei ist darauf hinzuweisen, dass die Reihenfolge der Fragen dem Erzählverlauf der InterviewpartnerInnen angeglichen wurde, d.h. bereits angesprochene Themen wurden nicht nochmals abgefragt bzw. neue Themen, falls für die Forschungsfrage relevant, direkt aufgegriffen. Außerdem haben sich je nach Interviewsituation spontane Nachfragen meinerseits ergeben.

Bei der Konstruktion des Leitfadens sind vielfältige Dinge zentral[25], für die stellvertretend hier nur die für diese Studie wichtigsten angeführt werden: Grundsätzlich sollte der Leitfaden einen thematischen ‚roten Faden' aufzeigen, der im gesamten Interview jederzeit wieder aufgegriffen werden kann. Außerdem ist darauf zu achten, dass die Fragen in einer Sprache formuliert werden, die der der InterviewpartnerInnen entspricht und somit zur Verständlichkeit der Fragen beiträgt. Ebenfalls wichtig ist die Offenheit der Fragen, die narrative Passagen anregen und den Erzählfluss des Interviewten fördern. Denn, so Meuser/Nagel „sind [es] oft die narrativen Passagen, die sich als Schlüsselstellen für die Rekonstruktion des ExpertInnenwissens erweisen" (1997, S. 487). Grundsätzlich

---

[25] Weitere Hinweise zur Gestaltung des Leitfadens und zur Gestaltung der Interviewsituation finden sich bei: Froschauer/Lueger 2003 S. 59-79; Hermanns 2000, S. 360-368; Friebertshäuser 1997, S. 377; Lamnek 1995, S. 102-107; Wittkowski 1994, S. 29-39; Goode/Hatt 1957, S. 115- 124.

gilt es, die Neugierde der interviewten Person für das eigene Forschungsinteresse zu wecken, so dass diese „in der Haltung der Protagonistin, der Akteurin, [agiert,] die zu wissenschaftlichen Zwecken den ‚Vorhang' - wenigstens ein bisschen und kontrolliert – hebt, sich in die Karten gucken lässt, ihre Geheimnisse lüftet" (ebd.). Ebenso ist es wichtig, dass der/die Interviewende Neugierde und Interesse an dem Erzählten zeigt und dem Interviewten mit einer Haltung der Geduld, des Respekts und der Offenheit begegnet (vgl. Froschauer/Lueger 2003, S. 58ff.).

Datenerfassung und Nachbereitung des Interviews

Im Anschluss an die Interviews wurde jeweils ein Postskriptum[26] angefertigt, in welchem Anmerkungen zu den Rahmenbedingungen des Interviews, zum Rollverständnis des Interviewten sowie zu ersten Eindrücken und Vermutungen festgehalten wurden.

Alle Interviews wurden auf Tonband aufgezeichnet und wortgenau transkribiert, d.h. Satzbaufehler, Wortwiederholungen usw. wurden in der Transkription nicht geglättet.

5.2 Auswertungsstrategie

Die Analyse von qualitativen Daten erfordert sowohl einen offenen und kreativen Umgang mit dem vorliegenden Material, als auch eine Orientierung an vorhandenen Auswertungsmethoden. D.h. theoretische formulierte Methoden können nicht eins zu eins auf neue Forschungsvorhaben übertragen werden, sondern müssen diesem adäquat angepasst werden (vgl. Strauss 1991, S. 32f.). Die so gewählte Auswertungsstrategie bedarf der genauen Darstellung, so dass die LeserInnen diesen Prozess nachvollziehen und die dahinter liegenden theoretischen Reflexionen erkennen können. Im Folgenden soll deshalb das gewählte Analyseverfahren, dargestellt werden:

- Grundsätzlich: Die gewählte Vorgehensweise ist, angelegt an die ‚Grounded Theory[27] ', als ein vergleichendes, kodierendes Vorgehen zu beschreiben. Ziel einer ‚Grounded Theory' ist es, aus dem vorhan-

---

[26] Näheres hierzu findet sich bei Friebertshäuser 1997, S. 392.
[27] Strauss selbst versteht die Grounded Theory nicht als spezifische Methode oder Technik, sondern vielmehr als einen Stil, nach dem man Daten qualitativ analysiert und der auf eine Reihe von charakteristischen Merkmalen hinweist (vgl. Strauss 1994, S. 30).

denen Datenmaterial heraus, im ständigen Vergleich, eine gegenstandsbezogene Theorie hinsichtlich der Forschungsfrage zu entwickeln. Da die Auswertungsstrategien von Meuser/Nagel (ExpertInneninterviews; vgl. 1997) sowie Flick (thematisches Kodieren; vgl. 2002) ebenfalls auf dieser Grundlage argumentieren, ist es möglich deren Elemente kombiniert anzuwenden.

- Zunächst wurden nach mehrmaligem Lesen, in Anlehnung an Flick (2002, S. 272ff.), zur Orientierung und besserer Übersicht, aus jedem Interview dessen thematische Struktur herausgearbeitet, die als eine Zusammenfassung der einzelnen Interviews angesehen werden kann.

- Daran anschließend wurden die Interviews nach dem Vorschlag von Glaser/Strauss im Dreischritt zunächst offen, dann axial und schließlich selektiv kodiert (vgl. Strauss 1991, S. 56ff.).

Offenes Kodieren: Das offene Kodieren ist in der ‚Grounded Theory' der erste Schritt zur Reduktion der Daten. Ziel ist es, „Konzepte zu entwickeln, die den Daten angemessen erscheinen" (ebd., S. 57f.) und deren Inhalt in Form eines repräsentativen Begriffes wiedergeben. Dabei können sowohl „natürliche" als auch „soziologisch konstruierte" Kodes verwendet werden.[28] Dieses offene Kodieren soll gewährleisten, den Zugang zur subjektiven Sicht der Interviewten zu erlangen.

Axiales Kodieren: Mit Hilfe des axialen Kodierens wird nach inneren Zusammenhängen innerhalb der einzelnen Interviews gesucht. Zentrale Stellen und Kategorien können unter Anwendung des von Strauss vorgeschlagenen Kodierparadigmas hinsichtlich der Bedingungen, der Konsequenzen und Strategien „intensiv analysiert" (1991, S. 63) werden.

Selektives Kodieren: Unter selektivem Kodieren versteht Strauss die systematische Suche nach einer oder mehrerer, hinsichtlich der Forschungsfrage relevanten, Schlüsselkategorien (vgl. ebd.). Dabei muss ständig „nach dem Hauptanliegen oder –problem der Leute im Untersuchungsfeld; danach was in einem Verhaltensmuster für die Substanz des Datenmaterials insgesamt steht; nach dem Kern der Bedeutung, die sich in den Daten widerspiegelt" geschaut werden (ebd. S. 66). D.h. es muss im ständigen Vergleich zwischen den einzelnen Interviews herausgefunden werden, worin die Übereinstimmungen und Unterschiede zwischen den einzelnen Interviewaussagen liegen.

---

[28] Unter ‚natürliche Kodes' versteht Strauss die Verwendung von Begriffen aus dem Interview selbst, wogegen als ‚soziologisch konstruierte Kodes' Begriffe bezeichnet werden, die auf Fachwissen und Vorkenntnisse des Forschungsfeldes basieren.

Um die (damit) herausgearbeitete/n Schlüsselkategorie/n herum entwickelt sich schließlich die gegenstandsbezogene Theorie.

- Um die komplexen Phasen des Kodierens leichter durchführen zu können, wurde im Rahmen dieser Untersuchung mit Computerunterstützung durch das Programm AQUAD 6 gearbeitet, was jedoch nicht bedeutet, „das Interpretieren dem Computer zu überlassen" (Huber 1992, S. 9). So wurde ausschließlich zur Reduktion des Datenmaterials mit Hilfe des Programms die offene Kodierung vorgenommen.[29]

- Zur stichprobenartigen Kontrolle des Vorgehens und Interpretation, wurden einige Zwischenergebnisse zu unterschiedlichen Zeitpunkten im Rahmen einer ForscherInnengruppe vorgestellt, um diese mit den dortigen Wahrnehmungen und Einschätzungen kontrastieren zu können.

---

[29] Eine Übersicht über die verwendeten Kodes findet sich im Anhang S. 136ff..

6 Der Entstehungsprozess des Beratungszentrums[30]

6.1 Der Entstehungsprozess aus Sicht der MitarbeiterInnen – eine Analyse

Die Beschreibungen zum Entstehungsprozess aus Sicht der MitarbeiterInnen, waren zunächst nur als Einstieg in die Interviews wichtig. Abgefragt wurde, wie der Zusammenschluss zustande kam und wie sie diesen Prozess der Veränderung erlebten. Im Laufe der Interviews wurde immer deutlicher, dass mit diesen Fragen nicht nur Beschreibungen aus Sicht der MitarbeiterInnen generiert wurden, sondern dass dieser anfängliche Prozess – von der Entscheidung für das Beratungszentrum bis zur Umsetzung – eine Schlüsselrolle für die Akzeptanz des neuen Konzeptes von Seiten der MitarbeiterInnen einnimmt. Im Folgenden wird der Entstehungsprozess in seinen verschiedenen Dimensionen rekonstruiert. Dabei sind die Beschreibungen und Bewertungen des Entstehungsprozesses aus Sicht der MitarbeiterInnen analytisch in drei Phasen aufgeteilt: Die Zeit vor dem Zusammenschluss, der Zusammenschluss selbst, sowie die Zeit des Zusammenwachsens nach dem Zusammenschluss.

6.1.1 *Vor dem Zusammenschluss: Schritte auf dem Weg zum Zusammenschluss*

Der Weg zum Zusammenschluss wird von den befragten MitarbeiterInnen in verschiedenen Ausprägungen beschrieben. Hierbei spielen vor allem die Aspekte, wie der Entscheidungsprozess abgelaufen ist, und die Beschreibung der Gründe für den Zusammenschluss eine sehr wichtige Rolle. Ebenfalls gemacht

---

[30] In den folgenden Kapiteln geht es auf der einen Seite um die Rekonstruktion und Analyse der Aussagen der MitarbeiterInnen in den erhobenen Interviews. Dabei wird vor allem den in der Wahrnehmung der MitarbeiterInnen bedeutenden Themen Raum gegeben, so dass deutlich wird, wie diese den Zusammenschluss erleben und wie sich deren alltägliche Arbeit darin gestaltet.
Auf der anderen Seite geht es um eine theoretische Kontrastierung und somit einer theoriebasierten Bewertung der dargestellten Äußerungen. Dies sind folgende Themenbereiche:
(1) Schilderungen hinsichtlich des Entstehungsprozesses zum Beratungszentrum (Kapitel 6)
(2) Schilderungen hinsichtlich den Veränderungen durch den Zusammenschluss zum Beratungszentrum (Kapitel 7) und
(3) Schilderungen hinsichtlich der Perspektiven des Beratungszentrums (Kapitel 8).

werden Angaben zum zeitlichen Ablauf und zu den Vorbereitungen der Rahmenbedingungen des Beratungszentrums.

6.1.1.1 ‚Top-Down' – Entscheidung zum Zusammenschluss

Aus allen Interviews wird deutlich, dass die Entscheidung für einen Zusammenschluss außerhalb der beiden betroffenen Institutionen, auf fachpolitischer Ebene, getroffen wurde. Herr Luca beschreibt hierfür stellvertretend: „Es haben sich aus der Leitung (…) des Jugendamtes mehrere gefunden, die gesagt haben wir möchten so etwas ausprobieren" (L, Z. 43ff.). Wer diese „Mehreren" waren und wie diese zu der Entscheidung kamen, wird in den Interviews unterschiedlich beschrieben, so dass angenommen werden kann, dass den MitarbeiterInnen auch aus heutiger Sicht für sich selbst und als Team nicht eindeutig klar ist, wer diese Entscheidung wirklich getroffen hat. Selbst die jetzige Leitung formuliert aus Sicht des möglichen und denkbaren: „Das waren bestimmt, (…) verschiedene Stellen im Jugendamt. (…) - der Herr H [Abteilungsleiter ASD] war auf keinen Fall der einzige, ja aber es gab sicher noch die Idee, vielleicht bei der Jugendhilfeplanung könnte ich mir vorstellen, dann von einigen Leuten im ASD, gerade der Herr J [Leiter eines anderen Beratungszentrums] (…) hat sich für die Weiterentwicklung im ASD interessiert" (W, Z. 132ff.). Sie tun sich schwer, diesen Entscheidungsprozess zu beschreiben, – „das kann ich jetzt ganz schlecht beantworten" (L, Z. 40) – und verweisen darauf, dass „dieser Beginn dieser Ideen zum Zusammenschluss, (…) ja nicht offen diskutiert worden [ist], sondern (…) [es] waren eher Geheimverhandlungen zwischen Amtsleitung, einer Abteilungsleitung und der dazu zitierten Leitungen. Von daher können wir nun nur darüber spekulieren, wie es dazu kam" (ML, Z. 68ff.). Ein Mitarbeiter vermutet sogar, dass es eine Einzelentscheidung des Amtsleiters war: „Kolportiert wird, dass es eine Laune des Amtsleiters war nach einer durchwachten Nacht" (ML, Z. 72ff.). Festzuhalten bleibt, dass die Entscheidung ‚top down' (W, Z. 155) getroffen wurde und die MitarbeiterInnen weder in den Entscheidungsprozess eingebunden waren (vgl. N, Z. 60ff.; S, Z. 33ff.) noch über eine offene und transparente Kommunikation umfassend informiert wurden.

Auffällig an dieser Stelle ist ferner, dass bei den an der Entscheidung beteiligten Leitungsstellen, die Erziehungsberatung nicht genannt wird. Dies bestätigt die damalige Leiterin der EB: „Aus den Beratungsstellen kam jetzt weniger das Ansinnen. Das ist ja klar, (…) die sind ja damit klar gekommen mit ihren Jobs, (…) [und] haben nicht so den dringenden Impuls gesehen" (W, Z. 138ff.). Fraglich bleibt, wie die Vorstellungen der MitarbeiterInnen der Erziehungsberatung in die Entwicklung eines Beratungszentrums einflossen.

Frau Nussbaumer weist außerdem noch darauf hin, „dass es am Anfang wohl so gedacht war, dass man das erst mal probehalber anschaut und dann vielleicht evaluiert, um dann zu sehen, macht das Sinn oder nicht. Dass es dann aber, als es konkreter wurde und der Umzug direkt bevor stand, eigentlich klar war, es ist eigentlich das Modell, was es in Zukunft für ganz A. geben soll" (N, Z. 74ff.). Die Mitarbeiterin beschreibt an dieser Stelle nicht, wie es zu der endgültigen Entscheidung für das Konzept ‚Beratungszentrum' gekommen ist. In Verbindung mit den oben geschilderten Äußerungen der MitarbeiterInnen kann vermutet werden, dass auch dieser Prozess nicht transparent gestaltet wurde.

6.1.1.2   Gründe für den Zusammenschluss

Bezüglich der Gründe für den Zusammenschluss müssen die Darstellungen von zwei Perspektiven getrennt werden. Zum einen antworten die MitarbeiterInnen auf die Frage, welche Gründe für den Zusammenschluss gesprochen haben aus Sicht der Entscheidungsbeteiligten. Zum anderen erläutern sie ihre eigenen Gründe, die aus ihrer Sicht für einen Zusammenschluss der beiden Arbeitsfelder sprechen.

Spekulationen über Gründe der Entscheidungsträger

Bei den Beschreibungen der Gründe, von denen die MitarbeiterInnen annehmen, dass sie für die Entscheidungsträger eine Rolle gespielt haben, fällt auf, dass sehr unterschiedliche Beweggründe angenommen werden. Es gibt keine überein-stimmenden Aussagen, auf Grund derer anzunehmen wäre, dass alle Mitarbei-terInnen gemeinsam über die Gründe informiert worden wären bzw. dass diese in einer Konzeption oder einem anderen Dokument für alle einsehbar dargestellt würden. Zudem ist auffällig, dass je nach grundsätzlicher Haltung der Mitarbei-terInnen gegenüber dem Zusammenschluss, die Annahmen von fachlichen Be-weggründen (Frau Schiller, Frau Weber) bis zu unterstellter Profilierungsabsicht (Frau Nussbaumer) reichen.

Für Herrn Luca (ehemalig ASD) gibt es mehrere mögliche Gründe, die die Entscheidung zum Zusammenschluss beeinflusst haben könnten. Zum einen sieht er politische Ursachen wie „Kürzungen" (L, Z. 54) und die Notwendigkeit der Beschränkung des Jugendamtes auf Pflichtleistungen, da aus seiner Sicht „Erziehungsberatung als solches (...) keine Leistung [ist], die das Jugendamt leisten muss" (L, Z. 58). Zum anderen sieht er fachliche Beweggründe, wie die Absicht, sowohl im Bereich ASD als auch EB, mit einem „multidisziplinären

Team" (L, Z. 63) zu arbeiten und dabei die „Psychologenstellen halten" (L, Z. 71) zu können.

Frau Schiller (ehemalig ASD) nimmt als Motivation für den Zusammenschluss ausschließlich fachliche Argumente an.

> „Also ich geh eigentlich schon eher davon aus, dass es wirklich so um ne Zentrierung von Wissen ging oder von Fachkräften. Also ich denke tatsächlich so, und dass man einfach, glaube ich, so gemerkt hat, dass die Probleme einfach so vielfältig sind bei den verschiedenen Menschen, dass man nicht mehr sagen kann, es gibt nur noch ne Ex-EB oder einen Ex-ASD, sondern dass sich das bei einem Klient mittlerweile einfach auch sehr mischt in Familien, also sei es mit Patchworkfamilien und so weiter und so fort. Und wenn halt das ganze auf einer Dienststelle ist, die verschiedenen Fachkräfte, wenn dann jemand z.B. zu mir kommt wegen einer Trennungs- und Scheidungsberatung und dann kommt im Gespräch raus, das Kind, das hat ja irgendwie auch noch ganz große Probleme und man müsste vielleicht jetzt noch mal einen Psychologischen Test machen, dann ist es einfach leichter zu sagen, da mach ich jetzt ne Anbindung an zwei Türen weiter nach rechts. Das, denke ich, ist einfach ne Erleichterung für den Klient oder für den Kunden dann" (S, Z. 62ff.).

Für Frau Schiller gibt es „ganz viele Schnittmengen zwischen Ex-ASD und Ex-EB" (S, Z. 36ff.), so dass durch den Zusammenschluss „ein breiteres Angebot" (S, Z. 45) entsteht und Bürger nicht mehr „überlegen" (S, Z. 46) müssen, wo sie sich mit welcher Problematik hinwenden (vgl. S, Z. 53ff.). Darin sieht sie eine Steigerung der Kundenfreundlichkeit (vgl. S, Z. 37ff; 55). Auch auf eine erneute Nachfrage nach den Gründen der Entscheidungsträger, geht sie „eigentlich nicht davon aus" (S, Z. 60), dass es noch andere Gründe gibt. „Vielleicht (…) finanzielle Gründe (…), aber gut, das weiß ich einfach zu wenig" (S, Z. 60ff.). Auf Grund der Nachfrage nach den für sie dafür sprechenden Gründen, wird allerdings deutlich, dass sie die eigentlichen Gründe der Entscheidungsträger nicht kennt, aber annimmt, dass die Gründe, die in ihren Augen dafür sprechen auch die ausschlaggebenden für die Entscheidungsträger waren (vgl. S, Z. 84ff.)

Ganz im Gegensatz zu Frau Schiller erkennt Herr Müller-Lüdenscheidt (ehemalig EB) keine fachlichen Argumente, die für den Zusammenschluss ausschlaggebend waren. Allerdings wird in seinen Ausführungen nicht ganz deutlich, ob er damit die Gründe für die Entwicklungsprozesse des gesamten Jugendamtes bewertet oder die für den Zusammenschluss von ASD und EB. Jedenfalls schildert er, dass fachliche Argumente „als Totschlagargumente diffamiert und vom Tisch gewischt" (ML, Z. 203f.) worden seien. Seiner Meinung nach ging es um „Strukturveränderungen (…) ohne zu prüfen, was haben die für Vorteile, was haben die für Nachteile" (ML, Z. 209ff.). An einer späteren Stelle im Interview merkt er außerdem an, dass er annimmt, dass mit dem Zusammenschluss der beiden Dienste auch der Erhalt der „teuren" Psychologenstellen im Jugendamt beabsichtigt wurde.

Für Frau Nussbaumer (ehemalig EB) sind die Gründe, die zum Zusammenschluss geführt haben, nicht ganz klar: „Ehrlich gesagt, so ganz klar ist mir das nicht" (N, Z. 182). „Je nachdem ob ich eher wohlwollend oder eher missbilligend denke, komme ich da auf sehr unterschiedliche (…) Ideen" (N, Z. 172ff.). Diese sind: Profilierungswille, etwas Innovatives zu machen, Kosten zu sparen und zumindest nach außen hin mehr Bürgerfreundlichkeit herzustellen sowie eine größere Passgenauigkeit der Angebote zu erreichen (vgl. N, Z. 174ff.). Grundsätzlich unterstellt sie „vom Gefühl her eher negatives" (N, Z. 191). Sie sieht den Zusammenhang zum stadtweiten Organisationsentwicklungsprojekt und folgert: „Das passt so in dieses HzE-Projekt vielleicht auch irgendwie rein und es war vielleicht so die Idee ein Stück weit, die Psychologische Beratung, das ist ja vielleicht was, das ist jetzt auch nicht so wichtig und das können wir vielleicht in diesen Dienst mit rein integrieren" (N, Z. 186ff.). Sie nimmt somit als einen Grund für den Zusammenschluss an, dass die Psychologische Beratung als etwas nicht so wichtiges angesehen wird und im Rahmen von Organisationsentwicklungsprojekten ‚rationalisiert' wird. Diese Annahme unterstreicht die Schilderung ihres Gefühls, „dass das jetzt gar nicht so sehr darum geht, wie es wirklich läuft" (N, Z. 194f.) da bisher auch nichts evaluiert wurde, keine große Hilfestellung von oben bzw. außen während des Prozess des Zusammenwachsens geboten wurde, und auch wenig Vorgaben gemacht wurden, „wie das denn aussehen soll" (N, Z. 203).

Frau Weber (ehemalige Leiterin der EB) als Leiterin des Beratungszentrums schildert vor allem fachliche bzw. arbeitsfeldspezifische Gründe, von denen sie annimmt, dass diese für den Zusammenschluss gesprochen haben. Zum einen führt sie die Idee des Zusammenschlusses zurück auf ein traditionelles Konkurrenzverhältnis zwischen den beiden Diensten (vgl. W, Z. 71), zum anderen auf die Notwendigkeit der fachlichen Fortentwicklung der beiden Dienste (vgl. W, Z. 78ff.)[31]

Auffällig ist an dieser Stelle, dass Frau Weber nur die von Seiten des ASD geschilderten Benachteiligungen erwähnt. Worin bestand dann das Konkurrenzverhältnis von Seiten der Erziehungsberatung? Ob es dort keinen Neid zum Arbeitsfeld des ASDs gab, bleibt offen.

---

[31] Zum Konkurrenzverhältnis schildert sie folgendes:„Also mir ist es so in Erinnerung, dass ich denke, so traditionell war das eher ein Konkurrenzverhältnis zwischen ASD und Erziehungsberatungsstelle, würde ich mal sagen, und es gab so Animositäten vielleicht gegenseitig, also ich würde sagen vom ASD, dass die eher gesagt haben, die in den Erziehungsberatungsstellen haben - in Anführungszeichen - das angenehmere, die angenehmere Klientel, eher mittelschichtorientiert, eher motiviert, eher freiwillig, während wir uns eher mit schwierigen Familien abquälen müssen, die sich eigentlich nicht beraten lassen wollen" (W, Z.70ff.).

Bezüglich der Notwendigkeit der fachlichen Weiterentwicklung, berichtet Frau Weber von einem innerdienstlichen Entwicklungsbedarf auf Seiten des ASDs und einer von außen herangetragenen Erwartung bezüglich der Veränderung der Erziehungsberatung.

> „Und dann gab es so eine Entwicklung im ASD denke ich, sich stärker für Beratungskonzepte zu öffnen und umgekehrt die Erziehungsberatungsstellen waren schon durch die Kritik an ihnen, also dass sie eher mittelschichtorientiert sind, gezwungen, sich stärker zu öffnen auch für andere Bevölkerungsschichten und gezwungen, andere Konzepte sich anzueignen. Also eher, ja wie sagt man, gemeinwesenorientierte Konzepte, eher Konzepte die an der sozialen Arbeit orientiert waren wahrscheinlich, also diese klassische Erziehungsberatung gell, (…) aber so 60er, 70er Jahre waren ja eher tatsächlich abgeschottet die Beratung und hat im Beratungszimmer stattgefunden, ich denke, da hat ein Veränderungsprozess auch in der Psychologischen Beratung stattgefunden. Und ich würde sagen, es war so ne Konvergenzbewegung vielleicht von diesen zwei Arbeitsfeldern" (W, Z. 78ff.).

Aus Sicht von Frau Weber sprachen demnach in den Diensten angelegte Gründe für den Zusammenschluss. Auf eine erneute Nachfrage hin erwähnt sie jedoch auch den Zusammenhang zu den grundsätzlichen Organisationsentwicklungen im Jugendamt bei denen alle Dienste hinsichtlich ihrer Verortung überprüft wurden.

Ein weiterer Aspekt, den sie zusätzlich als möglichen Grund für den Zusammenschluss erkennt, ist die Verstärkung der Kompetenzen vor den Hilfen zur Erziehung. „Ja. Und das war schon ein Gedanke, denke ich, vom Amtsleiter, die Kompetenz vor HzE zu verstärken, um natürlich letztendlich weniger HzE-Fälle zu produzieren" (W, Z. 804ff.).

Nach dieser Betrachtung der einzelnen Aussagen zu den angenommenen Gründen der Entscheidungsträger, lässt sich folgendes festhalten: Alle MitarbeiterInnen nehmen die geschilderten Gründe nur an und verweisen nicht auf ein entsprechendes Wissen. Sie gehen mit den Ahnungen sehr unterschiedlich um, in dem bspw. Frau Schiller annimmt, dass die für sie deutlichen Gründe auch die der Entscheidungsträger waren oder wie Frau Nussbaumer, die deutlich sagt, dass die Gründe der Entscheidungsträger ihr nicht „ganz klar" sind.

Als unterschiedliche Beweggründe wurden folgende in den Ausführungen der MitarbeiterInnen explizit:

- Beschränkung auf Pflichtaufgaben (L, Z. 53ff.)
- Absicht, Kosten zu sparen (N, Z. 177f.; S, Z. 60ff.)
- Strukturveränderungen (ML, Z. 208ff.)
- Stellensicherung (L, Z. 69ff.; L, Z. 985ff.; ML, Z. 642ff.)
- Fachliche Weiterentwicklung des Arbeitsfeldes
- multidisziplinäres Team (L, Z. 61ff.; S, Z. 62ff.)
- Reaktion auf komplexe Problemlagen (S, Z. 62ff.; W, Z. 110ff.)

- Fachliche Anforderungen (W, Z. 70ff.)
- Kompetenzerweiterung vor HzE (W, Z. 804ff.)
- Kundenorientierung (N, Z. 178ff.; S, Z. 35ff.)
- Passung zu den sonstigen Organisationsentwicklungsprozessen im Jugendamt (N, Z. 186ff.; W, Z. 106ff.)
- Geringe Bedeutung von Erziehungsberatung (N, Z. 188ff.)
- Profilierungswille der Leitungsebene (N, Z. 174; N, Z. 206f.)
- Inhaltliche Passung der beiden Arbeitsfelder (S, Z. 35ff.)
- Konkurrenz zwischen den beiden Arbeitsfeldern (W, Z. 70ff.)

Die Grundlage der Spekulation und das breite Spektrum an Gründen macht es schwierig herauszufinden, was die wirklichen Beweggründe der Entscheidungsträger waren.[32] Offen bleibt außerdem die Frage, was es bedeutet, wenn die MitarbeiterInnen die Argumente für den Zusammenschluss der Entscheidungsträger nicht kennen.

Subjektive Gründe für den Zusammenschluss

Auch bezüglich ihrer subjektiven Gründe unterscheiden sich die Aussagen der MitarbeiterInnen erheblich. Allerdings sprechen aus ihrer Sicht nicht so viele Gründe für den Zusammenschluss, wie sie bei den Entscheidungsträgern vermuten.

Sowohl Herr Luca als auch Herr Müller-Lüdenscheidt verweisen auf die inhaltliche Passung der beiden Arbeitsfelder. Sie nehmen an, dass diese „sich gut ergänzen" (L, Z. 85) bzw. es Sinn macht, zur Bearbeitung von bestimmten Fällen die Qualitäten beider Arbeitsfelder zur Verfügung zu haben (vgl. ML, Z. 516ff.). So erzählt Herr Müller-Lüdenscheidt:

> „Und ich denke, wir brauchen in Familien, wo es bspw. um Kinderschutz geht, immer beide Elemente, nämlich die ausgestreckte Hand der Beratung und die kontrollierende Hand [des ASDs], die eben auch straft, die auch droht ja. Eh, man kann so sagen, das ist vielleicht sowieso so ne generelle menschliche Qualität, dass wir sagen, wir brauchen die Skepsis und die Zuversicht. Die Skepsis ist wichtig, dass wir nicht übermütig werden und die Zuversicht ist wichtig, dass wir nicht depressiv werden und nicht den Mut verlieren, überhaupt noch etwas zu tun. Und diese Qualitäten sind für ein vernünftiges Leben erforderlich, für ein vernünftiges Zusammenleben in Familien und eben auch für ein gut funktionierendes Jugendamt und für eine gut funktionierende Beratung. Und ich finde es toll, wenn wir diese beiden Rollen auch gut besetzen können" (ML, Z. 516ff.).

---

[32] Hierzu wäre eine Befragung der am Entscheidungsprozess beteiligten Personen zur Kontrastierung notwendig.

Für Frau Nussbaumer spricht für den Zusammenschluss alleinig, dass der ASD durch die Nähe zur Erziehungsberatung, eine „Weiterqualifizierung" erfährt. „Also jetzt aus der Erfahrung her mit der Arbeit, dann würde ich sagen, also wenn ich es ganz platt ausdrücke Weiterqualifizierung der ASD Arbeit, dafür könnte man das machen, (…) ja es hat sich denke ich schon manches auch geändert auch dadurch, dass wir hier jetzt dabei sind, ich sehe es aber eher als eine Profitmöglichkeit für den ASD und weniger als eine Profitmöglichkeit für die Psychologische Beratung" (N, Z. 212ff).

Wenn durch den Zusammenschluss auch Stellen erhalten bleiben, ist ihr das Recht, von der fachlichen Seite her, „gäbe es [für sie] auch andere Möglichkeiten" (N, Z. 233), die Zusammenarbeit zu gestalten. Sie macht damit deutlich, dass für sie unterschiedliche Organisationsformen zur Zusammenarbeit denkbar gewesen wären und unterstreicht ihre Haltung, dass es für sie „keinen zwangsläufigen Grund" (N, Z. 229) gibt, der für den Zusammenschluss zum Beratungszentrum spricht.

Neben den Gründen, die Frau Schiller schon bei den angenommenen Gründen der Entscheidungsträger angeführt hat (die sie aus ihren eigenen Gründen ableitet), sieht sie im Zusammenschluss noch die Möglichkeit, ihr bisheriges Arbeitsfeld zu erweitern und dadurch neue Perspektiven in ihrer beruflichen Entwicklung zu bekommen (vgl. S, Z. 210ff.; Kap. 7.5.2).

Auffallend ist, dass bezüglich der subjektiven Begründung des Zusammenschlusses bei den MitarbeiterInnen viele fachliche Argumente, die sie den Entscheidungsträgern zusprechen, nicht genannt werden. Nur Herr Müller-Lüdenscheidt und Frau Schiller betonen die positiven Auswirkungen des Zusammenschlusses für die AdressatInnen, in dem sie darstellen, dass zum einen diese neu entstandene Qualität für spezielle Problemlagen gebraucht werden bzw. zum anderen, dass den BürgerInnen durch den Zusammenschluss **eine** Anlaufstelle mit beiden Diensten zur Verfügung steht. Ebenso wenig sehen sie Zusammenhänge zu den Gesamtentwicklungen des Jugendamtes, die einen logischen Hintergrund für die Entwicklungen in den beiden Arbeitsfeldern darstellen könnten. Subjektive Gründe sind für sie die Möglichkeit der Weiterqualifizierung des ASDs und die Entstehung neuer beruflicher Perspektiven, durch den Zusammenschluss zum Beratungszentrum.

Frau Weber als Leiterin des Beratungszentrums macht dagegen sehr deutlich, dass für sie die fachlichen Argumente für den Zusammenschluss offensichtlich auf der Hand liegen:

„Ich fand auch, man konnte sich der Idee jetzt sachlich schwer verschließen, weil ich denke, gerade die Psychologischen Konzepte (…) [müssen] sich schon auch stellen der - wie soll ich sagen - der Problematik von Unterschichtfamilien oder Armutsfamilien und da muss man schon auch zeigen, dass die Konzepte und die Ansätze tauglich sind für die Beratung solcher

Familien oder bei derartigen Problemlagen, das dachte ich – also ich war eigentlich überzeugt, dass das geht oder bin das auch noch – und von daher konnte man sich dem Ansinnen des Zusammenschlusses nicht verschließen. Also das ist eigentlich nicht einzusehen, dass jetzt der ASD z.B., der ja wirklich sehr schwierige Probleme zu bearbeiten hat, ohne die Fachkompetenz Psychologie auskommen soll" (W, Z. 110ff.).

6.1.1.3   Zeitlicher Ablauf des Zusammenschlusses

Allein um eine Vorstellung davon zu bekommen, wie sich dieser Entstehungsprozess des Beratungszentrum gestaltete, ist es interessant zu erfahren, dass ein relativ langer Zeitraum zwischen dem Beschluss und der Umsetzung des Beratungszentrums lag.[33] Was ist in dieser Zeit geschehen?

Die MitarbeiterInnen begründen die lange Zeitspanne mit Verzögerungen auf Grund von baulichen Vorbereitungen (vgl. N, Z. 87ff.). In dieser Zeit war, so Frau Schiller, der ASD schon in die Räume des Beratungszentrums eingezogen, wogegen das Team der Erziehungsberatungsstelle „noch nicht da" (S, Z. 191) war. Dennoch hatte die Dienststellenleitung für den ASD schon zur heutigen Leiterin des Beratungszentrums gewechselt (vgl. S, Z. 189ff.). Wie lange der ASD ohne Leitung vor Ort arbeitete, wird aus den Interviews ebenso wenig deutlich, wie die Konsequenzen dieser langen Übergangszeit.

Interessant wäre auch zu erfahren, zu welchem Zeitpunkt die von Herrn Müller-Lüdenscheidt beschriebenen Protestaktionen gegen den Entschluss der Zusammenführung von ASD und Erziehungsberatung stattfanden. Er beschreibt auf die Frage, wie sich der Ärger geäußert hat:

„(...) natürlich in Wut, in heftigen Gegenreaktionen, in Briefen, in Form von Veranstaltungen, in Form von Protest da dagegen. (...) es sind Kollegen über diesen Ärger krank geworden" (ML, Z. 94ff).

Leider wird hier nicht weiter deutlich, welche Konsequenzen diese Protestaktionen hatten.

Zusammenfassend bleibt festzuhalten, dass auf Grundlage der Interviews die Beschreibungen der Ereignisse vor dem Zusammenschluss nebulös bleiben und schwer zu fassen sind. Auf die Aufforderung hin, sich an den Entstehungsprozess zurückzuerinnern und ihn zu beschreiben, wie es aus ihrer Sicht dazu kam, dass ASD und Erziehungsberatung gemeinsam arbeiten, antworten die

---

[33] Sowohl Frau Schiller als auch Frau Weber beschreiben die Zeit, bis der Zusammenschluss vollzogen wurde, als langen Zeitraum. Frau Schiller: „Die Zeit bevor tatsächlich der Zusammenschluss war, das war ja ein relativ langer Zeitraum, ich sag jetzt mal, ich weiß es nicht mehr genau, (...) ungefähr zwei Jahre" (Z. 185ff.). Frau Weber: „Ja, also man hat im Jahr 2000 die Vorüberlegungen gehabt und es ist dann erst 2003 umgesetzt worden" (W, Z. 144ff.).

MitarbeiterInnen erstens mit Spekulationen und Ahnungswissen, zweitens sehr unterschiedlich und drittens so lückenhaft, dass eine zusammenhängende, chronologische Rekonstruktion kaum möglich ist. An dieser Stelle bleibt zu fragen, welche Auswirkungen diese Unkenntnis, die Unterschiedlichkeit der Begründungszusammenhänge, für die Zusammenarbeit in einer neu geschaffenen Institution hat.

Vielleicht wird diese Frage teilweise beantwortet, wenn im folgenden Abschnitt die Bewertungen der MitarbeiterInnen hinsichtlich des Entstehungsprozesses aufgezeigt werden.

6.1.2 Bewertung des Entstehungsprozesses vor dem Zusammenschluss aus Sicht der MitarbeiterInnen

An dieser Stelle der Auswertung des Materials geht es nicht um die Bewertung der neuen Organisationsform Beratungszentrum an sich, sondern um die Bewertung, wie der Entstehungsprozess vor dem Zusammenschluss ablief.

Durch die Beschreibungen des Entstehungsprozess wurde deutlich, dass die vom Zusammenschluss betroffenen MitarbeiterInnen nicht am Entscheidungsprozess beteiligt wurden und es ihnen deshalb schwer fällt, Aussagen diesbezüglich zu treffen. Sie verweisen dabei auf ihre Nichtbeteiligung und legitimieren somit ihre Unkenntnis. Interessant ist, dass keiner der Interviewten sich über diese mangelnde Partizipation beklagt und somit den Entscheidungsprozess direkt kritisiert. Nur Herr Müller-Lüdenscheidt weist darauf hin, dass „man durchaus was positives daraus machen" (ML, Z. 89f.) könnte, wenn es eine ausführliche fachliche Debatte mit allen gegeben hätte und „der Anfang (…) [nicht so] ungeschickt eingefädelt" (ML, Z. 77) worden wäre.

An der Vorgehensweise bezüglich des Entscheidungsprozesses kritisiert Herr Müller-Lüdenscheidt die fehlende Professionalität bei der Organisationsentwicklung. Er vermisst erstens eine ausführliche Evaluation der beiden Arbeitsbereiche (vgl. ML, Z. 211ff.), welche für ihn eine Voraussetzung für eine fundierte Entscheidung dargestellt hätte, zweitens eine langfristige Planung (vgl. ML, Z. 255ff.) und drittens, wie auch Frau Nussbaumer, konkrete Überlegungen und Vereinbarungen, wie sich die Zusammenarbeit gestalten sollte. Sie äußert: „Wünschenswert [wäre gewesen], dass es auf eine Art vorbereitet wird" (N, Z. 399f.) und man nicht „ins kalte Wasser geworfen wird" (N, Z. 401). Sinnvoll wäre ihrer Meinung nach auch eine „Vorstellung" (N, Z. 413) und „Klarheit" (N, Z. 413) darüber, „wie sieht denn dann wirklich die Aufgabenverteilung aus" (N, Z. 414), so dass die Beteiligten sich vorher einigen können bzw. sich dann auf die Abmachungen einstellen können.

Folgende Interviewausschnitte verdeutlichen diese Unzufriedenheiten:

> „Es gab im Vorfeld auch keine Konzeption für die Beratungszentren, so der Grundtenor. Tenor war eher das freie Spiel der Kräfte, mal gucken was draus wird, dass das so Vorgaben waren, jeder geht zunächst mit seinem Dienstauftrag in diesen Dienst rein, dann schauen wir mal, was sich entwickelt, ich find das ein bisschen dünn für ein Fachamt so an eine wichtige Veränderung ranzugehen und auch bevor dann wirklich ausgewertet wird" (ML, Z. 243ff.).

> „Es wurde auch keine Hilfestellung (…) angeboten, wie das (…) jetzt auch Form finden soll und es gab für meinen Eindruck relativ wenig, dann auch jetzt von oben. Es war vorgegeben, ihr müsst da jetzt zusammenarbeiten, aber es gab so wenig Vorgaben, wie das denn aussehen soll, da kann man sagen, dass ist ein Vorteil, dann könnte man sich selber gestalten, aber für mich war es eher auch so ein Indiz, ja das war jetzt gar nicht so wichtig, wie das läuft, Hauptsache man kann sagen, wir haben hier jetzt tolle Beratungszentren und das war es" (N, Z. 197ff.).

Bezüglich der angenommenen Gründe der Entscheidungsträger für den Zusammenschluss zeichnen die Beschreibungen der MitarbeiterInnen ein ähnliches Bild: Gründe werden erahnt und je nach ‚Gut- oder Böswilligkeit' Verschiedenes unterstellt.[34] Durch die Bezeichnung der Beschreibung von einigen Gründen als ‚böswillig' kann gefolgert werden, dass die MitarbeiterInnen diese Begründungen eher negativ bewerten. Frau Nussbaumer sagt z.B. deutlich, dass sie „vom Gefühl her eher negatives" (N, Z. 192) unterstelle.

Sie glaubt auch, dass durch die Ablehnung der MitarbeiterInnen, hinsichtlich der Entscheidung von „oben", sich der Zusammenschluss „noch mal wesentlich länger hingezogen hat, als es ursprünglich wohl geplant war" (N, Z. 65f.).

Bei der Betrachtung der Bewertungen des Entstehungsprozesses fällt auf, dass keiner der befragten MitarbeiterInnen den Entstehungsprozess lobt oder als gelungen beschreibt. Die hauptsächliche Kritik kommt von den MitarbeiterInnen der ehemaligen Erziehungsberatungsstelle.

Einzig Frau Schiller schildert, dass sie vor dem Zusammenschluss „ganz positiv und optimistisch" (Z. 197) war. Diese positive Zuversicht hinsichtlich der Veränderung kommt allerdings nicht durch eine Zufriedenheit mit dem Entste-

---

[34] Herr Luca macht deutlich: „Und, zwar weil es ja Kürzungen im Sozialbereich gibt, auch verstärkt gesagt wird, denke ich, dass Aufgaben, die das Jugendamt leistet, darauf beschränkt sein sollen, dass das Aufgaben sind, die das Jugendamt leisten muss. Und Erziehungsberatung als solches ist keine Leistung, die das Jugendamt leisten muss. Also das könnte ein Grund mit sein. Das könnte ein politischer Grund sein. Das wäre es, wenn man es böswillig sagt, und wenn man es gutwillig sagt, dann könnte man sagen, wir möchten ein multidisziplinäres Team haben, wo verschiedene Professionen zusammenlaufen, die das Beste für die Klienten machen können" (L. Z. 53ff.). Frau Nussbaumer antwortet ebenfalls auf die Frage nach den angenommenen Gründen der Entscheidungsträger: „Also das finde ich wirklich eine gute Frage. Ja, also da rätsle ich auch rum und, je nachdem ob ich eher wohlwollend oder eher missbilligend denke, komme ich da auf sehr unterschiedliche Ideen" (N. Z. 171ff.).

hungsprozess, sondern durch die Hoffnung, durch die Veränderung eine neue Herausforderung in ihrem Arbeitsfeld zu erfahren. Für die ehemaligen MitarbeiterInnen der Erziehungsberatungsstelle eröffnen sich scheinbar keine derartigen herausfordernden Perspektiven durch den Zusammenschluss.

Hängt demnach die Bewertung des Entstehungsprozesses durch die MitarbeiterInnen ähnlich wie die Wahrnehmung der Beweggründe der Entscheidungsträger von der grundsätzlichen Haltung zum Beratungszentrum ab?

Auf Grund der fachlichen Anmerkungen der ehemaligen MitarbeiterInnen der EB, wie sie sich einen derartigen Organisationsentwicklungsprozess vorstellen, kann ihnen diese auf einer grundsätzlichen Ablehnung basierende Bewertung, jedoch nicht unterstellt werden. Sie haben, wie geschildert, andere Vorstellungen von Entwicklungsprozessen (vgl. Kap. 6.1.5).

6.1.3 Der Tag des Zusammenschlusses

Der Tag, an dem beide Teams aufeinander treffen, spielt in den Interviews – außer bei Frau Weber – keine entscheidende Rolle. Es ist interessant, zu erfahren, wie dieser Tag abgelaufen ist und wie die Stimmung war, um zu verstehen, aus welcher Position das Beratungszentrum in die gemeinsame Arbeit gestartet ist. Da hierüber keine weiteren Aussagen vorliegen, kann nur auf Grund der Beschreibungen von Frau Weber rekonstruiert werden, dass der Tag des Zusammenschluss keiner der großen Freude war.

Sie schildert, dass die ASD-MitarbeiterInnen „reserviert" (W, Z. 249) waren und die neuen Erziehungsberatungs-KollegInnen „nicht mit offenen Armen empfangen" (W, Z. 226) haben. Die MitarbeiterInnen der Erziehungsberatung haben sich ebenfalls nicht gerade gefreut und waren etwas „verwettert" (W, Z. 223). Sie als Leitung hat versucht, durch einen Sektempfang ein Gefühl von Gemeinsamkeit herzustellen (vgl. W. Z. 224ff.)

Frau Weber beschreibt die Wichtigkeit, in solch einer schwierigen Situation Begegnungsmöglichkeiten zwischen den MitarbeiterInnen zu schaffen (vgl. W.Z. 241ff.)

Es scheint, als sei die Verschlossenheit der MitarbeiterInnen für den neuen Dienst zum Zeitpunkt des Zusammenschlusses sehr ausgeprägt gewesen. Was bedeutet dies für einen neu geschaffenen Dienst? Die Ausgangsbedingungen sind somit sicherlich nicht optimal und wie Frau Weber schon andeutet, bedarf es einer großen Anstrengung, sich mit den Widerständen bezüglich der neuen Organisationsform auseinander zu setzen. Hierfür müssen unterschiedliche Themen zusammen angegangen werden, um so etwas wie eine gemeinsame Arbeitsbasis zu schaffen. Welche Themen in der Zeit nach dem Zusammenschluss im Team eine Rolle spielten, bzw. wie der Prozess des Zusammenwachsens ablief, verdeutlicht folgender Abschnitt.

6.1.4 Nach dem Zusammenschluss

Die Zeit nach dem Zusammenschluss kann als Zeit der Gewöhnung und Aushandlung beschrieben werden. Das neu entstandene Team musste seine Arbeitsfähigkeit für die tägliche Arbeit herstellen. Auf unterschiedlichen Ebenen wurden verschiedene Aspekte bearbeitet.

6.1.4.1 Themen im Team

In allen Interviews wird deutlich, dass die Auseinandersetzung mit anstehenden Themen über die gemeinsame Arbeitsweise ein sehr wichtiger Prozess für die Entstehung eines zusammengehörenden Teams war und immer noch ist.

So spielte die Auseinandersetzung um die *Fallverteilung* zwischen den MitarbeiterInnen und die *Absprache bezüglich der Zuständigkeiten* für alle Interviewten eine sehr bedeutende Rolle (vgl. S, Z. 102ff.). Für die ehemaligen ASD-MitarbeiterInnen (Herr Luca und implizit Frau Schiller) war es wichtig, dass die Erziehungsberatungs-MitarbeiterInnen „auch bereit sind, Aufgaben [des ehemaligen ASDs] mit zu übernehmen" (L, Z. 167f.) und nicht „zwei verschiedene Bereiche" (L, Z, 173) im Team entstehen. Dagegen wehrten sich die ehemaligen MitarbeiterInnen der Erziehungsberatungsstelle, die nicht wollten, „dass jetzt jeder alles machen soll" (ML, Z. 405), sondern dafür eintraten, „genau [zu] gucken was sind unseren spezifischen Qualitäten, die wir hier haben" (ML, Z. 406) und die Arbeitsbereiche nicht zu „verwässern" (N, Z. 277; vgl. ML, Z. 400ff.) Ebenso war, nach Herr Luca, zu klären, wer welche *Belastungen* hat und wie diese im Team ausgeglichen verteilt werden können (vgl. L, Z. 274ff.) bzw., wie Herr Müller-Lüdenscheidt es ausdrückt, die Berührungsängste zu überwinden und bei schwierigen Fällen zu klären, wer diese Fälle jetzt machen darf oder machen muss (vgl. ML, Z. 413ff.).

Bei weiteren Auseinandersetzungen im Team ging es um Themen wie die Klärung des *Neids um den besseren Job* (vgl. ML, Z. 428ff.), die *Herstellung der Offenheit für Neues* und nicht nur Altvertrautes machen zu wollen (vgl. S, Z, 104ff.) sowie der grundsätzlichen *Beschäftigung mit gegenseitigen Vorbehalten und Vorwürfen* (vgl. L, Z, 258ff.).

Vor allem von Seiten der ehemaligen MitarbeiterInnen der Erziehungsberatung standen viele Sorgen im Raum, wie sich der Zusammenschluss auf ihre

bisherige Arbeitsweise auswirkt.[35] Frau Nussbaumer erzählt, wie sie unterschiedliche Fragen beschäftigt haben:

> „Es war halt schon so, dass so die Frage war, wie wird denn die Trennung der Aufgaben dann
> innerhalb eines solchen Teams (...) aufrecht erhalten und wird das - also das war z.B. so eine
> Sache, dass die Zugänge sehr unterschiedlich sind, also in der Beratungsstelle ist man halt ein-
> fach gewohnt, mit Leuten zu arbeiten, die freiwillig kommen, das ist beim ASD anders, wie
> wird sich das auswirken, können wir unsere Arbeit so weiter machen (...). Wie wird das dann,
> wenn das dann mit dem klassischen ASD - also der ASD ist halt der klassische Jugendamts-
> dienst - ja wenn das mit dem so verknüpft ist, und also auch so die Frage, werden das die Leute
> überhaupt akzeptieren oder bleiben die dann alle weg, gehen die dann alle zu den freien Bera-
> tungsstellen? Und natürlich schon auch so die Frage, ja wird es denn möglich sein, diesen Ar-
> beitsschwerpunkt Psychologische Beratung auch weiterhin so anzubieten, oder sollen wir jetzt
> im Prinzip, sollen die Leute vereinnahmt werden für die ASD-Arbeit, das war natürlich auch
> eine Befürchtung (N, Z. 123ff.).

Frau Schiller dagegen schildert auch, dass trotz der notwendigen Klärung der
Differenzen und der Schwierigkeit, alte Rollen zu verlassen, das Team „ganz arg
schnell zusammengewachsen ist" (S, Z. 99ff.). Sie weist auch darauf hin, dass es
Zeit braucht, bis sich das jetzt sehr große Team nach der langjährigen getrennten
Arbeit findet (vgl. S, Z. 220ff.) und plädiert dafür, auch noch zu sehen, dass
„Menschen dahinter stehen und diese Menschen haben natürlich über Jahre hin-
weg (...) ne Fachlichkeit entwickelt in einem bestimmten Thema" (S, Z. 110ff.).

6.1.4.2 Maßnahmen der Reflexion / Weiterentwicklung nach dem Zusammenschluss

Viele der oben genannten Themen konnten nicht vollständig in den Teambespre-
chungen gelöst werden, so dass von mehreren MitarbeiterInnen (Herr Luca, Frau
Schiller, Frau Weber; implizit Herr Müller-Lüdenscheidt) die wenigen *Klausurtage* zur Teamentwicklung als sehr hilfreich empfunden wurden.[36] Hierbei wurde, so Herr Luca, eine Plattform geschaffen, sich über unterschiedliche Vorstellungen auszutauschen und Vorbehalte zu klären. Er befürchtet, dass „sonst (...)
solche Vorbehalte und Vorwürfe im Raum stehen [bleiben] und dann (...) es

---

[35] Eine grundsätzliche Darstellung der Auswirkungen der Veränderungen für die MitarbeiterInnen
und deren Bewertung erfolgt in Kap. 7.5.

[36] Frau Schiller: „Und förderlich war sicherlich (...), dass wir so Klausurtage gemacht haben. Am
Anfang. (...) also mit einer externen Moderation, wo so am Anfang auch der Unmut da war, (...)
weil eben auch nicht alle einverstanden waren mit dem Zusammenschluss, also von der Basis her,
und der so angegangen wurde und so geguckt wurde, wie kann man damit umgehen. Also ich glaub
ohne so einen Klausurtag ist es echt schwierig, weil dann brodelt es so unter der Oberfläche" (S, Z.
118).

nicht zum Team kommen" (L, Z. 254ff.) kann. Frau Schiller beschreibt dies am Beispiel der Auseinandersetzung zur Regelung der Fallverteilung:

> „Also ganz - also beim ersten Klausurtag war es natürlich die Fallverteilung. Klar, weil das natürlich schon dieses Thema war, weil natürlich die einen hatten Angst, ihnen wird was weggenommen und die anderen hatten Angst, wir kriegen was nicht und so was - natürlich gibt es Themen, die die Schmankerl sind, wo man gern macht und es gibt Themen, wie Kinderschutz oder Sexueller Missbrauch, das macht natürlich kein Mensch gern. Also ja, in dem Sinn von gern, man macht es natürlich fachlich und so, aber jetzt wirklich Betonung auf dieses gern machen. Und da ist es natürlich schon so, dass dann dieses Gefühl entstand, jetzt sind wir zusammengeschlossen, aber die eine Gruppe muss immer noch die Kinderschutzfälle machen und die andere Gruppe nicht, was soll dann dieser Zusammenschluss. So, und das hat natürlich erst mal ein bisschen Unmut geschaffen. Und das hat sich dann einfach geklärt (...) bei einem Klausurtag, der aber ziemlich intensiv war, und da hat man dann geklärt, so und so geht man weiter vor" (S, Z. 130ff.).

Auch Frau Weber als Leiterin berichtet von den Klausurtagen, dass dort die Möglichkeit bestand, „nochmals die Ausgangslage zu betrachten" (Z. 193) sowie „Vorurteile oder Bilder voneinander zu bearbeiten und dann schon zu überlegen, was hat man auch für Wünsche und Erwartungen aneinander. Was kann die jeweils andere Seite erfüllen oder wo gibt es auch Grenzen" (Z. 196ff.).

Es scheint, dass in den Auseinandersetzungen während der Klausurtage im Team vieles geklärt wurde und Arbeitsvereinbarungen getroffen werden konnten. Hier entstand Raum und Zeit für wichtige Konfrontationen und Verhandlungen über Vorstellungen bezüglich der gemeinsamen Zusammenarbeit. Die MitarbeiterInnen selbst schätzen diese Zeit wie bspw. Frau Schiller als „sehr wichtig", „förderlich", „ganz gut" und „intensiv" (S, Z. 118ff.) ein. Offen bleibt, warum diese als gewinnbringend erlebte Arbeitsform nicht vermehrt ermöglicht wurde.

Im Gegensatz zu den Klausurtagen erlebten die MitarbeiterInnen der ehemaligen Erziehungsberatungsstelle die stattgefundenen *Auswertungen und Evaluationen* als bescheiden, da diese in ihren Augen „nicht stattgefunden" (ML, Z. 246f.) haben. Herr Müller-Lüdenscheidt ist verärgert, dass die eigene Statistik, mit der sie „wieder zuverlässige Zahlengrundlagen haben" (ML, Z. 227) wollten, auf Grund von datenschutzrechtlichen Gründen wieder gelöscht werden musste und somit derzeit keine verlässliche Datengrundlage existiert (vgl. ML, Z. 225ff.). Er merkt an: „Wir können jetzt zwar drüber reden, aber es bleiben Eindrücke, es bleiben vielleicht persönliche Statements, es bleiben Animositäten, Gefühle von Ärger, von Hoffnung, von was weiß ich nicht alles. Na? Aber die wirklich harten Fakts, die können wir nicht aufweisen, dafür ist die Grundlage nicht geschaffen worden, dafür war es halblebig. (...) Jetzt haben wir das Beratungszentrum seit zwei Jahren und eine wirklich gute Auswertung hat nicht stattgefunden" (ML, Z. 232ff.; vgl. N. Z. 194ff.).

Grundsätzlich wird die externe Unterstützung im Zeitraum nach dem Zusammenschluss in keinem Interview als positiv hervorgehoben. Vielmehr wird bemängelt, dass die Entwicklung der neuen Organisationsform durch fast keine Vorgaben von außen unterstützt wurde (vgl. N, 197ff.). Die Erarbeitung eines gemeinsamen konzeptionellen Profils wurde dem Team mit der Leitung überlassen.[37] Frau Nussbaumer drückt ihre Enttäuschung darüber wie folgt aus:

> „Und was ich auch schade finde, ist, dass ich denke, jetzt war das ja eine Idee von den Oberen hier, aber, ja sie haben die Lorbeeren eingestrichen bei der glanzvollen Eröffnung. Aber dass mal jemand kam und gesagt hat, ja wie sieht es denn jetzt aus und (...) dass es mal was gab, ja (lacht) irgendwie, und sei es nur irgendwie ein Blumenstrauß zur Einweihung oder so. Das war halt gar nicht. Man wurde da sehr sich selbst überlassen. Und auch so ein Stück weit stehen gelassen. Aber, also daran denke ich sieht man halt auch, dass es da wenig konkrete Vorstellungen oder Ideen auch gab, wie es denn - das war mehr so, ha ja, es läuft halt weiter, ne" (N, Z. 440ff.).

Auch die Leitung bedauert die marginale externe Unterstützung, sowohl für sich selbst als Leitung als auch für das Team. Weder durch finanzielle (vgl. W, Z. 173) noch durch personelle Ressourcen (vgl. W, Z. 183) wurde das Beratungszentrum von außen unterstützt.[38]

Hieraus wird deutlich, dass die *Leitung* in diesem Prozess stark gefordert war, da sie vor allem auf sich alleine gestellt war. Sie bekam weder externe noch vom zuständigen Abteilungsleiter Unterstützung (vgl. W, Z. 182ff.; vgl. W. Z. 280ff.). Dabei musste sie einerseits die Idee der neuen Organisationsform den beteiligten MitarbeiterInnen nahe bringen, sozusagen zwischen den Entscheidungsträgern und der Basis vermitteln, und andererseits die bisher getrennt arbeitenden Dienste zu einem gemeinsamen Team formen.[39] Deutlich wird, dass die-

---

[37] Vgl. die Aussage oben (Kap. 6.1.2) von Herr Müller-Lüdenscheidt, dass es vor dem Zusammenschluss keine Konzeption gab und eher auf das „freie Spiel der Kräfte" (ML, Z. 245) vertraut wurde.
[38] An einer anderen Stelle bestätigt Frau Weber dieses Bild nochmals deutlicher: „Ich habe keinen Coach gehabt, ich habe das nicht bekommen, obwohl ich immer wieder zu meinem Abteilungsleiter gesagt habe, ich bräuchte das eigentlich dringend" (W, Z. 280ff.).
[39] Frau Weber macht ihr Engagement in der folgenden Aussage deutlich: „Ja, was hat da stattgefunden, ich denke, da musste ich schon als Leitung sehr viel geben, würde ich sagen. Also sowohl natürlich was jetzt die fachliche Koordination, also die Gruppen zusammenzubringen, also Themen zu finden, Schnittmengenthemen die beide Seiten interessiert, das war das eine, das andere war aber auch (...) die kommunikative Beziehung oder überhaupt die Beziehungsebene - also ich habe so Sachen gemacht, wie die einfach mal zum Kaffee eingeladen, ein Haufen Kuchen selber gebacken (...), weil man muss einfach sagen, in einem Jugendamt, man bekommt keine finanzielle Unterstützung. (...) Ich würde mal sagen, ich will mich jetzt nicht rühmen, aber ich musste mich auf verschiedenen Ebenen voll da reinhängen. Sonst hätte das nicht funktioniert, sonst wäre die Stimmung heute nicht so, wie sie hier ist. Also das war ein starkes - also von mir von meiner Person - weil der Abteilungs-

ser Prozess viel Engagement der Leitung, bis in den privaten Bereich hinein, erforderte. Sie selbst beschreibt diese Zeit als „hart" (W, Z. 201), „anstrengend" (W, Z. 276; Z. 282) und „viel" (W, Z. 213), sieht die Gestaltung dieses Prozesses jedoch auch als ihre Führungsaufgabe (vgl. W, Z. 427) an.

Nach der vorangegangenen Betrachtung der Erzählungen der MitarbeiterInnen zu der Zeit nach dem Zusammenschluss kann folgendes festgehalten werden: Das Zusammenwachsen der beiden Institutionen ist v.a. auf drei Eckpfeiler gestützt. (1) Das Engagement der Leitung, (2) die Auseinandersetzungen an wenigen Klausurtagen und (3) die Beschäftigung mit den anstehenden Themen in den Teamsitzungen. Somit war die Entwicklung der neuen Form der Zusammenarbeit nach dem Zusammenschluss sich selbst überlassen, was auch die geringe Unterstützung von außen sowie die als dürftige wahrgenommene Evaluation verdeutlichen.

6.1.5   Voraussetzungen für den Zusammenschluss

Wie die befragten MitarbeiterInnen den Entstehungsprozess wahrgenommen und erlebt haben, wird ferner deutlich, in dem sie schildern, welches für sie die förderlichen und hemmenden Faktoren für den Zusammenschluss waren bzw. bis heute sind.

In diesem Kapitel geht es somit um die Rekonstruktion der Voraussetzungen, deren Erfüllung aus Sicht der befragten MitarbeiterInnen für einen gelingenden Zusammenschluss der Arbeitsfelder Erziehungsberatung und Allgemeiner Sozialdienst notwendig sind.

Die MitarbeiterInnen schildern die Voraussetzungen hinsichtlich verschiedener Dimensionen: (1) Voraussetzungen bezüglich der beiden Arbeitsfelder, (2) Voraussetzungen bezüglich der beteiligten Personen und (3) Voraussetzungen bezüglich des Umgangs mit dem Zusammenschluss.

6.1.5.1   Voraussetzungen bezüglich der beiden Arbeitsfelder

Wichtig scheint für die MitarbeiterInnen zunächst das Erkennen einer inhaltlichen Nähe zwischen den beiden Arbeitsfeldern zu sein. D.h. MitarbeiterInnen kennen sich bspw. aus der früheren Zusammenarbeit schon (vgl. ML, Z. 502), es gibt Überschneidungen hinsichtlich den Aufgabenfeldern bzw. zumindest er-

---

leiter, der hat ja noch mal andere Dienste, der konnte sich da auch nicht persönlich so einbringen, das war schon eine starke Leitungs - also hier im Beratungszentrum X war es stark Leitungslastig" (W, Z. 165ff.).

scheint eine Kombination der Hilfen der unterschiedlichen Arbeitsfelder als sinnvoll. Den Zusammenschluss zweier Arbeitsfelder ohne erkenntliche inhaltliche Berührungspunkte, schätzen die MitarbeiterInnen somit als schwierig ein. Dies trifft für die beiden Arbeitsfelder Erziehungsberatung und Allgemeiner Sozialdienst nicht zu. Sie übernahmen schon vor dem Zusammenschluss z.T. gleiche Aufgaben – „wir haben ähnliche Sachen ja auch schon immer gemacht" (L, Z. 132f.) –, wie bspw. Erziehungs- sowie Trennungs- und Scheidungsberatung (vgl. ML, Z. 750ff.).

6.1.5.2 Voraussetzungen bezüglich der beteiligten Personen

Hinsichtlich der beteiligten Personen differenzieren die MitarbeiterInnen Voraussetzungen, die im Bereich der Leitung liegen, sowie Voraussetzungen, die sie selbst betreffen.

Wie schon im Rahmen der Rekonstruktion des Entstehungsprozesses deutlich wurde, bewertet sowohl Frau Weber selbst (vgl. W, Z. 165ff.) als auch Frau Nussbaumer (vgl. N, Z. 396) das Engagement der *Leitung* in einem Zusammenschlussprozess als ungeheuer wichtig. Im Fall des Beratungszentrums war Frau Weber auf unterschiedlichste Weise bemüht, die MitarbeiterInnen in Beziehung zueinander zu bringen, sowie fachlich den Zusammenschluss zu koordinieren. Dies wird von den MitarbeiterInnen als sehr positiv erlebt. Auch die Erfahrung und Kompetenz der Leitung im Umgang mit ähnlichen Situationen schätzt Frau Weber als Voraussetzung für einen gelingenden Zusammenschluss ein (vgl. W, Z. 206ff; W, Z. 261ff.). Ferner ist es aus ihrer Sicht unerlässlich, „eine Leitung [zu] finden, die ziemlich frustrationstolerant und guter Dinge ist, die ziemlich stark kontaktfähig ist" (W, Z. 360ff.) sowie auch „ein bisschen offensiv sein" (W, Z. 364f.) kann. D.h. in der Charaktereigenschaft der Leitung liegt ebenso eine Voraussetzung, wie in deren Bereitschaft, sich für diesen Prozess einzusetzen.

Bezüglich der beteiligten *MitarbeiterInnen* scheint wichtig zu sein, dass diese darauf vertrauen können, in dem Zusammenschlussprozess gerecht behandelt zu werden (vgl. L, Z. 155ff.) bzw. Situationen des Neids und der Konkurrenz, bspw. um den besseren Job oder um das angenehmere Klientel, erst gar nicht aufkommen zu lassen (vgl. L, 174ff., ML, 428ff.). Ebenso wichtig ist laut Frau Weber die Bereitschaft, mit einer offenen und positiven Haltung dem Zusammenschluss und dem anderen Arbeitsfeld zu begegnen:

„Man braucht auch Mitarbeiter, die bereit [sind] sich darauf einzulassen, also auch zu sagen, o.k., ich interessiere mich für ein neues Arbeitsfeld, ich bin auch neugierig auf Kollegen, auf neue Sichtweisen, also [MitarbeiterInnen, die] eine gewisse Aufgeschlossenheit" (W, Z. 365ff.) besitzen.

6.1.5.3 Voraussetzungen bezüglich des Umgangs mit dem Zusammenschluss

Voraussetzungen bezüglich des Umgangs meinen die Art und Weise, wie der Zusammenschluss angegangen und gestaltet wird. In der Analyse der Aussagen der befragten MitarbeiterInnen werden dahingehend mehrere Voraussetzungen explizit:

Reflektierte und fachliche Entscheidungen

Die MitarbeiterInnen erwarten, dass die Entscheidungen bezüglich des Zusammenschlusses durch ein Abwägen von Chancen und Gefahren (vgl. ML, Z. 112ff.; ML, Z. 209f.) und somit auf Grundlage einer soliden Informationsbasis getroffen werden. Hierfür wäre aus ihrer Perspektive, im Fall des Beratungszentrums, eine differenzierte Evaluation der Dienste sinnvoll gewesen, auf deren Grundlage die neue Organisationsform besser hätte geplant werden können (vgl. ML, Z. 211ff.). Ferner betrachten sie konzeptionelle Vorüberlegungen ebenso als eine Voraussetzung für eine fachliche Zusammenarbeit, wie der richtige Zeitpunkt, an dem eine solche Organisationsveränderung angestoßen wird (vgl. N, Z. 488ff.)[40]. Für die MitarbeiterInnen der ehemaligen Erziehungsberatung ist die Einhaltung fachlicher Standards – in diesem Falle der Bundeskonferenz für Erziehungsberatung (bke) – bei der Neugestaltung von Organisationen eine Voraussetzung für fortlaufende qualitativ hochwertige Arbeit (vgl. ML, Z. 457ff.)

Transparenz

Für die MitarbeiterInnen des Beratungszentrums wäre es wichtig gewesen, frühzeitig und umfassend von den Entscheidungsprozessen, inklusive der Gründe, die für den Zusammenschluss sprechen, informiert worden zu sein (vgl. N, Z. 399ff.; W, Z. 439f; sowie Kap. 6.1.2), um einschätzen zu können, was hinter der

---

[40] Frau Nussbaumer bemängelt an dieser Stelle, dass der Zeitpunkt für den Zusammenschluss zum Beratungszentrum ungeschickt gewählt wurde, da in dieser Zeit die Kollegen aus dem ASD noch mit der Organisationsentwicklung zum HzE-Projekt beschäftigt waren.

Idee des Zusammenschlusses überhaupt steckt (vgl. ML, Z. 126ff., ML. Z. 483).[41]

Beteiligung

Herr Müller-Lüdenscheidt erachtet es für den Zusammenschluss als notwendig, dass „alle Beteiligten oder wichtigen Fachleute, die da was dazu beitragen könnten, mit dieser (...) Idee" (ML, Z. 116ff.) des Beratungszentrums hätten konfrontiert werden müssen, um alle vorhandenen Ressourcen für einen gelingenden Prozess zu nutzen. Die Einbeziehung der betroffenen MitarbeiterInnen und kompetenter Fachleute sieht er somit als Voraussetzung für einen Organisationsveränderungsprozess an. Auch Frau Nussbaumer kommt zu dem Schluss, dass es wichtig wäre, dass Organisationsveränderungen von den MitarbeiterInnen getragen werden (vgl. N, Z. 391ff.), was nur durch den Einbezug und die Vorbereitung des betroffenen Personals möglich ist (vgl. N, Z. 397ff.).

Auseinandersetzung und Treffen von klaren, verbindlichen Regeln der Zusammenarbeit

Im Rahmen der Darstellungen hinsichtlich der Klausurtage ist deutlich geworden, dass für die MitarbeiterInnen zunächst die Auseinandersetzung mit den unterschiedlichen Vorstellungen (vgl. L, Z. 236ff.) und dann die klare Regelung der Zusammenarbeit eine wichtige Rolle spielt. Nur so können Sorgen und Ängste, wie die der MitarbeiterInnen der ehemaligen Erziehungsberatung (vgl. ML, Z. 406; N, Z. 277) sowie die Forderungen der ehemaligen MitarbeiterInnen des ASDs (vgl. L, Z. 167ff.), beachtet und ein passender Umgang damit gefunden werden.

Externe Unterstützung

Die MitarbeiterInnen sehen es als wichtig an, in solchen Veränderungsprozessen, wie dem Zusammenschluss von ASD und EB, von externer Stelle unterstützt zu werden. Darunter verstehen sie zum einen eine Unterstützung dieses Prozesses durch Vorgaben und Begleitung von höheren Hierarchieebenen (Abteilungslei-

---

[41] Frau Nussbaumer schildert, dass sie die Unklarheit, „wofür soll [der Zusammenschluss] gut sein" (N, Z. 483), als hemmend für den Prozess des Zusammenwachsens erlebt hat.

tung, Amtsleitung) (vgl. N, Z. 446ff.), sowie zum anderen eine Unterstützung der Teamentwicklung durch Moderation und Supervision (vgl. S, Z. 129ff.). Auch für die Leitung wäre in diesem Prozess eine externe Unterstützung in Form von Coaching hilfreich gewesen (vgl. W, Z. 370ff.).

Realistische Zeiteinschätzung

Als letzten Punkt hinsichtlich der Voraussetzungen für einen gelingenden Organisationsveränderungsprozess nennen die befragten MitarbeiterInnen die realistische Einschätzung der Zeit, die ein solcher Zusammenschluss benötigt. Aus ihrer Sicht ist es entscheidend, dass den MitarbeiterInnen genügend Zeit zur Orientierung und Auseinandersetzung mit der neuen Situation zur Verfügung steht und sie nicht von schnell umgesetzten Veränderungen überfordert werden. Frau Schiller weißt bspw. darauf hin, wie wichtig es ist, dass „man dieser Idee, dass ein Team sich finden muss, dass man da zum Beispiel auch Zeit einbaut" (vgl. Z. 434ff.). Diese realistische Zeiteinschätzung wird nicht nur als Kompetenz von der Leitung, sondern auch von den MitarbeiterInnen erwartet. So schätzt Herr Luca die Fähigkeit der MitarbeiterInnen, Geduld aufzubringen, bis positive Veränderungen des Zusammenschlusses sichtbar werden, als wichtig für das Entstehen einer Zuversicht hinsichtlich des Beratungszentrums ein (vgl. L, Z. 204).

6.1.6 Zusammenfassung

Die MitarbeiterInnen nehmen den Entstehungsprozess sehr unterschiedlich war und verfügen somit nicht über einen einheitlichen Kenntnisstand bezüglich des Vorgangs zum Zusammenschluss (vgl. Entscheidungsprozess, Gründe der Entscheidungsträger). Der Tag des Zusammenschlusses selbst spielt in ihren Erzählungen, bis auf jener der Leitung, keine Rolle. Bezüglich der Zeit nach dem Zusammenschluss schildern sie die teilweise schwierige, aber sehr lohnende Auseinandersetzung und Verständigung im Team bzw. bei Klausurtagen. Bemängelt werden die geringe externe Unterstützung und das fehlende Interesse an der fachlichen Entwicklung.

Folglich werden aus den Schilderungen und Bewertungen Voraussetzungen deutlich, die nach Ansicht der MitarbeiterInnen für einen gelingenden Zusammenschluss zu beachten wären. Zusammengefasst bedarf es,

- inhaltlicher Gemeinsamkeiten und Berührungspunkte zwischen den Arbeitsfeldern,

- eines großen Engagements der Leitung und Erfahrung mit ähnlichen Situationen,
- offener MitarbeiterInnen, die, trotz aller Skepsis, Berührungsängste im Team zu überwinden versuchen,
- eines Ausgleichs der Belastungen unter den MitarbeiterInnen,
- der Beachtung der Bedürfnisse der MitarbeiterInnen,
- Orte des Austausches und der Kommunikation zwischen den MitarbeiterInnen wie Teamsitzungen und Klausurtage,
- reflektierter und fachlich fundierter Entscheidungen,
- transparenter Entscheidungen und Kommunikation,
- der Beteiligung aller betroffenen Personen,
- klarer, verbindlicher Regelungen der Zusammenarbeit,
- externer Unterstützung, sowohl für die Leitung als auch für das Team sowie
- realistischer Zeiteinschätzungen.

Wie zu Beginn des Kapitels angedeutet, wurde in diesem Abschnitt auf eine grundlegende Bewertung und Einordnung der Schilderungen der befragten MitarbeiterInnen verzichtet. Wichtig war mir zunächst zu rekonstruieren, wie die MitarbeiterInnen den Entstehungsprozess erlebten oder, wie nun vielfach deutlich wurde, um zu verstehen, mit welchem Hintergrund die MitarbeiterInnen ihre konkrete Arbeit in der neuen Organisationsform Beratungszentrum aufgenommen haben. Um eine theoretische Kontrastierung und damit Bewertung des Entstehungsprozesses wird es nun im nachfolgenden Kapitel gehen.

6.2 Bewertung und theoretische Kontrastierung des Entstehungsprozesses – Ergebnisse

Im folgenden Kapitel geht es um eine theoretische Kontrastierung der in vorhergehenden Abschnitt dargestellten Äußerungen der MitarbeiterInnen. In dem die geschilderten Erfahrungen mit fachtheoretischen Überlegungen in Verbindung gebracht werden, können die rekonstruierten Prozesse hinsichtlich des Zusammenschlusses von Allgemeinem Sozialdienst und Erziehungsberatung zum Beratungszentrum auf einer anderen – als einer rein hypothetischen – Hintergrundsfolie betrachtet und reflektiert werden.

Da, wie schon erwähnt, die Beschäftigung mit dem Entstehungsprozess zunächst nur als Intervieweinstieg geplant war, im Laufe der Interviews und deren Auswertung sich jedoch herausstellte, dass dieser Organisationsveränderungsprozess eine Schlüsselrolle für die MitarbeiterInnen spielte, wird im Folgenden zunächst ein theoretischer Exkurs eingeschoben, in dem einige Grundzüge der Organisationsentwicklung, soweit sie zum Verständnis dieser Untersuchung notwendig sind, dargestellt und erst daran anschließend mit der bewertenden Analyse begonnen.

6.2.1   Theoretische Überlegungen der Organisationsentwicklung – ein Exkurs

6.2.1.1   Grundannahmen der Organisationsentwicklung

Zur Annäherung an den Begriff Organisationsentwicklung gibt es vielfältige Sichtweisen und *Definitionen*.[42] Da im Rahmen dieser Studie keine umfassende Auseinandersetzung mit Organisationsentwicklung geleistet werden kann, werden im Folgenden lediglich einige Grundannahmen und Perspektiven der Organisationsentwicklung skizziert.

Comelli entscheidet sich nach einer ausführlichen Betrachtung unterschiedlicher Definitionen (vgl. 1985, S. 89ff.) für die, seiner Meinung nach, umfassende Formulierung von Rush (1973), auf die als grundlegend für diese Untersuchung angesehen wird.

> „ein geplanter, gelenkter und systematischer Prozeß zur Veränderung der Kultur, der Systeme und des Verhaltens einer Organisation mit dem Ziel, die Effektivität der Organisation bei der Lösung ihrer Probleme und der Erreichung ihrer Ziele zu verbessern" (Rush 1973, S. 2; zit. in: Comelli 1985, S. 96).

D.h. bei Organisationsentwicklungen geht es um einen absichtsvollen Veränderungsprozess mit weit reichenden Folgen hinsichtlich der Organisationskultur, der Systeme und des Verhaltens. Nach Gebert verfolgt Organisationsentwicklung zwei interdependente *Hauptziele*: Zum einen die Verbesserung der Leistungsfähigkeit von Organisationen (Effektivität), zum anderen die Verbesserung der Qualität des Arbeitslebens (Humanität) (vgl. 1974, S. 11 zit. in: Comelli 1985, S. 89). Durch eine derartige Ausrichtung von Organisationsentwicklungen sollen sowohl die Organisationsmitglieder als auch die Organisation selbst von den Veränderungsprozessen profitieren. Anzunehmen ist, dass in der Praxis der Veränderungsprozesse eine gleichzeitige Verfolgung beider Ziele nicht immer einfach ist. Dies bedeutet, dass Konflikte und Widerstände selbstverständliche Bestandteile von Wandlungsprozessen darstellen (vgl. Becker/Langosch 1995, S.

---

[42] Z.B. hat die Vielfalt der Definitionen zum Begriff ‚Organisationsentwicklung' Trebesch dazu veranlasst, einen Artikel mit dem Titel „Fünfzig Definitionen der Organisationsentwicklung – und kein Ende" zu schreiben (Trebesch 2000).

16). Eine Auflösung der gegensätzlichen Interessen von Individuen und Organisation geht nur über eine hohe Partizipation der von den Veränderungsprozessen betroffenen MitarbeiterInnen. D.h. ein zentraler Bestandteil von Organisationsentwicklungen liegt in der Zusammenarbeit mit allen Beteiligten. Diese Haltung setzt ein *Menschenbild* voraus, in dem der Mensch nicht im tayloristischen Sinne auf ein ausschließlich rational, funktionales Wesen reduziert wird, sondern das Bedürfnis nach individueller Entfaltung und Entwicklung anerkannt wird. MitarbeiterInnen werden somit als Menschen mit individuellen Ressourcen und Bedürfnissen angesehen (vgl. French/Bell 1994, S. 90f.).

Das zentrale *Basisprinzip* für Organisationsentwicklungen liegt demnach in der Forderung *,Betroffene zu Beteiligten zu machen'* (vgl. Becker/Langosch 1995, S. 32ff.; Comelli 1985, S. 150ff.). Dahinter steht die Annahme, dass MitarbeiterInnen das Bedürfnis und den Wunsch haben, an Veränderungen, die sie betreffen, aktiv mitzuwirken (vgl. Comelli 1985, S. 150). Becker/Langosch beschreiben es als eine ,Erfahrungstatsache', „dass Menschen sich für eine Sache nur dann voll einsetzen, wenn sie sie einsehen und daran beteiligt sind" (1995, S. 32f.). Niemand wird sich, ihrer Meinung nach, für eine Sache einsetzen, die er nicht versteht und die ihm keinen Nutzen bringt (vgl. ebd., S. 33). Daraus leitet sich neben der Forderung nach Beteiligung der Betroffenen, eine zweite notwendige Voraussetzung für gelingende Organisationsentwicklungen ab: *Transparenz und Offenheit* gegenüber den MitarbeiterInnen. Gerade in der transparenten und offenen Kommunikation zeigt sich häufig, ob Organisationen ein echtes Interesse an der Einbeziehung ihrer MitarbeiterInnen haben. Wende fügt dazu an, dass „der organisationale Wandel immer auch mit einem Wandel der Einstellungen aller betroffenen Mitglieder verbunden [ist], da nur so eine langfristige Wirkung und eine hohe Akzeptanz der Veränderungen gewährleistet ist" (2002, S. 682).

Becker/Langosch weisen jedoch auch darauf hin, dass nicht alle MitarbeiterInnen gleichermaßen das Bedürfnis haben sowie die Fähigkeit besitzen, Organisationsveränderungsprozesse mitzugestalten. Sie machen deutlich, dass Partizipation von drei Faktoren abhängig ist: Können, Wollen und Dürfen (vgl. 1995, S. 33f.). ,Können' ist abhängig von der Art der Probleminhalte, von der Anzahl und Qualifikation der Betroffenen. ,Wollen' hängt zusammen mit der vorhandenen Motivation und den absehbaren Aussichten auf die erreichbaren Resultate und dem daraus resultierenden persönlichen Nutzen. Ziel muss es sein, den Rahmen des ,Dürfens' möglichst so weit zu fassen, dass alle Betroffenen, die sowohl ,wollen' als auch ,können' am Veränderungsprozess beteiligt werden.

Auch McGregor hält Partizipation der MitarbeiterInnen für den entscheidenden Faktor bei Organisationsentwicklungen. Mit seinem Delegationskontinuum hat er ein Modell entwickelt, nach dem Partizipation nicht nach dem ,Alles-oder-Nichts-Prinzip' erfolgen muss, sondern auch in unterschiedlichen Formen praktiziert werden kann (vgl. Comelli 1985, S. 150f.). Er unterscheidet hierbei sechs Stufen der Partizipation, die in unterschiedlicher Intensität zwischen Vorgesetztem und MitarbeiterIn gestaltet werden.

Comelli illustriert wie folgt die sechs Stufen der Partizipation des Delegationskontinuums von McGregor am Beispiel einer Besprechung.

Der Vorgesetzte hat vorab allein entschieden…	Der Mitarbeiter wird zur Besprechung eingeladen…
1. gar nichts	1. ob was geschieht
2. daß was geschieht	2. was geschieht
3. was geschieht	3. wann, wie, wo, durch wen usw. etwas geschieht
4. wann, wie, wo, durch wen usw. etwas geschieht	4. der Mitarbeiter erfährt die Gründe, warum etwas geschieht, kann nachfragen und dazu Stellung nehmen (d.h. Zweiweg-Kommunikation
5. alles	5. der Mitarbeiter hört nur zu, d.h. er erfährt, was entschieden worden ist, kann selbst aber keinen Einfluss mehr nehmen (d.h. Einweg-Kommunikation)
6. alles	6. der Mitarbeiter erfährt nichts von der Entscheidung, jedenfalls nicht rechtzeitig bzw. auf dem formellen Weg.

Vgl. Comelli 1985, S. 151

Eine weitere Grundannahme der Organisationsentwicklung liegt in der Auffassung, dass Veränderungsprozesse keine zufälligen und willkürlichen Maßnahmen sein sollten, sondern „in einer ganz bestimmten und für Organisationsentwicklung typischen Abfolge von Schritten" (Comelli 1985, S. 116) verlaufen. Organisationsentwicklung ist somit ein *systematischer Prozess*, der nach Comelli folgende Elemente enthalten sollte:

- Problemerkennung
- Datensammlung
- Organisationsdiagnose
- Daten-Rückkopplung
- Maßnahmenplanung und Maßnahmendurchführung
- Erfolgskontrolle

(vgl. Comelli 1985, S. 117ff. in Anlehnung an: Rush 1973).

Lewin erkennt ebenfalls, auf einer anderen Ebene, eine Gesetzmäßigkeit im Verlauf von Veränderungsprozessen und stellt in seiner ‚Theorie des dynamischen Gleichgewichts' fest, dass in den Phasen der Veränderung immer zwei Kräfte existieren: Antriebskräfte und Hemmkräfte. Während Antriebskräfte auf einen neuen Zustand hinwirken und den alten destabilisieren, wirken Hemmkräfte konservierend, in dem sie der Veränderung entgegenstehen und zu überwinden sind (vgl. Comelli 1985, S. 97).

Lewin geht von drei Phasen aus, die sich in jedem Veränderungsprozess zeigen:

Phase 1: *unfreezing*
Auftauen, in Frage stellen, Motivation für Veränderungen wecken
Phase 2: *moving*
Verändern, in Bewegung setzen, neue Verhaltensweisen und Arbeitsweisen entwickeln
Phase 3: *refreezing*
Einfrieren, veränderte Verhaltensweisen und veränderte Verhältnisse stabilisieren und integrieren

Vgl. Becker/Langosch 1995, S. 65

Vor allem in der Auftauphase (Phase 1) seien die Hemmkräfte der Menschen, die von den Veränderungen betroffen sind, stark, da diese zunächst eine hohe Stabilität und Sicherheit für sich erhalten wollen. Dagegen wirken einige Akteure, meist auf höheren Hierarchieebenen angesiedelt, die Veränderungen mit ihren Antriebskräften anstoßen möchten. Die Unterschätzung oder Missachtung von Hemmkräften sieht Comelli als einen typischen Fehler bei Organisationsentwicklungen an. Hemmkräfte können seiner Ansicht nach nicht ignoriert werden, sondern müssen bearbeitbar gemacht werden, so dass eingefahrene Denk- und Verhaltensmuster ‚aufgetaut' werden (vgl. 1985, S. 98).

In der Veränderungsphase (Phase 2) sollen der geplante Wandel vollzogen und stabilisiert werden, so dass sich ein neues Gleichgewicht der Kräfte einpendeln kann. Hier ist (ebenso wie in der Einfrierphase) darauf zu achten, dass Strukturen so verändert werden, dass ein Rückfall in alte Denk- und Verhaltensmuster unmöglich ist.

Während der abschließenden Einfrierphase (Phase 3) ist darauf zu achten, dass die intendierten Veränderungen immer wieder überprüft werden, da vor allem bei neuen Umweltveränderungen die Gefahr des Rückfalls in alte Routinen besteht.

Im Rahmen dieser Darstellung einiger Grundannahmen von Organisationsentwicklung kann die theoretisch differenziert diskutierte Komplexität von Organisationsentwicklungsprozessen nicht abgebildet werden.[43] Folgendes sei zusammenfassend in Erinnerung gerufen:

Organisationsentwicklung beschäftigt sich mit absichtsvollen Veränderungsprozessen, die normalerweise zwei Hauptziele verfolgen: Steigerung der Effektivität und Humanität. Dieser Absicht liegt ein humanistisches Menschenbild zu Grunde, das u.a. das Bedürfnis von Menschen nach Partizipation an Prozessen, die das eigene Leben betreffen, anerkennt. Somit sind die Beteiligung der Betroffenen sowie eine offene und transparente Kommunikation zwischen den Beteiligten als oberste Prinzipien von Organisationsentwicklung anzusehen. Ferner wird angenommen, dass Veränderungsprozesse einen systematischen Prozess darstellen und typische Phasen durchlaufen.

6.2.1.2   Widerstände als Phänomen von Veränderungsprozessen

Im Folgenden wird in ähnlicher Knappheit auf das in Organisationsentwicklungen sehr häufig anzutreffende Phänomen der Widerstände eingegangen (vgl. Becker/Langosch 1995, S. 189). Da Veränderungsprozesse, die mit Verunsicherungen und der In-Fragestellung des Gewohnten einhergehen, fast immer die Kontinuität und Stabilität einer Person bedrohen, reagieren MitarbeiterInnen hierauf sehr häufig mit Widerständen. Diese können sowohl positive (z.B. Selbstschutz, nicht unreflektiertes Hinnehmen von Veränderungen) als auch negative (z.B. Widerstand auf Grund persönlich erlebter Kränkung) Funktionen erfüllen.

Widerstände sind demnach selbstverständliche Begleiterscheinungen von Veränderungsprozessen, die keineswegs nur als störend und einfach abzubauend anzusehen sind (vgl. Staehle 1989, S. 879 zit. in: Hartmann 1998, S.58). Becker/Langosch weisen darauf hin, dass in Widerständen auch Potentiale für die Organisation bzw. deren Veränderungsprozesse liegen. Sie gehen davon aus, dass Widerstände verschlüsselte Botschaften in sich bergen, die möglicherweise Aufschluss über bisher vernachlässigte Aspekte geben (vgl. 1995, S. 196). Deshalb ist es wichtig, nicht nur die Symptome von Widerständen[44] wahrzunehmen,

---

[43] Zur grundlegenden Auseinandersetzung mit Organisationsentwicklung siehe u.a. Becker/Langosch 1995, Comelli 1985, French/Bell 1994, Trebesch 2000.
[44] Als Symptome werden bspw. von Becker/Langosch zunehmende Kündigungen, Krankheit, Demotivation, mangelnde Mitarbeit, indirekte Sabotage genannt (vgl. 1995, S. 189f.).

sondern auch deren Ursachen zu analysieren. Nach Becker/Langosch können die Ursachen von Widerständen sowohl auf individueller, als auch organisationaler Ebene liegen.

Hinsichtlich des Umgangs mit Widerständen sollte es deshalb Ziel in Organisationsentwicklungen sein, vorhandene Widerstände nicht zu ignorieren oder mit Macht zu unterdrücken, sondern diese zu kommunizieren und bearbeitbar zu machen (vgl. Becker/Langosch 1995, S. 196). Becker/Langosch empfehlen jedoch auch Bemühungen im Vorfeld der Planung und Gestaltung zur Vermeidung von Widerständen: „Zuerst sollte man an Maßnahmen denken, die das Erleben einer Veränderung möglichst positiv gestalten oder wenigstens negative Erlebnisse nur mit geringer Intensität verursachen" (ebd. S. 195).

6.2.1.3   Organisationsentwicklung in der Sozialen Arbeit

Im vorangegangenen theoretischen Exkurs zum Thema Organisationsentwicklung wird nicht auf (sozial)pädagogische Fachdiskurse Bezug genommen, sondern das Thema an so genannten Standardwerken aus dem betriebswirtschaftlichen Bereich angelehnt. Dennoch sind die dabei getroffenen Aussagen auch für den Bereich der Sozialen Arbeit zutreffend, wie der Vergleich mit disziplineigener Literatur bestätigt. Zum einen beziehen sich die Autoren u.a. ebenfalls auf diese Standardwerke (vgl. Grunwald 2001; bspw. S. 152ff.), zum anderen weisen sie auf die gleichen Aspekte hin. So bedarf es auch nach Grunwald (2004) bspw. ebenso einer Transparenz der Blickwinkel sowie der durchgehenden partizipativen Ausrichtung in Organisationsveränderungsprozessen (vgl. S. 259). Markert verweist ebenfalls in seiner Auseinandersetzung mit konzeptionellen Voraussetzungen und organisationsbezogenen Anforderungen für die Gestaltung Sozialer Dienste auf die Möglichkeit, durch individuelle sowie organisationale Lernprozesse und somit einer Beteiligung aller Betroffenen an dem notwendigen Wissen, defensive Routinen zu durchbrechen (vgl. 2003).[45]

Für die nachfolgende Bewertung der Organisationsveränderung zum Beratungszentrum können demnach diese allgemein theoretischen Erkenntnisse als Maßstäbe angelegt werden.

---

[45] Vgl. zum Thema Partizipation von MitarbeiterInnen auch Berker 1998.

6.2.2 Thesen zum Entstehungsprozess

Kontrastiert man die vorangegangenen theoretischen Überlegungen bezüglich Organisationsveränderungen mit den Beschreibungen der befragten MitarbeiterInnen, so werden drei grundlegende Thesen für eine Bewertung explizit:
(1) Die MitarbeiterInnen des Beratungszentrums wurden als Betroffene nicht zu Beteiligten des Veränderungsprozesses;
(2) Der Ablauf des Entstehungsprozesses folgte keiner systematischen Logik im Sinne der in der Theorie üblichen Vorgehensweise;
(3) Widerstände der MitarbeiterInnen wurden nicht aufgegriffen.

These 1: Die MitarbeiterInnen des Beratungszentrums wurden als Betroffene nicht zu Beteiligten des Veränderungsprozesses.

In der Analyse wurde, wie in Kapitel 6 dargestellt, deutlich, dass die Betroffenen des Zusammenschlusses weder über ein einheitliches Wissen hinsichtlich des Entscheidungsprozesses noch über die Gründe der Entscheidungsträger für den Zusammenschluss verfügen. Sie wissen also nicht, wie es zu der Entscheidung gekommen ist, wer daran beteiligt war, noch welche Gründe ausschlaggebend waren. Sie stellen hinsichtlich dieser Themen lediglich unterschiedliche Vermutungen an und verweisen auf ‚Geheimverhandlungen', auf Grund derer sie keine Aussagen treffen können (vgl. Kap. 6.1.1). Es scheint, dass die betroffenen MitarbeiterInnen, ganz im Gegensatz zu der Forderung von Becker/Langosch – ‚Betroffene zu Beteiligten zu machen' –, im Entstehungsprozess des Beratungszentrums weder ausführlich und offiziell informiert wurden, noch ein transparenter Kommunikationsaustausch mit ihnen hinsichtlich dieser Organisationsveränderung gepflegt wurde.

Hervor sticht, dass selbst die jetzige Leitung des Beratungszentrums scheinbar nicht in diesen Prozess eingebunden war, da sie nur in Vermutungen beschreibt, wer diesen Entscheidungsprozess mitgeprägt hat bzw. welche Gründe für den Zusammenschluss ausschlaggebend waren. Fraglich bleibt, ob (im Gegensatz zum ASD) und wie die Vorstellungen der Seite der Erziehungsberatungsstelle mit in die Entwicklungsabsichten hinsichtlich eines gemeinsamen Beratungszentrums eingeflossen sind.

Außerdem ist es schwierig, wenn die heutige Leitung, auch jetzt nach dem Zusammenschluss, weder nach außen, wie im Falle des Interviews, noch nach innen, gegenüber ihren MitarbeiterInnen, über den Ablauf der Entwicklungen und die damaligen wirklichen Gründe informieren kann.

Nicht nachvollziehbar wird dieses Ergebnis für mich, wenn ich diese Erkenntnisse mit der mir vorliegenden Konzeption aus dem Jahre 2001 (vgl. Gräßer 2001) vergleiche, in der zumindest die Ausgangslage und die Zielsetzung und somit die offiziellen Gründe für den Zusammenschluss zum Beratungszentrum genannt werden.[46] Ich kann hieraus nur schließen, dass entweder die MitarbeiterInnen und die Leitung dieses Papier nicht kennen, oder dessen Inhalte für sie nicht so erklärend sind, dass sie diese als eine Art Wissen über den Entstehungsprozess nach außen kommunizieren.

Es deutet folglich darauf hin, dass die betroffenen MitarbeiterInnen auf Grund der mangelnden Partizipation und der fehlenden Transparenz im Entstehungsprozess zunächst zurückhaltend und reserviert auftreten und sich deshalb nicht mit dem Beratungszentrum als ‚ihrer' neuen Organisationsform identifizieren. Dass Beteiligung der MitarbeiterInnen zur Akzeptanz und damit zur positiven Bewertung von Prozessen führt, wird auch am Beispiel der Klausurtage sehr deutlich. Hierbei schildern die MitarbeiterInnen, dass Probleme durch Auseinandersetzung und Kommunikation gelöst werden konnten. An dieser Stelle bleibt zu fragen, warum die Entscheidungsträger, die für den Entstehungsprozess des Beratungszentrums verantwortlich sind, diese grundlegenden Regeln der Mitarbeiterpartizipation nicht von Anfang an verfolgt haben. Auch wenn nicht alle MitarbeiterInnen die Voraussetzungen für eine Prozessmitgestaltung gehabt hätten, es also wie Becker/Langosch es ausdrücken am ‚Können' und ‚Wollen' möglicherweise gescheitert wäre, so werden in der Analyse dennoch die Freiräume des Mitwirken-‚Dürfens' grundlegend vermisst.

These 2: Der Ablauf des Entstehungsprozesses folgte keiner systematischen Logik im Sinne der in der Theorie üblichen Vorgehensweise.

Aus der Perspektive der Interviewten hinsichtlich des Ablaufes des Entstehungsprozesses kann keine, wie in der Theorie vorgesehene, systematische Prozessgestaltung erkannt werden. Vielmehr bemängeln die MitarbeiterInnen, dass weder eine Evaluation vor und nach dem Zusammenschluss stattgefunden hat, noch eine fachinhaltliche Planung mit Überlegungen zu einer Konzeption. Aus dieser Sicht scheint es, als ob theoretische Erkenntnisse zum systematischen Ablauf von Veränderungsprozessen und daraus folgende Prozessentwicklungsschritte nicht beachtet wurden. In den Aussagen der Interviewten finden sich keine Hinweise auf eine intensive Problemerkennung im Vorfeld des Zusammenschlusses,

---

[46] Auch in dem veröffentlichten Briefwechsel zwischen dem Amtsleiter und Herrn Hundsalz werden die Gründe von Jugendamtsseite für den Zusammenschluss deutlich (vgl. Hundsalz 2000).

keine Hinweise auf eine durchgeführte Datensammlung und Organisationsdiagnose[47], keine Anzeichen, dass Daten mit den MitarbeiterInnen rückgekoppelt wurden, sowie keine Anhaltspunkte bezüglich einer ausführlichen Erfolgskontrolle im Nachhinein des Zusammenschlusses. Dies sind jedoch nach Comelli wichtige Phasen eines Organisationsentwicklungsprozesses, deren systematische Abfolge einen logischen Aufbau von Veränderungsprozessen garantiert und somit einer Zufälligkeit des Prozessverlaufes entgegenwirkt. Thematisiert wird, dass die Vorbereitungen im Vorfeld des Zusammenschlusses hauptsächlich durch bauliche Veränderungen dominiert wurden. Über sonstige inhaltliche Vorbereitungen ist nichts bekannt, bzw. es wird sogar bemängelt, dass es wenig Vorgaben von ‚oben' gab, wie diese neue Organisationsform aussehen sollte.[48] Das bedeutet, dass alle wichtigen Klärungen der Zusammenarbeit und der fachlichen Ausrichtung erst nach dem Zusammenschluss im Team geklärt werden mussten. Das Team und seine Leiterin musste somit auf sich alleingestellt die notwendige Transparenz und Offenheit zwischen den beiden Arbeitsfeldern herstellen und vorhandene, auch durch den undurchsichtigen Entstehungsprozess entstandene, Barrieren wie Sorgen, Ängste und gegenseitige Vorbehalte überwinden.

Fraglich ist, inwieweit in dieser Zeit der Auseinandersetzung – auch in den Klausurtagen - fachinhaltliche Diskussionen zugunsten einer Herstellung der Arbeitsfähigkeit vernachlässigt wurden. In den Schilderungen der befragten MitarbeiterInnen nehmen jedenfalls mitarbeiterInnenbezogene Themen einen größeren Stellenwert ein. Dies ist auf Grund der geringen Unterstützung und der eingeschränkten Zeit für die Team- und Konzeptentwicklung nicht verwunderlich. Die wenigen Tage, die dem Team mit einer externen Moderatorin zur Verfügung standen, nutzten die MitarbeiterInnen zur Klärung der sie betreffenden Themen.

These 3: Widerstände der MitarbeiterInnen wurden nicht aufgegriffen.

Als dritter Aspekt fällt im Rahmen der Analyse der Aussagen der Interviewten auf, dass die wenigen thematisierten Widerstände von Seiten der MitarbeiterInnen und der Leitung scheinbar nicht beachtet wurden. Es wird berichtet, dass

---

[47] Vielmehr wird von Herr Müller-Lüdenscheidt im Interview geschildert, dass Daten auf Grund von Datenschutzgründen wieder gelöscht werden mussten (vgl. ML, Z. 225ff.).
[48] Bspw. hätte durch eine Evaluation den MitarbeiterInnen das Gefühl vermittelt werden können, dass der Entschluss auf einer fundierten Datenbasis getroffen wird. Die Verantwortlichen hätten damit ein Signal gesetzt, dass sie sich für deren Arbeitsbereich interessieren und die Vorstellungen der MitarbeiterInnen ernst nehmen.

sich, nachdem das Vorhaben zum Zusammenschluss von Allgemeinem Sozialdienst und Erziehungsberatungsstelle bekannt wurde, sich einige MitarbeiterInnen deutlich gegen diesen Zusammenschluss gewehrt haben. Dieser Protest fand,
wie Herr Müller-Lüdenscheidt es ausdrückt, in Form von „Wut", „heftigen Gegenreaktionen", „Briefen" und „Veranstaltungen" (vgl. Kap. 6.1.1.3) statt. Leider
erfährt man in den Interviews nicht, ob und welche Gegenreaktionen es auf diese
Protestaktionen gab, woraus jedoch zumindest zu schließen ist, dass die Proteste
der MitarbeiterInnen nicht in Gesprächen mit allen Beteiligten thematisiert wurden. Auch Forderungen der Leitung nach mehr externer Unterstützung zur Begleitung des Teamentwicklungsprozesses blieben unbeachtet oder wurden abge-
lehnt. Diese Widerstände scheinen somit nicht als Potentialträger erkannt worden
zu sein. Die Ermunterung von Becker/Langosch, Widerstände als selbstverständ-
lichen Bestandteil von Veränderungsprozessen anzusehen und mit ihnen so um-
zugehen, dass sie kommunizierbar und bearbeitbar werden – nämlich MitarbeitE-
rInnen in ihren Anliegen wahr- und ernst zu nehmen –, wurde im Umgang mit
den Reaktionen auf den Zusammenschluss von ASD und EB scheinbar zunächst
nicht aufgegriffen. Erst in der Auseinandersetzung im Team konnten die MitarbeiterInnen ihre Ansichten einbringen, wobei viele Entscheidungen zu diesem
Zeitpunkt schon gefällt waren und eine Mitwirkung somit nicht mehr möglich
war.

6.2.3   Zusammenfassung der Ergebnisse – „Potentiale verspielt"

In der Bewertung des Entstehungsprozesses des Beratungszentrums kann auf
Grund der drei vorangegangenen Thesen gefolgert werden, dass in der Gestaltung des Veränderungsprozesses Potentiale unausgeschöpft blieben.

- Dadurch, dass den Betroffenen MitarbeiterInnen keine Möglichkeit zur
  Beteiligung eingeräumt wurde und somit ein Mitwirken ihrerseits von
  Vorneherein ausgeschlossen war, wurde auf der einen Seite auf deren,
  teilweise langjährigen, Erfahrungswerte mit der täglichen Arbeit in
  dem jeweiligen Arbeitsfeld verzichtet, auf der anderen Seite die Chance minimiert, dass sich die MitarbeiterInnen mit der neuen Organisationsform von Anfang an identifizieren. Würde man den Partizipationsgrad während des Entstehungsprozesses mit Hilfe des Delegationskontinuums vom McGregor ermitteln, so würde die sechste Stufe und damit der niedrigste Partizipationsgrad herauskommen, den McGregor
  wie folgt definiert: „Der Mitarbeiter erfährt nichts von der Entscheidung, jedenfalls nicht rechtzeitig bzw. auf dem formellen Weg" (Comelli 1985, S. 151). Wenn es zutrifft, dass, wie Becker/Langosch be-

haupten, „Menschen sich für eine Sache nur dann voll einsetzen, wenn sie sie einsehen und daran beteiligt sind" (1995, S. 32f.), dann wurde im Entstehungsprozess zumindest hinsichtlich des Engagements der MitarbeiterInnen für die zukünftige neue Zusammenarbeit und somit bezüglich deren Akzeptanz und Identifikation, Potentiale nicht im vollen Maße ausgeschöpft.

- Durch den, zumindest aus Sicht der Schilderungen der MitarbeiterInnen, intransparenten Ablauf des Entstehungsprozesses (wenig fachliche Vorgaben, keine Evaluation), scheinen die Möglichkeiten einer systematischen Planung und transparenten Herangehensweise an den Veränderungsprozess nicht genutzt worden zu sein.
- Auch hinsichtlich des Umgangs mit den Widerständen wurden Potentiale nicht genutzt, indem die Verantwortlichen die Botschaften, die in den Widerständen stecken und möglicherweise wichtige Perspektiven für den Veränderungsprozess bergen, scheinbar unbeachtet ließen. Auch nach deutlichen Protestaktionen scheinen MitarbeiterInnen nicht beteiligt worden zu sein.

Die Potentiale, die hier ungenutzt blieben, zeigen sich auch in den formulierten Wünschen und Voraussetzungen der MitarbeiterInnen hinsichtlich des Entstehungsprozesses einer solchen Organisationsveränderung (vgl. Kap. 6.1.5). Sie formulieren in ganz ähnlicher Weise, dass für sie umfangreiche Informationen und Partizipation zu den Voraussetzungen für einen gelingenden Zusammenschluss zum Beratungszentrum gehört hätten.

Betrachtet man noch einmal die Schilderungen der Interviewten (vgl. Kap. 6.1) so wird deutlich, dass es zum einen den ehemaligen MitarbeiterInnen der Erziehungsberatung schwerer fällt, sich mit der neuen Organisationsform zu identifizieren, zum anderen sie den Entstehungsprozess kritischer beurteilen als die ehemaligen MitarbeiterInnen des ASDs. Woran könnte das liegen? Die Seite der Erziehungsberatungsstelle war, so wird es in den Interviews geschildert, nicht an der Gestaltung des Entstehungsprozesses zum Beratungszentrum beteiligt. Wie Frau Weber berichtet, gab es keinen Wunsch bzw. das „Ansinnen" diesen Zusammenschluss einzugehen (vgl. Kap. 6.1.1.1). D.h. bei den MitarbeiterInnen der ehemaligen Erziehungsberatungsstelle waren von Anfang an die Bedingungen für eine offene und zuversichtliche Haltung schlechter als bei den MitarbeiterInnen des ASDs. Diese wirkten zwar ebenfalls nicht direkt am Entstehungsprozess mit, aber zumindest ihre Vorgesetzten waren beteiligt, d.h. auf einer anderen Hierarchieebene war die Seite des ASDs in den Prozess miteingebunden bzw. wurde der Prozess von dieser Seite sogar mitinitiiert. Die auf diesem Hintergrund verständliche skeptischere Haltung der ehemaligen MitarbeiterInnen der EB wirkt sich einerseits auf die Einschätzungen und Bewertungen des Entstehungsprozesses in den Interviews aus, andererseits erfordert sie nach dem Zusammenschluss ein hohes Maß an Anstrengung hinsichtlich teaminterner Verständigungsprozesse.

Somit ist abschließend noch einmal festzuhalten, dass der Entstehungsprozess scheinbar eine Schlüsselrolle hinsichtlich der Akzeptanz des neuen Konzeptes bei den MitarbeiterInnen einnimmt und hierin Potentiale verspielt wurden. Die grundsätzliche Offenheit und Akzeptanz gegenüber der neuen Organisationsform, ist von entscheidender Bedeutung, denn nur wenn eine Organisationsveränderung von den Betroffenen angenommen wird, können diese die fachlich intendierten Veränderungen umsetzen.

7 Veränderungen durch den Zusammenschluss zum Beratungszentrum

Im folgenden Kapitel geht es bezüglich des Aufbaus (wie in Kapitel 6) zunächst um die Rekonstruktion und Analyse der wichtigsten Veränderungen durch die neue Organisationsform aus Sicht der Interviewten. Aus ihren Darstellungen soll herausgearbeitet werden, was sich im Beratungszentrum im Vergleich zu den vorherigen Diensten ‚Allgemeiner Sozialdienst' und ‚Erziehungsberatung' verändert hat und wie sich diese Veränderungen für sie auswirken.

Auf die Frage im Interview, inwieweit sich ihre Arbeit durch den Zusammenschluss verändert habe, antworten die MitarbeiterInnen in unterschiedlichen Dimensionen. Daraus abgeleitet, werden die genannten Veränderungen auf drei Ebenen darstellt: (1) Inwiefern haben sich *Rahmenbedingungen* (7.1; 7.2) der Arbeit durch den Zusammenschluss verändert? (2) Welche *fachlichen Veränderungen* (7.3; 7.4) haben sich durch die neue Organisationsform ergeben? Und (3) wie wirken sich die Veränderung auf die *MitarbeiterInnen* (7.5; 7.6) aus?

Im Gegensatz zu Kapitel 6 wird nicht erst am Ende der Gesamtdarstellung der Veränderungen eine theoretische Kontrastierung der Schilderungen vorgenommen, sondern, auf Grund des Umfangs des folgenden Kapitels, schon nach jeder Dimension eine theoriebasierte Bewertung angeschlossen. Diese basiert zum einen auf den in Kapitel 2 geschilderten fachtheoretischen Annahmen der derzeitig aktuellen Entwicklungen in der Jugendhilfe zum anderen auf die dargestellten Diskussionen bezüglich der Arbeitsfelder ASD und EB. Den Abschluss des Kapitels bildet zum einen eine zusammenfassende Tabelle aller Veränderungen aus Sicht der MitarbeiterInnen (7.7), zum anderen eine Bewertung dieser Veränderungen hinsichtlich der in Kapitel 3 geschilderten Herausforderungen der beiden Arbeitsfelder Allgemeiner Sozialdienst und Erziehungsberatung (7.8).

7.1 Veränderungen der Rahmenbedingungen aus Sicht der MitarbeiterInnen – eine Analyse

Die deutlich gewordenen Veränderungen der Rahmenbedingungen stellen für die Arbeit im Beratungszentrum und somit auch für die beiden anderen analytischen

Ebenen – fachliche Veränderungen und mitarbeiterInnenbezogene Veränderungen – eine Art Ausgangslage dar. Es sind äußere Gegebenheiten, mit denen die MitarbeiterInnen in ihrer Arbeit umgehen müssen.

Zwei Veränderungen werden deutlich: (1) die veränderte Zusammensetzung der Gruppe der Ratsuchenden, die nach dem Zusammenschluss ins Beratungszentrum kommen und (2) die Veränderung des Arbeitsorts durch den Zusammenschluss.

7.1.1 Veränderung der Zusammensetzung der Gruppe der AdressatInnen

Durch den Zusammenschluss der beiden Institutionen wäre zunächst anzunehmen, dass die Gesamtheit der Ratsuchenden, die früher die jeweils getrennten Organisationen in Anspruch genommen haben, nun den Weg ins Beratungszentrum findet. Vereinfacht ausgedrückt kommt optimalerweise die so genannte ‚sozial- und einkommensschwache' Familie genauso mit ihren Fragen ins Beratungszentrum als auch die der Mittelschicht zugehörigen Mutter, für die es fast zum guten Ton gehört, eine Beratungsstelle bezüglich ihrer Erziehungsfragen in Anspruch zu nehmen. Ob sich Zusammenschluss zum Beratungszentrum von den Ratsuchenden positiv oder negativ bewertet wird, kann an dieser Stelle nicht diskutiert werden, da keine Aussagen von AdressatInnen vorliegen. In der Fachdiskussion (vgl. Kap. 3.2.1) wird die Zusammenlegung jedenfalls kritisch betrachtet, was sich z.T. in den Interviewaussagen der MitarbeiterInnen widerspiegelt. Vor allem von den MitarbeiterInnen der ehemaligen Erziehungsberatung wurde anfänglich befürchtet, dass Ratsuchende Beratungsangebote im Jugendamt wegen des schlechten Images nicht mehr wahrnehmen und deshalb verstärkt auf Angebote der freien Träger zurückgreifen (vgl. N, Z. 137ff.; N, Z. 746ff.; ML, Z. 1140ff.). Daneben gibt es Aussagen, die deutlich machen, dass sich die Ratsuchenden in der Wahrnehmung der einzelnen MitarbeiterInnen kaum verändert haben. Bspw. nennt Herr Luca: „Das Klientel ist bei uns gleich geblieben" (L, Z. 574ff.; vgl. W, Z. 716ff.; S, Z. 599ff.; ML; 1241f.; L, Z. 583f.; L, Z. 585f.).

Die Interviews dokumentieren jedoch auch, dass sich die klassischen AdressatInnen des ASDs und der EB deutlich unterscheiden und damit im Beratungszentrum nun eine größere Mischung dieser beiden Gruppen vorliegt (vgl. S, Z. 603ff.; ML, Z. 1243f.; ML, Z. 1293f.; L, Z. 197ff.; L, Z. 573f.; L, Z. 584f.). Herr Müller-Lüdenscheidt schildert dies bspw. mit den Worten:

> „Jetzt haben wir dann- kriegen wir schon eher auch Laufkundschaft, die wir früher so nicht hatten. Die dann eben eher wegen einer Notlage, (...) zu der man nicht zur Beratungsstelle geht, aber hier ankommen" (ML, Z. 1292ff.).

Interessant ist, dass die befragten MitarbeiterInnen wenig hinsichtlich der Bedeutung dieser Veränderung oder Nicht-Veränderung der AdressatInnengruppe schildern, so dass davon ausgegangen werden kann, dass sich möglicherweise durch den Zusammenschluss die Zusammensetzung der AdressatInnen im Gesamten verändert hat, für die einzelnen MitarbeiterInnen und deren alltägliche Arbeit dies jedoch kaum bedeutend ist.

Die Leiterin, Frau Weber, weißt auf eine andere Perspektive hin, nämlich, dass sie die Veränderung der AdressatInnen aus fachlichen Gründen gut findet. Sie schildert:

> „Also ich hoffe ehrlich gesagt nicht, dass sich am Zulauf etwas ändert. Weil ich hätte gerne eben noch nach wie vor praktisch das gesamte Spektrum. Also dass auch, in Anführungszeichen, normale Familien mit leichteren Erziehungsfragen sich genauso hier her wenden, wie, dass sich einer meldet und sagt, ja ich muss hier einen Kinderschutzfall melden. Das wäre mir schon ein Anliegen. Also dass das wirkt - wie so ein Krankenhaus, also ins Krankenhaus darf eben auch - kommt eben auch jeder, der Millionär wie der Sozialhilfeempfänger und so stelle ich mir unseren Dienst eigentlich auch vor" (W, Z. 752ff.).

Genau diese Frage hinsichtlich des Zugangs der AdressatInnen war ein von den Fachexperten (vgl. Kap. 3.2.1) mit Spannung betrachtetes Thema. Werden durch den Zusammenschluss und somit dem Umzug der Erziehungsberatungsstelle ins Jugendamt die Zugangsbarrieren für die Adressaten erhöht oder gar abgebaut werden können (vgl. ML Z. 1139ff.)? Allerdings hat sich diese Sorge, wie Herr Müller-Lüdenscheidt und Frau Nussbaumer feststellen, nicht bewahrheitet: „Ich habe das Gefühl, dass wir immer noch genauso gut die Familien erreichen" (ML, Z. 1139ff.; vgl. N, Z. 749ff.). Dies bestätigt auch Frau Weber mit dem Verweis auf eine Auswertung des letzten Jahres (vgl. W. Z. 714ff.; W, Z. 732ff.). Trotzdem berichtet sie von einer Ausnahme, wo jemand nicht mehr ins Beratungszentrum kommen wollte, als er/sie erfahren hat, dass dieses Teil des Jugendamtes ist (vgl. W, Z. 733ff.). Von einer gänzlichen Unbekümmertheit der AdressatInnen hinsichtlich der Zugehörigkeit des für sie interessanten Dienstes kann demnach nicht ausgegangen werden.

Zu einer weiteren interessanten Einschätzung kommen Frau Nussbaumer und Frau Schiller, die annehmen, dass die Ratsuchenden den Zusammenschluss gar nicht wahrnehmen. Sie glauben, dass „die meisten diese Struktur (...) gar nicht durchschauen" (N, Z. 754) bzw. die langjährigen Ratsuchenden nur eine Namensänderung feststellen (vgl. S, Z. 637ff.). Dies würde bedeuten, dass die Veränderungen durch den Zusammenschluss und die damit möglichen Qualitätssteigerungen, (noch) nicht bei den AdressatInnen angekommen sind.

Frau Nussbaumer sieht dennoch Vorteile, die die Ratsuchenden von zwei getrennten Diensten bzw. zumindest von einem Dienst außerhalb des Jugendamts hätten:

„Also, es wäre für manche Klienten, denke ich, ein Vorteil, weil sie dann eher ausblenden können, dass es auch eine Beratungsstelle des Jugendamts ist. Und das es halt irgendwie klarer ist,
also wenn man zur Beratungsstelle geht, dann heißt das, ich bin eigenmotiviert und mache da
auch was. Und versuche auch noch was in meiner Familie selbst irgendwie dran zu tun. Und in
dem Moment, wenn ich dann Hilfe zur Erziehung beantrage, dann heißt das auch ein Stück
weit, jetzt ist was anderes, jetzt kommt jemand von außen mit rein in die Familie, ja. (…) aber
für manche Leute, (…) wäre die Schwelle niedriger, wenn so klar ist, wir sind jetzt hier auf
dieser ja, wir haben eben dieses Angebot auf der Freiwilligkeit und es ist nicht gleichzeitig das
(*betont*) Jugendamt, wo auch diese anderen Aufgaben hat. Und ich denke manchmal ist es für
Leute auch angenehm, dass sie sagen, ja ich war da vielleicht schon mal beim ASD, aber das
muss ich denen ja nicht auf die Nase binden, ich mache da noch einmal einen Neustart, ja. Das
geht halt bei uns jetzt nicht mehr" (N, Z. 365ff.).

Mit dieser Äußerung schätzt sie die neue Organisationsform potentiell als
nachteilig für die Ratsuchenden ein, die speziell nur die Angebote der Erziehungsberatungsstelle nützen wollen. Sie verweist auf die scheinbar stigmatisie-
rende Wirkung eines Jugendamtsbesuches.[49] Offen bleibt, welche Folgen es hat,
Ratsuchenden gegenüber die Zugehörigkeit zum Jugendamt durch räumliche
Distanz zu verschleiern.

Den anderen Teil der AdressatInnen – nämlich die des ASDs – hat sie bei
diesen Betrachtungen nicht im Blick. Welchen Vorteil bringt es bspw. einer
Familie, die Hilfen zur Erziehung beantragt, nicht mehr zum Allgemeinen Sozialen Dienst des Jugendamtes gehen zu müssen sondern ins Beratungszentrum?

7.1.2   Veränderung des Arbeitsorts

Durch den Zusammenschluss hat sich der Arbeitsort hinsichtlich einer neuen
räumlichen Qualität verändert. Hierzu gehört vor allem die Neugestaltung der
Atmosphäre in den Räumen des Beratungszentrums. Die MitarbeiterInnen der
ehemaligen Erziehungsberatung sehen hierin eine spezifische Qualität ihres Arbeitsfeldes und sind „froh drum, dass das Jugendamt auch diese finanzielle In-
vestition geleistet hat, diesen Umbau möglich zu machen" (ML, Z. 1173f.). So
konnte (1) der Eingangsbereich umgestaltet werden, wo die Ratsuchenden nun
durch die Sekretärinnen in Empfang genommen und dort von ihren BeraterInnen

---

[49] An einer anderen Stelle macht Frau Nussbaumer deutlich, dass es immer noch Menschen gibt,
denen es „ein bisschen unangenehm [ist] zum Jugendamt zu gehen" (N, Z. 768f.) und für die es ein
„Makel" (N, Z. 786) sei, dort Hilfe in Anspruch zu nehmen. Früher, als die Beratungsstelle alleine
bestand und „räumlich entfernter" (N, Z. 774) war, war es „vom Image her so ein bisschen anders"
(N, Z. 773), „weil sie uns dann nicht so als das Jugendamt wahrgenommen haben" (N, Z. 776f.). Jetzt
sitzt die EB „hier im Gebäude" (N, Z. 778) des Jugendamtes und hat „jetzt auch die ganze Palette
von Aufgaben" (N, Z. 778), d.h. auch die „eher (...) familieninvasiven Aufgaben" (N, Z. 779).

abgeholt werden, (2) ein geschützter Bereich im Gebäude des Jugendamtes durch eine verschließbare Türe erreicht sowie (3) ein Therapieraum in die Angebotsstruktur integriert werden (vgl. ML, Z.1149ff.). D.h. die KollegInnen des ehemaligen ASDs – für die diese räumlichen Strukturen neu sind – müssen sich an diese Erneuerungen gewöhnen und sie für ihre Arbeit nutzen. Dieser, einer Dienstleistungsorganisation entsprechende, Charakter, kommt dem ASD hinsichtlich seiner neuen Ausrichtung zu gute, nämlich, wie Frau Weber es ausdrückt, das Ziel zu verfolgen, einen „für alle offenen Dienst" dar[zustellen,] (…) an den man sich gerne hinwenden kann" (W, Z. 773ff.).

Interessant ist, dass diese räumliche Umgestaltung in den Interviews der KollegInnen des ASDs nicht als Veränderung thematisiert und somit anscheinend nicht als explizit bereichernd erlebt wird. Die für Herr Müller-Lüdenscheidt damit erreichte und für ihn wichtige Erhaltung qualitativer Standards (vgl. Kap. 3.2.1), spielt für die Mitarbeiterinnen des ASDs wiederum, zumindest in ihren Ausführungen in den Interviews, keine Rolle.

Hat dieser Wandel somit keine Auswirkung auf ihre alltägliche Arbeit? Sind räumliche Gegebenheiten für ihre Arbeit unbedeutend? Hierauf kann auf Grund der Interviewaussagen keine Antwort geben werden.

Diese geschilderten Veränderungen der Rahmenbedingungen, werden vor allem in ihrer Auswirkung auf fachliche (vgl. Kap. 7.3.) und mitarbeiterInnenbezogene (vgl. Kap. 7.5.) Veränderungen nochmals explizit.

7.2 Theoriebasierte Bewertung der veränderten Rahmenbedingungen

Hinsichtlich der veränderten Zusammensetzung der AdressatInnen kann mit Blick auf die Forderung nach niedrigschwelligen Zugängen zu den Diensten (vgl. Kap. 2; Forderung im Rahmen lebensweltorientierter Sozialer Arbeit und den integrierten flexiblen Erziehungshilfen) gefolgert werden, dass die Organisationsveränderung zum Beratungszentrum einer größeren Gruppe von AdressatInnen den Zugang zu mehr Angeboten ermöglicht. Ratsuchenden, die früher eher nur die Angebote der Erziehungsberatung in Anspruch genommen haben, eröffnet sich nun auch der direkte Zugang zu anderen Hilfsangeboten des ASDs, genauso wie umgekehrt Ratsuchende, die vor dem Zusammenschluss nur zum ASD gefunden haben, nun auch von den Angeboten der Erziehungsberatung profitieren können. Die in der Fachdiskussion um Erziehungsberatung bestehende Annahme, dass die Niederschwelligkeit der Angebote nur durch eine räumliche Trennung von Beratungsstelle und Jugendamt garantiert werden kann, scheint mit dieser Studie in Frage gestellt. Trotz aller Bedenken, schildern die

MitarbeiterInnen, dass die Ratsuchenden grundsätzlich unverändert die Dienste in Anspruch nehmen.[50]

Die veränderte Zusammensetzung der Gruppe der AdressatInnen scheint jedoch nicht von entscheidender Bedeutung für die Arbeit der MitarbeiterInnen zu sein. Dies ließe sich mit zwei verschiedenen Hypothesen erklären:

- Die Fallverteilung funktioniert so, dass jeder/e MitarbeiterIn sein/ihr altes Aufgabengebiet und somit ähnliche AdressatInnen behalten hat.
- Die Ratsuchenden der ehemaligen EB und des ASDs waren früher schon sehr ähnlich, so dass jetzt kein Unterschied sichtbar wird.

Sollte die erste Hypothese zutreffen, dass die AdressatInnen nach den traditionellen Klassifizierungen (typischer ASD-Fall vs. typischer EB-Fall) aufgeteilt werden und somit die MitarbeiterInnen weiterhin mit den gleichen Personen wie früher zu tun haben, bleibt zu fragen, inwiefern die durch den Zusammenschluss intendierte Verzahnung der Kompetenzen beim Ratsuchenden dann überhaupt ankommt. Auch die Annahme der MitarbeiterInnen, dass die AdressatInnen die Organisationsveränderung zum Beratungszentrum kaum wahrnehmen, macht deutlich, dass den Ratsuchenden scheinbar die Vorteile der neuen Organisationsstruktur nicht offensiv vermittelt werden.

Auf Grund des in der Dienstleitungs- und Lebensweltorientierung verankerten Grundsatzes der Ausrichtung der Hilfen am Adressaten, ist im Zusammenhang mit den veränderten Rahmenbedingungen auch zu fragen, ob es durch die Umgestaltung der Atmosphäre und der räumlichen Qualität zumindest auf dieser Ebene gelungen ist, das Beratungszentrum als kundenfreundlichere Dienstleistungsorganisation zu präsentieren und somit zu einem Imagewandel des Jugendamtes beizutragen. Zumindest aus Sicht der ehemaligen MitarbeiterInnen der Erziehungsberatung ist dies im Beratungszentrum realisiert worden. Für sie stellt die Veränderung der räumlichen Qualität eine Anerkennung ihrer bisherigen fachlichen Standards dar. Offen bleibt, warum die ehemaligen MitarbeiterInnen des ASDs die räumlichen Veränderungen – die für sie auf Grund der gravierenden Veränderungen zu früher deutlich sein müssten – nicht thematisieren. Scheinbar ist für sie die Anforderung eines kundenfreundlicheren Umgangs noch nicht so präsent, so dass sie die räumliche Qualität und die damit einhergehende veränderte Atmosphäre im Beratungszentrum nicht in Zusammenhang zu diesem Thema setzen.

Kommt das Jugendamt bzw. zumindest das Beratungszentrum durch die veränderte räumliche Qualität zu einem anderen Image bei den Ratsuchenden, so

---

[50] Fraglich ist dennoch, inwieweit überhaupt überprüft werden kann, ob weiterhin alle Ratsuchenden ins Beratungszentrum kommen, da die AdressatInnen, die den Dienst bewusst auf Grund der Nähe zum Jugendamt nicht in Anspruch nehmen, nicht wahrgenommen werden können.

würden diese nicht mehr unter der stigmatisierenden Wirkung des Jugendamts-besuches leiden und eine Verschleierung der Zugehörigkeit zum Jugendamt wäre hinfällig.

7.3 Fachliche Veränderungen aus Sicht der MitarbeiterInnen – eine Analyse

Auf fachlicher Ebene lassen sich mehrere Veränderungen aus den Aussagen der Interviewten herausarbeiten. Die wichtigste und grundlegendste scheint die durch den Zusammenschluss bewirkte Zusammenarbeit im multidisziplinären Team zu sein. In keinem Interview wird diese Arbeitsform negativ bewertet. Vielmehr wird deutlich, dass die neue Zusammensetzung des Teams sich auf unterschiedliche Arbeitsbereiche und Arbeitsschritte positiv auswirkt. Dies wird vor allem in den Beschreibungen der Veränderungen bezüglich der Fallbearbei-tung, der Fallbesprechungen und der Fallverteilung deutlich. Des Weiteren wer-den die fachlichen Veränderungen hinsichtlich ihrer Auswirkungen auf die Hil-fen zur Erziehung, die Erneuerungen für die AdressatInnen sowie die veränderte Außenwirkungsweise thematisiert.

7.3.1 *Veränderungen in der Fallbearbeitung*

Grundsätzlich wurde die Fallbearbeitung formal seit dem Zusammenschluss zum Beratungszentrum neu gestaltet. D.h. es gibt Richtlinien, nach denen jeder Fall bearbeitet wird, wobei die MitarbeiterInnen gleichzeitig darauf hinweisen, dass es innerhalb dieses Rahmens eigentlich kein Standardvorgehen bei der Unter-stützung von Ratsuchenden gibt (vgl. L, Z. 545ff.; S, Z. 540ff.). Die formalen Richtlinien sind geprägt durch das festgelegte Ablaufmuster für alle Anfragen im Beratungszentrum: Aufnahme durch das Sekretariat, Orientierungsberatung sowie Fallverteilung im Team (vgl. L, Z. 500ff.; ML, Z. 720ff.; S, Z. 335f.). Hat ein/eine MitarbeiterIn einen Fall übernommen, beginnt die eigentliche Fallbear-beitung. Hierbei wirkt sich der Zusammenschluss in folgenden zwei Dimensio-nen aus:

(1) Veränderung der Arbeitsweise

In den Aussagen der Interviewten wird die Veränderung der Arbeitsweise größ-tenteils als Bereicherung bzw. als Möglichkeit beschrieben, vom anderen Ar-

beitsfeld Arbeitsweisen zu übernehmen. Es ist für den ASD durch die enge Zusammenarbeit möglich, sich von den aus der Erziehungsberatungsstelle kommenden Kollegen abzuschauen, wie diese mit Anfragen umgehen. Herr Luca hat
folgende Arbeitshaltungen als gewinnbringend beobachtet:

Durch „warten" und „gucken" ist es möglich, zunächst die Anfrage zu analysieren und dabei zu überlegen, ob sie als MitarbeiterInnen des Beratungszentrums für diese Anfrage zuständig sind oder nicht. Durch diese zunächst zurück-
haltende Haltung erweitert sich zusätzlich der Blick für die Adressaten hinsichtlich der Frage „was wollen sie, und nicht: was will ich". Somit wird eine nicht
sofort agierende Haltung zum Korrektiv der bisherigen, als unangenehm erlebten, Hektik im ASD.[51]

Frau Schiller pointiert diese Veränderung der Arbeitsweise von ehemaligen
MitarbeiterInnen des ASDs mit ihrer Beschreibung der Abkehr von der „Feuerwehrfunktion":

> „Das hat sich vielleicht auch verändert, finde ich, mit dem Zusammenschluss, es ist nicht mehr
> so diese Feuerwehrfunktion wie früher. Also ASD war immer so diese Feuerwehr - im Grunde
> hattest du nie Zeit, (…) ja, es gab immer irgendwie ganz viele brisante Fälle, man musste ren-
> nen, machen und tun" (S, Z. 438ff.).

Auch Herr Müller-Lüdenscheidt kann, als ehemaliger Mitarbeiter der EB, vom
anderen Arbeitsfeld profitieren. Die Tradition des ASDs, Hausbesuche zu machen, kann er sich auch für seine Arbeit gut vorstellen (vgl. ML, Z. 1298ff.).

Ebenso stellt Frau Nussbaumer fest, dass sie durch die Zusammenarbeit mit
ehemaligen ASD-Kollegen anders an Fälle rangeht. Zum einen nimmt sie, neben
den Interaktionen, lebensweltliche Dimensionen mehr in Blick, zum anderen ist
es ihr durch den vielfältigen Kontakt mit HzE-Maßnahmen im Team und der
dadurch gewonnenen Klarheit bezüglich dieser Hilfen möglich, schneller zu

---

[51] Im Interview schildert Herr Luca diese Bereicherung seiner Arbeit wie folgt: „EB-ler, (…) haben
eben den Ansatzpunkt, die warten und gucken was passiert. Und ich denke, das ist ne ganz wichtige
(…) Sache für Leute aus dem ASD. Auch jetzt endlich das zulassen zu können, und zu sagen, wir
sind nicht immer diejenigen, die agieren und machen müssen, man muss sich natürlich überlegen, in
welchen Fällen man das wirklich so kann, also das - bei Kinderschutzfällen ist das nicht ratsam. Aber
ansonsten von dieser Mentalität, da kommt eine Anfrage und die muss ich jetzt auch wirklich irgendwie befriedigen, von der kommt man recht gut los. Das, denke ich, ist ein sehr sehr wichtiger
Ansatzpunkt. Also auch mehr also dahingehend zu Arbeiten, was wollen sie wirklich, was wollen sie
und nicht was will ich. Ich denke das ist ein einfach wichtiger (…) Ansatzpunkt, der natürlich in
jeder therapeutischen Zusatzausbildung oder auch im Studium mit drin sein [sollte], aber er gerät
gerade in der Hektik des ASD-Geschehens manchmal in den Hintergrund. Und das haben die gut
wieder mit reingebracht. Und rufen es auch immer wieder gut in Erinnerung, das ist wichtig" (L; Z.
381ff.). Vgl. hierzu auch die Fallbeschreibung von Herr Luca (Z. 419ff), in der er verdeutlicht, dass
der ASD nicht immer sofort agieren muss, sondern auch die anderen Parteien gestalten lassen kann.

prüfen, ob für die jeweilige Situation eine Hilfe zur Erziehung als mögliches Unterstützungsangebot Sinn macht. Sie schildert:

„Also ich merke schon, dass ist vielleicht so ein Teil, der mir jetzt früher nicht so wichtig war, genauer exploriere, (…) dass ich vielleicht eher auch noch mal so dran denke, ja ha wie sieht es denn jetzt hier so auf der Existenzsicherungsseite aus, oder früher hätte ich z.B., wie soll ich sagen, bei einem Hausbesuch vor allen Dingen so die Interaktionen im Blick gehabt (…). Ja natürlich fällt mir auf, ist es ordentlich, ist es unordentlich, aber ich hätte da vielleicht weniger genauer nachgefragt. Und das würde ich schon sagen, dass ich da vielleicht heute ein bisschen genauer exploriere. Und was ich schon denke, ist, dass ich auch schneller auch mal an HzE denke, vielleicht, also jetzt nicht so, dass ich jetzt in der Gefahr wäre, dass ich jedem da eine HzE antrage, (…) mir ist es jetzt auch viel klarer, wie das aussieht und so und früher hätte das ja immer bedeutet, den Fall abzugeben, und das war einfach auch nicht so präsent. Und wo ich so denke, ja jetzt ist es dann schon einfach eher - wir sind ständig hier mit HzE, HzE, HzE da ist es einfach viel näher da. Ja. Das würde ich vielleicht sagen" (N, Z. 872ff.).

Die Veränderung der Zusammensetzung der Gruppe der AdressatInnen (vgl. Kap. 7.1.1) zwingt zusätzlich, zumindest die MitarbeiterInnen der ehemaligen Erziehungsberatungsstelle, nach dem Zusammenschluss ihre Arbeitsweise öfters hinsichtlich einer aufsuchenden Arbeitsweise zu verändern. Herr Müller-Lüdenscheidt macht zwar deutlich, dass die MitarbeiterInnen der EB früher „schon auch immer mal wieder zu Familien hingegangen" sind, wobei dies, so seine Aussage, „dann doch eher die Ausnahme" (ML, Z. 1291f.) war.

Zusammenfassend lässt sich festhalten, dass der Zusammenschluss von Erziehungsberatungsstelle und Allgemeiner Sozialdienst Auswirkungen auf die Arbeitsweise der MitarbeiterInnen hat. Die MitarbeiterInnen des ehemaligen ASDs sehen, dass es auch ohne sofortiges agieren einen verantwortungsvollen Umgang mit Anfragen geben kann und sie somit nicht unter dem scheinbaren Zwang des Reagierens stehen, die MitarbeiterInnen der ehemaligen Erziehungsberatung nehmen ihrerseits Möglichkeiten wahr, durch Blicke auf andere Dimensionen neben der innerpsychischen Verfasstheit und der Beziehungen, einen erweiterten Zugang zu den Lebenswelten der AdressatInnen erhalten zu können.

Selbstverständlich bewirken die beschriebenen Veränderungen keinen vollständigen Wechsel der Arbeitsweise, sondern sind als Erweiterung der langjährig entwickelten professionellen Vorgehensweisen anzusehen (vgl. L, Z. 557ff.).

(2) Zugewinn durch fachliche Ergänzung

Ganz ähnlich wie bei der Veränderung der Arbeitsweise, berichten die MitarbeiterInnen in den Interviews von einer weiteren gegenseitigen fachlichen Bereicherung. Dabei übernehmen sie in diesem Fall nicht Vorgehensweisen von ihren Kolleginnen, sondern nützen Aspekte des anderen Arbeitsfeldes als Ergänzung

zu ihrer Arbeit. Sie beschreiben die Ergänzung in zwei Formen: Zum einen ergänzen sich die unterschiedlichen Kompetenzen, zum anderen die unterschiedlichen Hilfeformen.

Herr Luca schildert die Ergänzung der Kompetenzen hinsichtlich zwei Dimensionen. Erstens bekommt er eine unmittelbare „Hilfestellung" für seine Arbeit durch „kompetente Leute", zweitens kann seine Arbeit durch Kompetenzen
eines/r anderen MitarbeiterIn, wie bspw. die Fähigkeit, spezifische Testverfahren
durchzuführen, ergänzt werden.

Auch Herr Müller-Lüdenscheidt sieht in der Ergänzung der Kompetenzen,
sofern sie differenziert genutzt werden, eine „Chance" für die Arbeit im Beratungszentrum:

> „Ich denke das tolle ist ja nun, dass wir zwei unterschiedliche professionelle Qualifikationen,
> nämlich ASD-Frontarbeit und Beratungsfrontarbeit hier zusammenbringen und zunächst mal
> haben wir jetzt hier natürlich ne geballte Kompetenz in diesem Team. Und die Chance, die wir
> im Moment haben, ist, dass [wir] diese geballte Kompetenz differenziert nutzen" (ML, Z.
> 394ff.).

Als weiterer Ort der fachlichen Ergänzung erwähnen die MitarbeiterInnen die
Möglichkeit einer Co-Beratung, in der schwierige Fälle gemeinsam bearbeitet
werden können.[52]

Bezüglich der fachlichen Ergänzung durch eine einfachere Kombination der
Hilfen berichtet Herr Müller-Lüdenscheidt von einem Fall, in dem es aus seiner
Sicht gelungen ist, die verschiedenen Qualitäten der beiden Arbeitsfelder hinsichtlich eines Falls zusammenzubringen und somit, gemeinsam mit einer Kolle-
gin des ASDs, ein optimales Hilfesetting zu gestalten.

> Herr Müller-Lüdenscheidt: „Und vielleicht können wir auch in so einem Kontext [Suizidgefahr
> der Mutter] auch sehen, wie kann man denn diese verschiedenen Qualitäten eben auch nutzen.
> Dass wir dann vielleicht auch gucken, dass für den Jungen durchaus eine Erziehungshilfe
> greift. Entweder in einer intensiven Einzelfallhilfe, oder vielleicht kommt der wirklich in eine
> Wohngruppe. Und wir müssen aber auch gucken, was machen - wer arbeitet mit der Mutter.
> Wer schafft es, sie mindestens so lange zu begleiten, bis sie in einer Therapie ist, bis sie einen
> Therapieplatz hat und dort auch gut angekommen ist, solange muss sie quasi irgendwie ange-
> bunden sein. Und das läuft in der psychologischen Beratung. (...) Die ASD-Kollegin kennt
> jetzt die Brisanz, und das Thema und sie wird den Teil übernehmen, jetzt die Erziehungshilfe

---

[52] Herr Luca äußert sich zur Co-Beratung wie folgt: „Also für mich [ist das] dann einfach so eine
Bereicherung. Ich denke, es ist auch eine Bereicherung, jetzt eine Psychologin mit im Team zu
haben, mit der man dann Trennungs- und Scheidungsberatung in schwierigen Fällen zusammen
macht. Und ich denke, da ergänzt man sich einfach gut" (L, Z. 300ff.). Frau Nussbaumer schildert die
Möglichkeit einer Co-Beratung zwar nicht explizit als bereichernd, doch als Möglichkeit, in schwierigen Fällen weiter zu kommen. „Man hat es natürlich viel leichter, auf die Kollegen zuzugehen, mal
einen Fall gemeinsam zu machen" (N, Z. 255; sowie vgl. N, Z. 647ff.).

zu konzipieren und zu planen, ich werde den Part übernehmen, das was ich bisher mit der Familie gearbeitet habe, mit in die Waagschale zu werfen, gegebenenfalls auch noch einen Part zu übernehmen auch noch mit der Mutter weiter zu arbeiten, oder mindestens noch dafür zu sorgen, dass wenn das auch im Rahmen von Erziehungshilfe gemacht wird, dass das gut ankommt, dass das wieder einen guten Platz bekommt. Wie es dann genau weiterlaufen wird, das wissen wir jetzt noch nicht, das müssen wir sehen. Na? Und wir sind jetzt beide drin, ich als Berater und sie als ASD-Kollegin und das wird jetzt zunächst auch so sein" (ML, Z. 960ff.).

Aus der Analyse dieser Aussagen kann abgeleitet werden, dass die MitarbeiterInnen in beiden Formen der fachlichen Ergänzung eine Veränderung und eine positive Bereicherung hinsichtlich ihrer Fallbearbeitung erleben.

7.3.2   Veränderung durch gemeinsame Fallbesprechungen – „andere Sichtweisen mitbekommen"

Alle MitarbeiterInnen beschreiben, dass sich durch den Zusammenschluss die Fallbesprechungen im Team verändert haben. Für die MitarbeiterInnen des ehemaligen ASDs sind die Fallbesprechungen überhaupt erst mit der Fusion Bestandteil ihrer Arbeit geworden. „Wir Ex-ASD haben das irgendwie nie gemacht, aber nicht, weil es nicht notwendig war, sondern einfach – (...) [weil] man sich für so Fallbesprechungen und so einfach nicht so die Zeit genommen hat" (S, Z. 436). Die gemeinsamen Fallbesprechungen, die während der Fallverteilung und der Dienstbesprechung stattfinden, werden dahingehend als bereichernd und gewinnbringend erlebt, dass durch die multidisziplinäre Zusammenarbeit im Team verschiedenste Sichtweisen ausgetauscht werden können und die MitarbeiterInnen noch zusätzlichen „Input" (S, Z. 463) für ihre Fallbearbeitung erhalten. In der Analyse der Darstellungen werden dabei vor allem zwei Ergänzungspotentiale deutlich: Erstens ergänzen sich die unterschiedlichen Blickwinkel auf Familien der MitarbeiterInnen der ehemaligen EB und der MitarbeiterInnen des ehemaligen ASDs, was zu einer Blickerweiterung führt und zweitens, vergrößert dieser erweiterte Blick den „Fundus an Fantasie" bei den MitarbeiterInnen hinsichtlich der Hilfegestaltung.
Diese Bereicherung schildert bspw. Herr Müller-Lüdenscheidt wie folgt:

„Weil ich denke, dadurch dass wir jetzt gemeinsame Fallbesprechungen haben, das ist was, dass hatten wir vorher nicht. Eh, kriegen natürlich die Kollegen vom ASD unsere Sichtweise mit, wie wir über Familien denken, und umgekehrt kriegen wir deren Sichtweise mit. Das heißt schon, unser Blick ist weiter geworden. Und ich denke, deswegen haben wir natürlich auch einen größeren Fundus an Fantasie aus dem wir schöpfen können, bei den Überlegungen, was ist denn sinnvoll, einer Familie anzubieten. Und das ist ein echter Vorteil, den wir haben durch den Zusammenschluss (ML, Z. 1095ff.).

Auffällig ist, dass sowohl die MitarbeiterInnen der ehemaligen Erziehungsberatung (Müller-Lüdenscheidt und Nussbaumer) als auch die des ehemaligen ASDs (Luca und Schiller) begrüßen, dass in den Fallbesprechungen sich beide Seiten bereichern können, „so [dass] das eine das andere" (L, Z. 227f.) ergänzt und „sich (…) andere (…) Verstehenshintergründe" (N, Z. 610f.) erschließen. In den Fallbesprechungen werden demnach die unterschiedlichen Blickwinkel respektiert und geschätzt; es ist „überhaupt kein Unterschied" (S, Z. 476) zwischen den MitarbeiterInnen festzustellen und die „Ideen (…) werden (…) gleichwertig behandelt" (S, Z. 478).

In den Schilderungen der Interviewten wird auch die inhaltliche Dimension der unterschiedlichen Kompetenzen deutlich, die in den Fallbesprechungen als gegenseitige Bereicherung erlebt werden.

Die MitarbeiterInnen mit den langjährigen Erfahrungen aus dem Bereich der Erziehungsberatung scheinen vor allem eine besondere Kompetenz für den Blick nach Beziehungs- und Eigendynamiken von Personen zu haben (vgl. N, Z. 523ff.). Herr Müller-Lüdenscheidt beschreibt diese Eigenschaft als Fähigkeit, sich den „Hintergrund [von Menschen] gut [zu] erarbeiten, (…) auch sehr schnell raus zu finden, was ist eigentlich wirklich los zwischen diesen beiden" (ML, Z. 932ff.) und dabei „zu bemerken, (…) wahrzunehmen und dann zu gucken, was brauchen die (…) wirklich" (ML, Z. 945ff.). „Das ist die Qualität der Psychologischen Beratung" (ML, Z. 949f.).

Die MitarbeiterInnen des ehemaligen ASDs dagegen, „kennen sich (…) einfach in vielen so alltagspraktischen Sachen, die Familien eben auch brauchen, die in Not sind, viel besser aus" (ML, Z. 894ff.). Sie „kennen (…) [die] Angebote im Stadtteil" (ML, Z. 897f.), „sind besser geschult (…) [in] Krisenintervention" (ML, Z. 898f.), haben „langjährige Erfahrung in der Zusammenarbeit mit der Polizei" (ML, Z. 899ff.) und „kennen die ganzen anderen Kollegen, die bei Krisen gebraucht werden" (ML, Z. 901f.), so die Einschätzung eines Kollegen aus der ehemaligen Erziehungsberatungsstelle. Er fasst zusammen:

> „Wenn es um alle möglichen Alltagsschwierigkeiten geht von Familien, die eben nicht spezifi-
> sche – wo es nicht um Kommunikation, wo es nicht um Beziehung geht, sondern wo es um al-
> les mögliche andere geht. Da kennen sich die Kollegen tatsächlich besser aus" (ML, Z. 917ff.).

Auch Herr Luca sieht in ähnlicher Weise die Kompetenzen der ehemaligen MitarbeiterInnen des ASDs in den Hilfen fürs ‚praktische Leben'. Er beruft sich hierbei auf umfangreiche Kenntnisse der gesetzlichen Grundlagen und den Blick für die materielle Grundsicherung der Familien und ist überzeugt, damit die Arbeit der ehemaligen MitarbeiterInnen der EB ergänzen zu können:

„Und ich denke, wir bringen wiederum als ehemalige ASD-Mitarbeiter auch dort eine Bereicherung rein, die also viel vom Praktischeren her kommt. Wie kann man einen Fall angehen,
welche gesetzlichen Grundlagen gibt es, da hat sich ja ein EB-ler niemals darum gekümmert,
was für Gesetze gibt es, also wie sieht das Jugendhilferecht aus, oder wie sieht das BGB aus,
also nur am Rande natürlich, also. Ich denke also (...) da bringen wir fachliche Kompetenzen
ein, aber genauso, wie sieht das Sozialhilferecht aus. Was für Chancen gibt es für die Familien
im finanziellen Raum. Da bringen wir ja auch Sachen mit rein. Und natürlich bringen wir auch
eine sozialarbeiterische Sichtweise rein, die sich manchmal auch vielleicht am praktischen Leben vielleicht mehr orientiert" (L, 817ff.).

Der Zusammenschluss zum Beratungszentrum und die damit einhergehende
Zusammenarbeit im multidisziplinären Team ermöglicht es den MitarbeiterInnen, in ihren Fallbesprechungen auf einen größeren Fundus von Wissen zurück-
zugreifen und andere Kompetenzen überhaupt wahrzunehmen. Auch die dadurch
entstandene räumliche Nähe zwischen den Arbeitsfeldern verringert die Hemm-
schwellen, auf die jeweils andere Partei zu zugehen. Frau Nussbaumer fasst den
Effekt wie folgt zusammen: „Zum einen [ist es so, dass ich] sowieso auch selber
jetzt mehr weiß, aber halt auch dann fragen kann, wenn ich (...) mit der einen
oder anderen Fragestellung zu tun habe" (N, Z. 613ff.). Sie weiß, sie „kann [...]
jeder Zeit losgehen"(N, Z. 621f.) und bekommt eine Auskunft.

Herr Müller-Lüdenscheidt weist jedoch auch darauf hin, dass sich die Möglichkeit der Fallbesprechungen sehr stark auf diese institutionalisierte Form in
Dienstbesprechungen und in den Fallverteilungssitzungen beschränkt und aus
Zeitgründen kaum spontane Fallbesprechungen „zwischen Tür und Angel",
sprich als direkte, unbürokratische Unterstützung möglich sind (vgl. ML, Z.
861ff.).

7.3.3 Veränderung der Fallverteilung – „sollen alle alles machen"?

Dadurch, dass nach dem Zusammenschluss unterschiedlich ausgebildete MitarbeiterInnen mit unterschiedlichen Erfahrungshintergründen nun in einem Team
gemeinsam arbeiten und zusammen für die Erbringung der Hilfen im Bereich
ASD und EB zuständig sind, ist es für die Ablauforganisation des Beratungszentrums von großer Bedeutung, die Fallverteilung zwischen den MitarbeiterInnen
gut zu regeln. Dies bestätigt sich in den Aussagen der MitarbeiterInnen, für die
die Regelung der Fallverteilung einen bedeutenden Stellenwert in der anfänglichen Auseinandersetzung um die zukünftige Zusammenarbeit darstellte (vgl. S,
Z. 130ff.; ML, Z. 412ff.). Die Diskussion war von zwei Positionen geprägt: (1)
Der Angst, dass alle MitarbeiterInnen gleich behandelt werden und „alle (...)
alles machen" (ML, Z. 401) sollen, sowie (2) dem Wunsch, die Arbeitsfelder
gegenseitig zu öffnen, so dass eine Vermischung der Tätigkeiten entsteht und

von einem wirklich neuen Dienst gesprochen werden kann (vgl. L, Z. 165ff.).
Das Ergebnis der Diskussion war, so Frau Weber, dass zunächst „jeder einfach
(...) das weiter [macht], was er auch bisher gemacht hat" (W, Z. 332) und sich
mit der Zeit Veränderungen ergeben, so dass die MitarbeiterInnen die „individuellen Besonderheiten" (W, Z. 344) bewahren können, aber „so einen gewissen
Grundkanon (…) wie Orientierungsberatung oder so die Grundzüge des Kinder-
schutzes (…) beherrschen" (W, Z. 344ff.). D.h. aus der Gefahr, dass „alle alles
machen" sollen (ML, Z. 401), ist zumindest „theoretisch" die Möglichkeit geworden, „dass alle alles machen können, theoretisch, wenn sie wollen" (S, Z.
158f.). Dennoch wird in den Schilderungen der MitarbeiterInnen deutlich, dass
das herkömmliche Kriterium der Fallverteilung, nämlich geht es in der Anfrage
um eine typische Problematik im Bereich der Erziehungsberatung oder handelt
es sich um einen klassischen Fall des Arbeitsbereiches des ASDs, immer noch
sehr dominant ist.
Frau Schiller beschreibt dies wie folgt:

> „Es gibt halt, sage ich jetzt mal, zwei grobe Richtungen, die eine wäre Erziehungsberatung und
> die andere wäre die ASD-Richtung und dementsprechend wird das dann verteilt in der Fallver-
> teilung" (S, Z. 351ff.).[53]

Daneben schildern die MitarbeiterInnen Tätigkeitsfelder, für die beide Arbeits-
felder zuständig sind: Trennungs- und Scheidungsberatung, Fälle nach § 35a
KJHG sowie teilweise im Bereich der Erziehungsberatung (vgl. S, Z. 166ff.; S,
Z. 354f.; ML, Z. 750ff.).

> Frau Schiller: „Und von den Fällen her selber ist es so, also das was ich vorhin gesagt habe, so
> diese Schnittmenge, also Trennung-Scheidung, 35a, Schulausschlüsse, das hat sich einfach
> gemischt und dadurch ist es natürlich klar eine Veränderung, dass ich nicht mehr jeden 35a-
> Fall z.B. machen muss. Also da gibt es jetzt einfach mehr so - oder einfach ja ein Lehrer ruft
> hier an und das kann jetzt natürlich auch jemand von der Ex-EB machen. Also das hat sich ein-
> fach verändert, dass sich so die Fallinhalte verändert haben" (S, Z. 264ff.).

Des Weiteren gibt es jedoch eine Reihe zusätzlicher Kriterien, die die MitarbeiterInnen bei ihrer Fallverteilung beachten. Leider wird nicht deutlich, welches der
Kriterien in welchem Zusammenhang das dominanteste ist. So ist es nur möglich, eine Auflistung der Kriterien aus den Erzählungen herauszuarbeiten.

---

[53] Dies bestätigt Herr Luca, wenn er von „Klassiker" spricht, bei denen klar ist, wer diese Fälle
übernimmt: „Und innerhalb der Fallverteilung wird dann geschaut, also wer erklärt sich dann für
diesen Fall zuständig. (…) es gibt Klassiker, also eben so was wie Kinderschutzfälle (…) sind immer
bei uns, also bei den ehemaligen ASD Kollegen genauso wie eben Fälle wo ganz eindeutig ist, das
geht so Richtung HzE. Und wo ganz klar ist, also das ist jetzt Erziehungsberatung da geht es auch in
der Regel an die EB Kollegen" (L, Z. 516).

Die in der Orientierungsberatung[54] aufgenommenen Fälle werden verteilt je nach

- zeitlicher Kapazität der MitarbeiterInnen – „wer hat denn den schnellstmöglichen Termin anzubieten" (vgl. ML, Z. 773ff.; S, Z. 151f.; S, Z. 382),
- Präferenz der MitarbeiterInnen – „welche Fragestellung bearbeite ich gerne" (vgl. ML, Z. 778ff.; S, Z. 376),
- Kompetenz der MitarbeiterInnen – „um was geht es inhaltlich" (vgl. ML, Z. 742; S, Z. 152f.; N, Z. 634),
- Wunsch der AdressatInnen – „Familie meldet sich an und sagt, ich möchte aber zu …" (vgl. ML, Z. 795ff.) und
- räumlicher Zuständigkeit – „von wo kommt die Anmeldung" (vgl. ML, Z. 737).

Eine klare Regelung gibt es hinsichtlich der Zuständigkeit der MitarbeiterInnen der ehemaligen EB für HzE-Fälle. In den Interviews wird berichtet, dass vereinbart wurde, dass Familien mit einem Unterstützungsbedarf im Bereich der Hilfen zur Erziehung von den MitarbeiterInnen der ehemaligen Erziehungsberatungsstelle nicht mehr abgegeben werden – sofern diese in den zuständigen Bezirken wohnen:

> Frau Nussbaumer: „Also wir haben das hier ja so gelöst, dass jetzt z.B. wenn eine Familie bei uns in Beratung ist, und das wird ein HzE-Fall, dass wir das dann selber machen" (N, Z. 278; sowie vgl. ML, Z. 1012; S, Z. 156f.; L, Z. 488ff.).

Diese neue Regelung bedeutet, dass sich die Fallbearbeitung der ehemaligen MitarbeiterInnen der Erziehungsberatung dahingehend verändert, dass sie grundsätzlich auch HzE-Fälle bearbeiten.

Aus den Schilderungen zur Fallverteilung wird deutlich, dass die MitarbeiterInnen die Regelungen akzeptieren und sich gut arrangiert haben. Es „funktioniert (...) in aller Regel (...) gut, einvernehmlich und es ist immer einigermaßen klar, es gibt selten Streit darüber (ML, Z. 814ff.). Frau Schiller verdeutlicht ihre Zufriedenheit mit dem Umgang in der Fallverteilung indem sie sehr die Bereitschaft aller KollegInnen im Team wertschätzt, auch unangenehme Fälle zu übernehmen. Aus ihrer Perspektiven ist ‚Vertrauen' ins Team zu haben eine Grundvoraussetzung für eine gerechte Verteilung der Fälle:

> „Aber eigentlich ist es tatsächlich nicht so, dass sich so keiner meldet, also dass läuft eigentlich finde ich sehr kollegial, also da denke ich haben wir auch tatsächlich Glück, also dass ist wirklich so, dass das relativ gut geht, aber das ganze steht und fällt natürlich wirklich auch mit dem

---

[54] Die Orientierungsberatung dient als erstes kurzes Abklärungsgespräch, damit die MitarbeiterInnen wissen um was es geht und die Fälle in der Fallverteilung verteilt werden können.

Vertrauen, also Vertrauen dahingehend, dass man sagt, gut es ist keiner dabei, der so sagen wir mal so einen Lockeren macht, und nur 5 Fälle hat, während der andere 50 Fälle hat, also das Vertrauen braucht es natürlich ganz klar und dann braucht es einfach auch so wirklich so die Kollegialität untereinander. Das man da einfach auch sagt, also ich nehme jetzt auch mal ein Kinderschutzfall obwohl ich natürlich das auch nicht gerne mache, aber letztes Mal haben die zwei anderen einen Kinderschutzfall genommen. Also und diese Fallverteilung basiert natürlich auch auf Grund einer großen Selbstständigkeit letztendlich" (S, Z. 393ff.).

In den Diskussionen im Team um die Regelung der Fallverteilung wird aber auch deutlich, wie wichtig es den ehemaligen MitarbeiterInnen der EB ist, ihr Aufgabenfeld zu erhalten und somit ihre spezifischen Kompetenzen auch in der neuen Organisationsform ‚geschützt' einsetzen zu können. Dem gegenüber steht die Position der MitarbeiterInnen des ehemaligen ASDs, die den Zusammenschluss im Beratungszentrum nur als sinnvoll ansehen, wenn sich die Arbeitsbereiche öffnen und neue Zuständigkeiten entstehen (vgl. S, Z. 130ff.). Es scheint, dass beide Parteien im Rahmen der Einigung für das Beratungszentrum einen Kompromiss gefunden haben, mit dem beide Seiten – so die Aussagen – gut leben können. Fraglich ist allerdings schon, ob der Zusammenschluss wirklich eine grundlegende Veränderung in der Fallverteilung mit sich bringt, wenn primär nach alten Kriterien – nämlich die Verteilung der Fälle in zwei Grobrichtungen ASD vs. EB – entschieden wird.

7.3.4   Veränderungen bezüglich der Hilfen zur Erziehung

Vorab, noch einmal kurz zur Erinnerung: Im Rahmen dieser empirischen Untersuchung ist steht im Zentrum die Frage, inwieweit eine Organisationsveränderung fachliche Entwicklungen voranbringt, bzw. durch Organisationsveränderungen fachliche Entwicklungen entstehen können. Dabei liegt der Fokus auf der Betrachtung aktueller Entwicklungen in der Jugendhilfe, insbesondere der Hilfen zur Erziehung und wie diese jeweils in der Praxis realisiert werden (vgl. Kap. 2.2.2). Deshalb ist es zentral, die MitarbeiterInnen des Beratungszentrums zu fragen, welchen Nutzen sie durch den Zusammenschluss für die Gewährung und Durchführung von Hilfen zur Erziehung sehen.

Die MitarbeiterInnen antworten auf diese Frage zum einen sehr unterschiedlich und zum anderen in sich widersprüchlich. Im Folgenden werden die jeweiligen Aussagen rekonstruiert um verständlich zu machen, warum einige der MitarbeiterInnen keinen Nutzen des Zusammenschlusses für die Hilfen zur Erziehung und warum andere diesen sehr wohl sehen.

Eine Position – nämlich keinen Nutzen für die Gewährung von Hilfen zur Erziehung durch die neue Organisationsform des Beratungszentrums zu sehen – wird in den Schilderungen von Herrn Luca, Herrn Müller-Lüdenscheidt und Frau

Schiller deutlich (vgl. L, Z. 628; ML, Z. 1050ff.; S, Z. 650ff.). Zumindest erleben sie keine Veränderungen – „ich glaube nicht, dass sich da grundsätzlich was verändert hat" (ML, Z. 1050f.) – bzw. fällt ihnen auf die Fragen nach dem Nutzen nichts ein - „nee, also da fällt mir einfach echt nichts ein" (S, Z. 651). Sie begründen ihre Meinung zum einen mit dem Verweis auf die stark formalisierten Strukturen bei der HzE-Gewährung[55] in Zusammenhang mit dem örtlichen Schwerpunktträger der Hilfen zur Erziehung, zum anderen mit der äußerst seltenen Beteiligung der MitarbeiterInnen der ehemaligen EB im Stadtteilteam.

> Hierzu Herr Luca: „Da sehe ich erstmal keinen [Nutzen] drin. (…) Die HzE-Maßnahme als solche, die wird wiederum (…) durch den HzE-Träger durchgeführt. Und der hat wiederum so ja nicht so eng was mit dem Beratungszentrum als solches zu tun. Außer, dass wir uns natürlich, wöchentlich sehen, besprechen. Aber z.B. bei dem (…) Stadtteilteam, wo der HzE[-Träger] (…) und wir zusammen sitzen, sind in den seltensten Fallen ehemalige (…) EB-Mitarbeiter dabei. Weil die ja eben kaum mal HzE-Fälle haben" (L, Z. 628ff.).

Auf die Frage, ob es einen Vorteil für die Hilfen zur Erziehung machen würde, wenn ein/eine MitarbeiterIn aus dem Beratungszentrum anstatt eines/einer anderen ASD-KollegIn[56] im Stadtteilteam mitwirken würde, antwortet Frau Schiller:

> „Nee. Weil Hilfen zur Erziehung ist ja - also ich gebe ja einen Fall ein ins Fallverteilungsteam, die A [Träger] ist unser Anbieter und dann ist da irgendjemand zuständig und arbeitet z.B. mit der Familie. Und das spielt ja jetzt keine Rolle, ob das jetzt jemand macht, von mir aus jetzt nehmen wir mal ASD S, ob der das macht oder ob jetzt ein Beratungszentrum jetzt so einen HzE-Fall macht. Also da gibt es tatsächlich keinen Unterschied" (S, Z.663ff.).

Im Widerspruch zu diesen Aussagen stehen erweiterte Möglichkeiten durch den Zusammenschluss bzgl. der HzE-Gewährung, die diese MitarbeiterInnen analy-

---

[55] Die Entstehung und Implementierung einer Erziehungshilfe verläuft in A. nach einem festgelegten Vorgehen: MitarbeiterInnen des ASD/des Beratungszentrums bringen eine Anfrage in das Stadtteilteam ein, beraten dort mit Kollegen des Schwerpunktträgers über mögliche Formen von Hilfen und stimmen diese wiederum mit der Familie ab. Herr Müller-Lüdenscheidt glaubt, dass sich durch diese neuen Strukturen für die AdressatInnen nichts verändert hat. „Also ich sag ihnen mal noch was zu Hilfen zur Erziehung, weil das mir gerade bei der Frage Nutzen auf den Nägeln brennt. Erziehungshilfen gibt es ja nicht erst seit dem Umbau der HzE, sondern die gab es davor auch schon. Und meine Erfahrung in der Vergangenheit war, dass die Familien immer auch in der Vergangenheit genau das bekommen haben, was sie gebraucht haben. Und das hat sich nicht verändert, die Familien bekommen immer noch das, was sie brauchen. Nur der Weg dahin ist viel länger, mit viel mehr Papierkrieg verbunden, es sitzen irrsinnig viele Leute am Tisch, machen sich stundenlang Gedanken, es wird irrsinnig viel Geld in Form von Personalkapazität verpulvert und das Ergebnis ist immer noch das gleiche, mit einer Einschränkung, durch den Umbau ist Qualität in dieser Landschaft verloren gegangen" (ML, Z. 1051ff.).
[56] In den meisten anderen Stadtteilen von A. arbeiten die Erziehungsberatung und der Allgemeine Sozialdienst getrennt.

tisch sehen, aber in ihrer alltäglichen Arbeit nicht erleben. Sie nehmen sehr wohl war, dass z.B. die Kombination von Beratung und anderen HzE-Maßnahmen „vielleicht jetzt (…) leichter wäre" (S, Z. 657), gleichzeitig wird aber wieder revidiert - „aber eigentlich (…) sehe ich (...) keinen Zusammenhang" (S, Z. 658f.). Auch der Nutzen einer vorgelagerten Erziehungsberatung um eventuell eingreifendere Hilfen zur Erziehung zu vermeiden oder zu verzögern wird theoretisch gesehen, aber in der Praxis nicht erlebt.

> Herr Luca: „Es kann nutzen. Man kann höchstens sagen, der Nutzen ergibt sich daraus, dass man, dass hier mehr Kompetenzen zusammengeführt worden sind und dadurch vielleicht eine bessere Beratung oder vielleicht oder eine umfassendere Beratung möglich ist. (…) Höchstens wie ich gesagt hab, also (…) sich die eine oder andere HzE nicht ergibt oder erst später ergibt, weil man sagt, wir machen vorher noch eine umfassendere Beratung. Aber das sind (…) Prozentfälle. Also ich glaub nicht, dass es wirklich viel ausmacht" (L, Z. 628.ff).

So gibt es zwar durch den Zusammenschluss auch in Bezug auf die Hilfen zur Erziehung theoretisch mehr Möglichkeiten, in der Praxis wirken sich diese weder als Vorteile noch als Nachteile aus (vgl. L, Z. 808f.).

Ganz anders sehen Frau Nussbaumer und Frau Weber den Nutzen des Zusammenschlusses bzgl. der Hilfen zur Erziehung. Sie äußern „da sehe ich schon einen Nutzen" (N, Z. 902) bzw. „da sehe ich einen großen Nutzen" (W, Z. 789). Interessant ist, dass hierbei zum einen die oben beschriebenen Möglichkeiten auch in der Praxis erlebt werden und zum anderen, sich der Nutzen für die Hilfen zur Erziehung aus anderen Veränderungen wie bspw. der Fallbesprechung ergibt, die sich indirekt wieder auf die Erziehungshilfe auswirken.

Frau Nussbaumer stellt z.B. eindeutig fest:

> „Also für die HzE-Fälle speziell, da sehe ich schon einen Nutzen, also zum einen sehe ich den Nutzen darin, dass eben in den - gut wir sind nicht im Stadtteilteam regulär, ja also d.h. wir bekommen nicht jeden HzE-Fall mit, aber durch die Art der Fallbesprechung und da werden ja auch manchmal HzE-Fälle oder bevor es zum HzE-Fall wird, besprochen, kommt schon noch mal vielleicht ein paar neue Ideen rein, die vorher vielleicht gefehlt hätten. Und ich habe auch so den Eindruck, dass so ein bisschen die Informationsgewinnung sich auch schon geändert hat. Also, mhm ja. Und insofern ist das also schon mal so eher ein indirekterer Nutzen; der direkte Nutzen ist, dass jetzt natürlich jetzt für manche HzE-Fälle Leistungen direkt hier erbracht werden können, die früher theoretisch auch nutzbar gewesen wären, aber wo man es vielleicht nicht so gemacht hat" (N, Z. 902ff.).

Auch Frau Weber schätzt die Situation so ein, dass nach dem Zusammenschluss „die Fallrecherche (…) gehaltvoller" (W, Z. 789f.) wird. Denn, da „noch mehr Fachkompetenz im Team ist, kann man die Fälle, bevor es zum HzE-Fall wird, genauer anschauen" (W, Z. 791ff.) und „kann vielleicht das dann viel passgenauer noch schon vor der Falleingabe ins Stadtteilteam bearbeiten" (W, Z. 795f.).

D.h., „dass es eine verstärkte Fachkompetenz vor HzE zu Verfügung steht, die eben - so könnte man am besten sagen - die für die Fallrecherche genutzt werden kann, um dann zu einer wirklich guten Entscheidung zu kommen" (W, Z. 874ff.).

Als Leiterin ist es ihr auch wichtig, darauf hinzuweisen, dass durch den Zusammenschluss statistisch ein Fallzahlenrückgang im Bereich HzE festgestellt werden konnte: „Wir haben übrigens auch ein Fallrückgang bei HzE-Fällen von 2003 auf 2004 glaube ich als einziger Bereich, und ich denke das hat damit was zu tun, dass wir vielleicht manche Fälle, die vorher zum HzE-Fall geworden sind, jetzt mit eigener Beratungsleistung bearbeiten können" (W, Z. 796ff.).

Über den Nutzen der neuen Organisationsform bezüglich der Hilfen zur Erziehung sind sich die MitarbeiterInnen nicht einig. Die Einen sehen keinen Nutzen für die Erziehungshilfen, obwohl sie grundlegend positive Veränderungen sehr wohl im Blick haben. D.h. diese MitarbeiterInnen haben zumindest nicht das Gefühl, in ihrer alltäglichen Arbeit mit Hilfen zur Erziehung die dazu gewonnenen Kompetenzen und Möglichkeiten in die Arbeit mit dem Schwerpunktträger einfließen lassen zu können. Die Anderen Befragten sehen sowohl einen direkten als auch indirekten Nutzen für die Erziehungshilfen.

7.3.5 Veränderungen für die AdressatInnen

Aussagen bezüglich der Veränderungen für die AdressatInnen des Beratungszentrums sind schwierig zu treffen, da diese im Rahmen dieser Arbeit nicht selbst zu Wort kommen. Die Aussagen basieren auf der Grundlage von Annahmen und Eindrücken von Seiten der MitarbeiterInnen, die folgende Veränderungen für die AdressatInnen wahrnehmen:

(1)   Verbesserung der Kundenfreundlichkeit

Auffällig ist, dass nur die drei ehemaligen MitarbeiterInnen der EB beschreiben, dass durch den Zusammenschluss sich die Atmosphäre für und der Umgang mit den Ratsuchenden im Vergleich zum früheren Allgemeinen Sozialdienst verbessert habe. Sie schildern, dass durch die Zusammenarbeit Standards der Beratungsstelle auch im Beratungszentrum realisiert werden konnten, die scheinbar vorher im Allgemeinen Sozialdienst nicht gängig waren. Hierunter verstehen sie den „anderen Stil" (N, Z. 821) im Umgang mit den Ratsuchenden bzw. den Empfang der Sekretärinnen im Eingangsbereich sowie die „räumliche Qualität"

(ML, Z. 1150)[57], die sie durch Umbaumaßnahmen vor dem Einzug schaffen konnten.

> Frau Weber: „(…) dass sich da bei jedem schon was verändert hat, oder auch wie man die Leute anspricht, das sind so Kleinigkeiten finde ich, also dass wir jetzt da vorne den Empfang haben und man geht dann - die Leute warten da und dann sagt die Sekretärin Bescheid und man holt die jetzt ab und redet dann schon auf dem Weg zum Zimmer schon ein bisschen was mit denen so übers Wetter oder wie es geht und so, oft so Kleinigkeiten, wo ich denke, da hat sich schon ein bisschen was qualitativ verändert. Also früher war es so, wo der ASD noch hier war, da gab es den - die Empfangszone nicht, da sind die Klienten einfach in den Flur hereingekommen und haben halt selber ein bisschen geguckt, ja wo ist jetzt der Sachbearbeiter in welchem Zimmer" (W, Z. 508ff).

Die MitarbeiterInnen des ehemaligen ASDs erwähnen diese Veränderungen nicht und sehen somit scheinbar auch keine Verbesserung der Kundenfreundlichkeit durch die veränderte Atmosphäre. An dieser Stelle wäre eine Befragung der AdressatInnen selbst bezüglich der Wahrnehmung der Veränderungen sehr aufschlussreich.

(2) Verbesserung: qualifizierte MitarbeiterInnen

Eine Mitarbeiterin berichtet auf die Frage nach den Vorteilen für die AdressatInnen durch den Zusammenschluss von einer Verbesserung der MitarbeiterInnenqualifikation. Sie glaubt, dass die Ratsuchenden davon profitieren, dass die Kollegen hinsichtlich der Fragen, „wie gestaltet man ein Setting" (N, Z. 811), „mit welchen Materialien arbeitet man" (N, Z. 812), „wie geht man mit Kindern um" (N, Z. 817) und wie lässt sich die Gesprächsführung gestalten (vgl. N, Z. 811) sich viel „abgeschaut" haben und „dadurch mehr an Kompetenz" (N, Z. 815) da ist, von der auch die AdressatInnen profitieren können. Diese Qualifikationssteigerung wird zwar von den anderen MitarbeiterInnen, auf die Frage nach den Veränderungen für die AdressatInnen, nicht geschildert, aber im Rahmen der Schilderungen hinsichtlich des Gewinns in den Fallbesprechungen genannt.

---

[57] Bspw. können Ratsuchende, die das Beratungszentrum besuchen, in einem neu geschaffenen und gestalteten Wartebereich auf ihre/n zuständige/n MitarbeiterIn warten.

(3)   Verbesserung der Betreuungskontinuität und des Hilfsangebots

Herr Luca erzählt, dass die Ratsuchenden die veränderten Möglichkeiten in der Kombination von Hilfen sowie des Wegfalls des Hilfewechsels bei der Veränderung des Hilfsangebotes als „angenehm" (L, Z. 616) erleben.

> „Also ich denke, es hat sich insofern was verändert, als dass man also nicht mehr jemanden speziell zur Erziehungsberatungsstelle schickt. Das haben wir vorher gemacht. Wo wir gesagt haben, das sehen wir als einen längeren Erziehungsberatungsprozess an, sie sollten eher lieber zur Erziehungsberatungsstelle gehen. So bleiben sie heute eher hier.
> I: Und wie reagieren die da drauf?
> L: Ich denke, die empfinden das eher als angenehm. Also das Klientel, denke ich, empfindet es als angenehm, also nicht noch mal irgendwie eine Dienststelle wechseln zu müssen. Bzw. dass ich z.B. anbieten kann, - dass ich sagen kann, also ich kann das zwar jetzt nicht, diesen oder jenen Test, aber das kann die Kollegin so und so. Machen wir doch mit der noch mal einen Termin gemeinsam" (L, Z. 607ff.).

Auch Frau Nussbaumer weißt darauf hin, dass, dadurch „dass dieser große Austauschpool da ist", aus dem Ratsuchenden mehrere verschiedene Hilfsangebote angeboten werden können bzw. auf einen größeren Wissensfundus zurückgegriffen werden kann, ohne dass die Klienten den Dienst „wechseln müssen" (N, Z. 374f.; vgl. S, Z. 44ff.).

7.3.6   Veränderung der Außendarstellung

Die Veränderung der Darstellung und Präsenz in der Öffentlichkeit ist der Leiterin Frau Weber ein besonderes Anliegen. Frau Weber erwähnt auf die Frage nach den spezifischen Merkmalen der heutigen Arbeit im Beratungszentrum die Wichtigkeit der Präsenz nach außen, worauf sie – im Gegensatz zum ASD – auch im Rahmen der Erziehungsberatungsstellenarbeit schon geachtet hat. Hierbei sind ihr zwei Perspektiven wichtig: Erstens die Zusammenarbeit mit Kooperationspartnern wie Schulen und Kinderärzte, zweitens die Darstellung des Beratungszentrums in der Öffentlichkeit (vgl. W, Z. 457ff.).

Sie sieht demnach die Präsenz bei den Kooperationspartnern und in der Öffentlichkeit als ein wichtiges fachliches Kriterium der Beratungszentrumsarbeit, welches sich auch in ihrer Perspektive ausdrückt, dass nach der internen Organisationsabklärung es nun „der nächste Schritt" (W, Z. 900f.) wäre, sich „nach außen zu richten" (W, Z. 901). Dabei wäre zu überlegen, „wie werden wir von außen wahrgenommen, wie wollen wir auch wahrgenommen werden, was müssen wir tun, dass wir in einer entsprechenden Art und Weise, wie wir es uns vorstellen, wahrgenommen werden, (...) wo müssen wir uns noch weiter entwickeln" (W, Z. 901ff.).

Sollten diese Überlegungen zur Außenwirkung des eigenen Dienstes wirklich ein neuer Aspekt der Arbeit darstellen, kann diese Veränderung durch den Zusammenschluss als fachlicher Fortschritt bewertet werden. Denn schließlich prägt das Bild das die Kooperationspartner von einem haben entscheidend die Art und Weise der Zusammenarbeit bzw. prägt das Bild der AdressatInnen entscheidend die Offenheit bzgl. der Hilfe.

7.3.7 Zusammenfassung

Fachliche Veränderungen durch den Zusammenschluss der beiden Dienste, Allgemeiner Sozialdienst und Erziehungsberatung, sehen die interviewten MitarbeiterInnen in den Dimensionen (1) Veränderung bzgl. der Fallbearbeitung, (2) Veränderung der Fallbesprechung, (3) Veränderung der Fallverteilung, (4) Veränderungen bzgl. HzE, (5) Veränderungen für die AdressatInnen und (6) Veränderung der Außendarstellung. Für alle Veränderungen spielt die Zusammenarbeit im multidisziplinären Team eine große Rolle. Hierdurch werden „andere Sichtweisen" möglich, „kompetente Austauschpartner" für schwierige Fragen gefunden, können die vielfältigen spezifischen Kompetenzen bedarfsgerecht eingesetzt werden, neue Arbeitsstrategien können abgeschaut werden und es eröffnet sich der Blick für das jeweilig andere Arbeitsfeld mit dessen Hilfsangeboten. Die frühere (räumliche und fachliche) Distanz zwischen den beiden Arbeitsfeldern ist durch den Zusammenschluss abgebaut worden. Insgesamt wird dadurch die Arbeit als „effektiver und (...) für die Leute auch angenehmer" (L, Z. 102f.) erlebt.

Die Analyse der Interviews legt nahe, dass der Zusammenschluss zum Beratungszentrum einige, überwiegend positive, fachliche Veränderungen aus Sicht der MitarbeiterInnen bewirkt hat.

Allerdings erleben und bewerten vor allem die MitarbeiterInnen der ehemaligen Erziehungsberatungsstelle einige Veränderungen auch sehr kritisch und negativ.

Sie erfahren den Zusammenschluss für sich zunächst einmal als fachlichen Rückschritt (vgl. ML, Z. 101ff.) und sorgen sich, dass die spezifischen Kompetenzen und Qualitäten der einzelnen Arbeitsbereiche nicht erhalten bleiben können, sondern alles zu einem „Einheitsbrei" (ML, Z. 547) vermischt und „verwässert" (N, Z. 272) wird. Dadurch würde die ‚Blüte' Erziehungsberatung, die mit dem Zusammenschluss erhalten werden sollte, ‚überwuchert' (vgl. ML, Z. 643ff.). Die MitarbeiterInnen der ehemaligen Erziehungsberatungsstelle beklagen auch, dass vieles in der neuen Organisationsform nach den Traditionen des

ASDs läuft (vgl. N, Z. 324ff.) und frühere fachliche Standards, wie bspw. der Anspruch auf Supervision, aufgeweicht sind (vgl. ML, Z. 465f.). Des weiteren betonen sie, dass sie für die positiven fachlichen Veränderungen einen derartigen Zusammenschluss nicht gebraucht hätten (vgl. ML, Z. 1105ff.; ML, Z. 1136f.; N, Z. 220ff.) und machen deutlich, dass sie die Vorteile vor allem auf der Seite des ASDs und weniger bei sich sehen (vgl. N, Z. 212ff.). Trotzdem – und hierin liegt eventuell ein Widerspruch – nehmen die MitarbeiterInnen der ehemaligen EB viele fachlichen Veränderungen als positiv wahr und können in diesem Dienst „genauso gut arbeiten wie vorher auch" (ML, Z. 1138).

So bleibt dennoch neben den überwiegenden positiven fachlichen Veränderungen hinsichtlich des Teams und dessen alltäglicher Arbeit auch der Eindruck, dass die MitarbeiterInnen der ehemaligen EB mit den fachlichen Veränderungen nicht nur zufrieden sind, sondern die fachlichen Veränderungen eher ambivalent einschätzen. Was hierfür die Gründe sein könnten, kann an dieser Stelle nur in vorsichtigen Hypothesen angedeutet werden:

- Die MitarbeiterInnen der EB betrachteten von Anfang an den Zusammenschluss mit dem ASD kritisch. Sie selbst nennen sich Kritiker dieser Organisationsentwicklung. Dass sie deshalb neben den im Alltag erlebten Vorteilen des Zusammenschlusses auch Negatives schildern müssen, erscheint logisch.
- Sie berichten von tatsächlichen Standardverlusten im Gegensatz zu ihrer früheren Arbeit. Sie arbeiten nicht mehr räumlich getrennt und somit unabhängig vom Jugendamt, die Supervision wurde ihnen gestrichen und sie müssen scheinbar unangenehmere ASD-Aufgaben mit erledigen. Es fällt ihnen deshalb schwer, diese Veränderungen gut zu finden.
- Rein zahlenmäßig stellen die MitarbeiterInnen aus der ehemaligen Erziehungsberatung die kleinere Gruppe im multidisziplinären Team dar. Um Beachtung zu finden und ihre Vorstellungen durchzusetzen, müssen sie deutlich Position beziehen und sich für den Erhalt ihrer Arbeitsbereiche einsetzen.
- Nimmt man die Befürchtung ernst, dass zukünftig noch mehr Stellen eingespart werden müssen, ist verständlich, warum die PsychologInnen, die in höhere Gehaltsgruppeneingruppiert werden als SozialpädagogInnen, um ihre Stellen fürchten und neue Konzepte, die ihre alten Errungenschaften hinterfragen, nicht nur positiv bewerten.

Eine Sonderstellung nehmen die Einschätzungen bezüglich dem Nutzen des Zusammenschlusses für die Hilfen zur Erziehung ein. Die MitarbeiterInnen sind sich nicht einig, ob die neue Organisationsform diesbezüglich Verbesserungen bewirkt hat, oder ob aus dem Zusammenschluss keine Konsequenzen für die Erziehungshilfen hervorgehen. Festgehalten werden kann zumindest, dass keiner der InterviewpartnerInnen von negativen Auswirkungen des Beratungszentrums für die Hilfen zur Erziehung spricht.

7.4 Theoriebasierte Bewertung der fachlichen Veränderungen

Nimmt man die in Kapitel 2 geschilderten fachlichen Standards in der Jugendhilfe als Maßstab für die Bewertung der fachlichen Veränderungen im Beratungszentrum, so kann bezüglich der Fallarbeit (Fallbearbeitung, Fallbesprechung, Fallverteilung) festgehalten werden, dass die Organisationsveränderung zum Beratungszentrum hinsichtlich der Umsetzung verschiedener fachlicher Entwicklungen positiv wirkt. Durch die Zusammenarbeit im multidisziplinären Team sind in der Analyse folgende fachlichen Zugewinne deutlich geworden:

- die Übernahme von anderen Blickwinkeln und Methoden des jeweils anderen Arbeitsfeldes befähigt die MitarbeiterInnen bezüglich einer erweiterten Arbeitsweise,
- mehr Ideen im Team hinsichtlich der Vorgehensweise in den einzelnen Fällen ermöglichen eine Blickerweiterung bei den MitarbeiterInnen,
- ein breiteres Wissen bezüglich den vielfältigen Hilfemöglichkeiten der beiden Arbeitsfelder Allgemeiner Sozialdienst und Erziehungsberatung,
- mehr Hilfen können an einem Ort – unter einem Dach – angeboten werden,
- eine höhere Betreuungskontinuität ist durch das Verbleiben eines Falls bei einem/r MitarbeiterIn trotz veränderter Hilfe möglich,
- gegenseitige Unterstützung und verstärkte Zusammenarbeit ist durch die Nähe und das sich kennen unbürokratisch möglich, Berührungsängste werden überwunden.

Durch diese Veränderungen werden die notwendigen Voraussetzungen geschaffen, um der im Konzept der integrierten, flexiblen Erziehungshilfen gestellten Forderung nach maßgeschneiderten Kombinationen von Hilfen zu entsprechen.

Auch wenn es im Rahmen des Beratungszentrums ‚nur' um Unterstützungsangebote vor den Hilfen zur Erziehung geht, so besteht die Chance, dass diese in der neuen Zusammenarbeit der MitarbeiterInnen offener, je nach Bedürfnis des/der Adressaten/in gestaltet werden können und herkömmlich eher institutionell geprägte Barrieren, wie die unangenehme Fallabgabe an eine andere Institution, keine Auswirkung auf die Hilfegestaltung mehr hat. Auch hinsichtlich der Hilfen zur Erziehung ist zu vermuten, dass die Fallrecherchen im Beratungszentrum durch die multidisziplinäre Zusammenarbeit, wie Frau Weber es nennt, „gehaltvoller" (W, Z. 790) werden und die daraus resultierenden Überlegungen „passgenauer" (W, Z. 795) ins Stadtteilteam eingebracht werden können. Damit wäre es gelungen, durch das Beratungszentrum die Fachlichkeit bevor die Hilfen zur Erziehung nötig werden zu erhöhen und somit auch indirekt positiv auf die Erziehungshilfen zu wirken. Umso interessanter ist es, dass ein Teil der befragten MitarbeiterInnen in ihrer alltäglichen Arbeit keinen Nutzen durch den Zusammenschluss für die Hilfen zur Erziehung sieht. Die Vorteile des Beratungszentrums scheinen sich aus deren Sicht in der Praxis nicht auszuwirken. Hier bleibt zu fragen, ob die stark formalisierten Strukturen in der Zusammenarbeit mit dem Schwerpunktträger wirklich diese neue Qualität überdecken, oder ob andere Aspekte die Weitergabe der im Beratungszentrum geschaffenen Qualität verhindern und sich somit als schwierige Schnittstelle zwischen Beratungszentrum und Stadtteilteam entpuppen könnte.[58] Denn auch die MitarbeiterInnen, die keinen Nutzen für die Hilfen zur Erziehung sehen, sehen vielfältige positive Veränderungen in der neuen Form der Zusammenarbeit. Vielleicht wäre durch eine noch deutlichere Durchmischung der Aufgaben im Beratungszentrum, nämlich dann, wenn alle MitarbeiterInnen alles machen und die MitarbeiterInnen der ehemaligen Erziehungsberatungsstelle somit regelmäßiger am Stadtteilteam teilnehmen würden, eine stärkere Aufmerksamkeit und damit Wirksamkeit für die veränderte Arbeitsweise dort zu erreichen. D.h. die in den Beschreibungen zur Fallverteilung deutlich gewordene Zögerlichkeit die Arbeitsbereiche endgültig aufzulösen, abzulegen, um somit die fachlichen Zugewinne, die innerhalb des Teams wirken, auch nach außen nutzbar zu machen. Dies ist allerdings erst dann sinnvoll, wenn alle MitarbeiterInnen sowohl über eine hohe Fachkompetenz im Arbeitsbereich ASD als auch in der Erziehungsberatung verfügen. Inwiefern sich das in der Praxis unter den gegebenen Rahmenbedingungen, wie finanzieller Ressourcenknappheit, realisieren lässt, sozusagen ein neues Kompetenzprofil der MitarbeiterInnen für die Arbeit im Beratungszentrum zu Grunde zu legen und dabei keinen, wie Greese es nennt, Universaldilettantismus zu erzeugen (vgl. Kapitel 3.1.2), ist schwierig zu beurteilen.

In der Analyse der Veränderungen für die AdressatInnen bestätigt sich die Beobachtung, dass sich durch die Zusammenarbeit im Beratungszentrum die Kundenfreundlichkeit, die Qualifikation der einzelnen MitarbeiterInnen, die Möglichkeit der Betreuungskontinuität als auch die Vielfältigkeit des Hilfsangebots verbessert hat. Dadurch ist es eher möglich, den Ratsuchenden im Sinne

---

[58] Zur Struktur der Zusammenarbeit mit dem Stadtteilteam siehe Kap. 4.1.

eines Dienstleistungsgedanken gerecht zu werden und ihnen gestaltbarere Hilfen anzubieten.

Hinsichtlich der geschilderten Veränderung der Außendarstellung ist positiv zu beurteilen, dass das Beratungszentrum sein Angebot nach außen transparent machen möchte und somit darauf bedacht ist, sowohl bei den Kooperationspartnern als auch bei den AdressatInnen das Angebot bekannt zu machen. Fraglich ist, ob diese Form der Außendarstellung, wie Frau Weber behauptet in der Erziehungsberatung schon immer und im ASD wirklich keine Rolle gespielt hat, zutrifft. Hinsichtlich der Präsentation des Angebots an die potentiellen Ratsuchenden ist es sicherlich richtig, dass der ASD herkömmlich eher zurückhaltend agierte auf Grund seiner hohen Belastung (vgl. Kap. 3.1.2 e), f)) und, wie Frau Schiller es schildert, die Reduktion auf die Feuerwehrfunktion nicht gerade für weitere Familien warb. Im Gegensatz dazu spielte die Herstellung einer Transparenz der Arbeit des ASDs gegenüber Kooperationspartnern (bspw. Träger der Hilfen zur Erziehung), auch auf Grund der wechselseitigen Abhängigkeit, schon immer eine wichtige Rolle. Für das Beratungszentrum ist es außerordentlich wichtig, über die Kooperation mit Kindergärten, Schulen und Kinderärzten hinaus, sich mit anderen Institutionen der Jugendhilfe und im Stadtteil zu vernetzen. Nur so können sozialräumliche und fallunspezifische Ressourcen für die Arbeit im Beratungszentrum nutzbar gemacht werden. Mit Blick auf die Schilderungen in den Interviews fällt auf, dass genau dieser, in den fachlichen Entwicklungen der Jugendhilfe als so bedeutsam postulierter, Arbeitsansatz keine wichtige Rolle spielt. Abgesehen von der Dienstleistung der präventiven Fallberatung für Kindertagesseinrichtungen, die überwiegend auch der Klärung von Umgangsformen mit Einzelfällen dient (vgl. L, Z. 729ff.), wird in den Interviews nichts von der Zusammenarbeit mit anderen Diensten oder Initiativen im Stadtteil erzählt. Der Blick für die fallunspezifische Arbeit scheint im Beratungszentrum äußerst nachrangig und erfährt auch durch den Zusammenschluss keinerlei Bedeutungszuwachs. Dadurch, dass es den neu dazugekommenen MitarbeiterInnen aus der Erziehungsberatung auf Grund ihrer Ausbildung und Berufssozialisation normalerweise eher schwer fällt, diese Perspektive auf die Arbeit einzunehmen und sie in ihr Handeln zu integrieren, ist zu vermuten, dass durch den Zusammenschluss zum Beratungszentrum die sozialräumliche Ausrichtung der Arbeit nicht verbessert werden konnte.

Vergleicht man also resümierend die fachlichen Veränderungen im Beratungszentrum mit den Forderungen der fachtheoretischen Konzepte in der Jugendhilfe (Lebensweltorientierung, Dienstleistungsorientierung und Sozialraumorientierung), so wird deutlich, dass der Zusammenschluss zum Beratungszentrum zwar vielfältige fachliche Veränderungen (s.o.) bewirkt hat, Veränderungen hinsichtlich der im Zentrum stehenden Forderung, nämlich die Hilfen am Adressaten und dessen Sozialräumen bzw. Lebenswelten auszurichten, in den Schilderungen der MitarbeiterInnen sehr marginal thematisiert wird. Es wird weder darüber gesprochen, wie es durch den Zusammenschluss zum Beratungszentrum besser gelingt, die Hilfen in der direkten Lebenswelt der AdressatInnen anzusiedeln und dabei das soziale Umfeld zu integrieren, noch wie die Ressourcen für die Bewältigung der Problemlagen erschlossen werden können. Ebenso wenig erwähnen die MitarbeiterInnen es als ihre Aufgabe, soziale Netzwerke als dauerhafte unterstützende Infrastruktur aufzubauen. Auch wenn nicht explizit nach dem sozialräumlichen Bezug der Arbeit gefragt wurde, so kann davon ausgegangen werden, dass, wenn dieser Blick eine wichtige Rolle spielen würde, er genauso auf die Frage nach Veränderungen heutiger Beratungszentrumsarbeit bzw. dem Vorgehen in Hilfegewährung hätte thematisiert werden müssen, wie die Veränderung durch den spezifischen Blick der MitarbeiterInnen aus der ehemaligen Erziehungsberatung. Der sozialräumliche Blick scheint demnach auch noch keine spezifische Qualität der Arbeit des ehemaligen Allgemeinen Sozialdienstes gewesen zu sein, den dieser als wichtiges Arbeitsprinzip in das Team des Beratungszentrums mit einfließen lässt.

Ebenso spielen die in der Jugendhilfeentwicklung sehr präsenten Themen wie Integration und Partizipation in den Interviews keine Rolle. Dies bedeutet wiederum nicht zwingend, dass die MitarbeiterInnen in ihrer alltäglichen Arbeit die Adressaten wirklich nicht beteiligen bzw. überhaupt nicht auf Integration der AdressatInnen hinwirken, doch scheint klar zu sein, dass die Bedeutsamkeit dieser Themen zumindest geringer sein muss als andere.

Mit Blick auf die Strukturmaximen lebensweltorientierter Sozialer Arbeit (vgl. Grunwald/Thiersch 2001), bleibt festzuhalten, dass durch das Beratungszentrum zumindest hinsichtlich:

- Des Präventionsgedankens erreicht worden ist, durch eine verstärkte Beratungstätigkeit eventuell die Bildung und Stabilisierung allgemeiner Kompetenzen zur Lebensbewältigung noch rechtzeitig fördern zu können, also dann, wenn sich Krisen bereits andeuten.
- Der Alltagsorientierung erreicht worden ist, dass zumindest die ehemaligen MitarbeiterInnen der Erziehungsberatung lebensweltliche Dimensionen des Alltags (wie bspw. Wohnqualität) vermehrt wahrnehmen und diese Erkenntnisse in ihre Arbeit mit einbeziehen. Eine Verstärkung der Alltagsorientierung der Arbeitsweise der MitarbeiterInnen des ehemaligen ASDs über das bisherige Maß hinaus, wird nicht deutlich.
- Der Regionalisierung/Dezentralisierung erreicht worden ist, die Erziehungsberatung analog den anderen Erziehungshilfen nun auch einem dezentralen Planungsraum zu zuordnen, so dass die Lebensbedingungen vor Ort mit in den Blick genommen werden könnten.

7.5 MitarbeiterInnenbezogene Veränderungen aus Sicht der Interviewten – eine Analyse

Die Trennung der Analyse des Interviewmaterials einerseits in Veränderungen, die Auswirkungen des Zusammenschlusses auf die betroffenen MitarbeiterInnen darstellen und andererseits die Untersuchung von fachlichen Veränderungen, macht nur für analytische Zwecke Sinn. In der Realität ist beides eng ineinander verwoben und voneinander abhängig. So wirken sich die im Folgenden rekonstruierten Veränderungen für die MitarbeiterInnen stark auf die fachlichen Veränderungen aus, wie z. T. fachliche Veränderungen auch Veränderungen für die MitarbeiterInnen bedeuten.

Die interviewten MitarbeiterInnen berichten von mehreren sie betreffenden Veränderungen durch den Zusammenschluss. Folgende Punkte werden deutlich: (1) Der Wandel der Arbeitsweise. (2) die Entstehung neuer Arbeitsbereiche, (3) die Zusammenarbeit mit neuen Kollegen und einer neuen Leitung an einem neuen Arbeitsort, (4) veränderte Arbeitsbelastung, (5) die veränderte Zusammensetzung der Gruppe der AdressatInnen und (6) die Möglichkeit der Stellensicherung.

Im Folgenden sollen die Aussagen hinsichtlich dieser Dimensionen rekonstruiert werden, um einen Überblick zu bekommen, welche Veränderungen der Zusammenschluss für die MitarbeiterInnen bewirkt hat und wie sie diesen bewerten.

7.5.1 Veränderung der Arbeitsweise

Im kommenden Abschnitt wird nicht noch einmal auf die inhaltliche Veränderung der Arbeitsweise eingegangen (siehe hierzu Kap. 7.3.1), sondern es scheint wichtig, herauszuarbeiten, was die Veränderungen ihrer Arbeitsweise für die MitarbeiterInnen bedeutet.

Die MitarbeiterInnen des ehemaligen ASDs erleben durch die Übernahme einer anderen Perspektive hinsichtlich ihrer Rolle in der Fallbearbeitung – nämlich der Abkehr von der allseits bereiten Feuerwehrfunktion; „man musste rennen machen und tun" (S, Z. 442f.) – eine Entlastung. Frau Schiller verdeutlicht dies, in dem sie beschreibt, dass nun endlich auch mal Zeit bleibt für Fallbesprechungen, die sie als sehr bereichernd erlebt (vgl. S, Z. 444ff.). Herr Luca macht zusätzlich deutlich, dass die MitarbeiterInnen nicht nur eine Entlastung erfahren, sondern durch die abwartendere Haltung es auch leichter möglich ist, zu erkennen, „was wollen (...) [die Ratsuchenden] wirklich (…) und nicht was will ich" (L, Z. 394).

Aus den Aussagen der ehemaligen MitarbeiterInnen der Erziehungsberatungs-stelle ist schwieriger herauszuarbeiten, welche Bedeutung die veränderte Ar-beitsweise für sie hat. Frau Nussbaumer macht, wie oben beschrieben, deutlich, dass sie durch den Zusammenschluss Familien anders in Blick nimmt, d.h. neben der psychologischen Betrachtung auch auf lebensweltlichere Dimensionen, wie das Lebensumfeld der Familie, achtet. Sie beschreibt jedoch nicht, ob dies eine unbewusst eingeschliffene Routine ist oder ob sie durch den anderen Blick eine Bereicherung erfährt (vgl. N, Z. 872ff.).[59] Auch Herr Müller-Lüdenscheidt be-wertet in seinem Interview nicht, was die, auch von ihm erkannten, fachlichen Zugewinne, für ihn persönlich bedeuten. Vielmehr ist in Zusammenhang mit seinen Äußerungen bzgl. der Arbeitsbelastung und zukünftigen Sorgen (vgl. Kap. 7.5.4) anzunehmen, dass er für sich persönlich nicht viel aus dem Zusam-menschluss herausziehen kann. Fraglich bleibt damit, was es für das Team be-deutet, wenn nur eine Partei durch die Veränderungen eine deutliche Entlastung und Bereicherung erfährt.

7.5.2 Neue Aufgabenbereiche

Durch die Zusammenarbeit von Erziehungsberatungsstelle und ASD treffen unterschiedliche Aufgabenbereiche aufeinander. Eine wichtige Frage war des-halb, zu Beginn des Zusammenschlusses zu klären, „wer macht das jetzt und wer fühlt sich kompetent, oder bei schwierigen Fällen auch wer muss das machen, oder wer darf das machen" (ML, Z. 415ff.). D.h. es ging auch um die Auseinan-dersetzung, wer welche Aufgabenbereiche übernehmen darf bzw. wer welche machen muss. Die theoretische Lösung dieses Problems beschreibt Frau Schiller mit den Worten: „also grundsätzlich wäre es schon so, dass alle alles machen können, theoretisch, wenn sie wollen" (S, Z. 158ff.). Dennoch wurde schon in den Beschreibungen der Veränderungen zur Fallverteilung deutlich, dass nicht alle MitarbeiterInnen machen können, was sie wollen, sondern vielmehr die ehemaligen MitarbeiterInnen des ASDs klassische ASD-Aufgaben übernehmen und die ehemaligen MitarbeiterInnen der EB klassische Aufgaben der Erzie-hungsberatung (vgl. Kap. 7.3.3). Neben dieser grundsätzlichen Verteilung gibt es Bereiche, die die ehemaligen MitarbeiterInnen des ASDs – so ihre Aussage – dazu gewonnen haben (vgl. L, Z. 293ff.; S, Z. 205ff.) und Bereiche, die die ehe-maligen MitarbeiterInnen der EB – so ihre Aussage – machen müssen (vgl. ML, Z. 1012ff.; N, Z. 278f.).

---

[59] An einer anderen Stelle im Interview beschreibt Frau Nussbaumer, dass sie durch den Zusammen-schluss zwar ein vertieftes Wissen über das Leistungsspektrum des ASDs habe, jedoch auch nicht genau wüsste, ob sie das wirklich bräuchte (vgl. N, Z. 244ff.).

Herr Luca und Frau Schiller empfinden ihre neuen Aufgabenbereiche als Bereicherung bzw. als positive Möglichkeit, ihr Arbeitsfeld zu erweitern und sich damit beruflich weiterzuentwickeln. Bei Beiden wird deutlich, dass der Zusammenschluss für sie wie eine erfolgreiche Personalentwicklungsmaßnahme wirkt. Frau Schiller berichtet:

> „Also [bei] mir war es wirklich so, dass ich mich so gefreut hab drauf und auch so dachte, au ja das ist auch eine neue Herausforderung, irgendwie so eine Möglichkeit in dem Arbeitsfeld, also ich mache das Arbeitsfeld einfach sehr gerne, und da hat sich für mich noch mal als Möglichkeit erweitert dieses Arbeitsfeld, damals ASD, noch mal so ein bisschen zu erweitern. Von den Inhalten. Und für mich war einfach klar, ich möchte eigentlich ganz gerne ASD weiter machen, hätte aber damals dann irgendwann einfach gesagt, um dem vorzubeugen, dass ich so in ne Routine rein komme, hätte ich dann irgendwann mal gedacht, gut jetzt schaue ich vielleicht auch mal nach einem anderen Arbeitsfeld, weil ich jetzt nicht bis zur Rente immer das gleiche machen möchte. Ja? Und das war für mich dann einfach so eine tolle Möglichkeit, wo ich dachte, au ja klasse, ohne dass ich jetzt dieses Arbeitsfeld ASD verlassen muss, das ich ja mag, kann ich irgendwie mich so weiterentwickeln" (S, Z. 205ff.).[60]

Neu sind somit für die MitarbeiterInnen des ehemaligen ASDs die Bereiche der Erziehungsberatung (vgl. L, Z. 682ff.; S, Z. 276ff.) und der präventiven Fallberatung (vgl. L, Z. 293ff.; L, 769ff.). Für ihre Kollegen aus der ehemaligen Erziehungsberatungsstelle sind die Aufgabenbereiche Kinderschutz, Hilfen zur Erziehung und Orientierungsberatung dazugekommen (vgl. N, Z. 280ff.; W, Z. 321ff.). Frau Nussbaumer unterstreicht, dass es sich um eine Vereinbarung handelt, durch die sie sich entwickelnde HzE-Fälle weiter begleiten muss, dies jedoch was ist, was sie nicht bräuchte (vgl. N. Z. 281). Sie erklärt:

> „Ja, also ich finde das jetzt nicht super spannend. (…) natürlich ist es noch mal (…) ein neuer Aspekt in der Arbeit, aber dadurch, dass diese HzE-Fälle ja eher so laufen, dass man eher diese HzE-Verwaltung macht, also ich merke halt, ich bin es einfach gewohnt von meiner Arbeit her, dass ich die Arbeit mache mit der Familie, und das ist das, was mir Spaß macht und so ein HzE-Fall, da ist man mehr mit diesem Organisieren beschäftigt, also das ist es irgendwie nicht. (…) das ist jetzt halt einfach auch nicht so meine Neigung, wo ich auch denke, ja ich merke halt auch, ich habe halt auch Psychologie studiert und nicht Sozialpädagogik. (…) mich interessieren eher Fälle, wo es wirklich um das Erarbeiten mit der Familie geht und jetzt Krisenintervention oder Angebote machen, wo man sagt, jetzt muss man halt erstmal schauen, dass die Familien mal schnell Angebote bekommen, das finde ich jetzt persönlich nicht so spannend, d.h. es sind Aufgaben dazugekommen für mich, die mich jetzt nicht unbedingt interessieren" (N, Z. 281ff.).

---

[60] Auch Herr Luca macht das dazu gekommene Arbeitsfeld „Spaß": „Ich denke für mich ist die Arbeit reicher geworden. (…) ich übernehme zum Teil Aufgaben, die ich vorher nicht gehabt habe. Also die EB hat auch die präventive Fallberatung zum Beispiel mitgebracht. D.h. wir beraten (…) Erzieherinnen in Kindertagesheimen. Das war ein Job, den ich vorher nicht gemacht hab. Den ich jetzt, also dadurch, dass wir Beratungszentrum sind machen kann und der mir auch Spaß bringt" (L, Z. 293ff.).

Für Herrn Müller-Lüdenscheidt, ist es zumindest „o.k." (ML, Z. 1024), dass die Bearbeitung von HzE-Fällen, die er jedoch auch als spezifische Zusatzbelastung bezeichnet (vgl. ML, Z. 1014f.).

Es wird deutlich, dass die MitarbeiterInnen der ehemaligen EB mit den dazugekommenen Aufgabenbereichen deutlich unzufriedener sind als ihre KollegInnen aus dem ehemaligen ASD. Frau Nussbaumer empfindet dabei auch eine Ungerechtigkeit, wenn Kollegen des ehemaligen ASDs Fälle an die Psychologischen Beratung abgeben können, umgekehrt dieses Prinzip aber für HzE-Fälle nicht gilt (vgl. N, Z. 292ff.). Spürbar wird diese Unzufriedenheit in den Interviews auch, wenn von den ehemaligen MitarbeiterInnen des ASDs und der Leitung thematisiert wird, dass die ehemaligen MitarbeiterInnen der EB anfänglich die Sorge hatten, dass sie mit dem Zusammenschluss etwas verlieren. Hierzu bspw. Herr Luca:

> „Ich denke das hemmende war anfangs, aber auch wirklich nur anfangs, eher die Verlustangst auf Seiten der Mitarbeiter der EB. Weil die EB-Mitarbeiter haben, ich denke, was verloren. Verloren an Freiheiten. (...) Freiheiten insofern, als dass die sagen, oder frei bestimmt sagen können, so weit gehen wir. Und wenn dann jemand nicht mehr weiter machen will, dann ist es auch sein Problem. Und wenn wir denken, dass es ein kritischer Fall ist, dann geben wir den dem Kollegen des ASDs. Heute denke ich, muss dieser Kollege weitermachen. Nicht, wenn er merkt, also hier ist, hier wird etwas kritisch bzw. er bekommt auch Fälle, die er früher nicht bekommen hat. Und auch das Klientel hat sich geändert. Ich denke wir haben sehr viel mehr, also als ehemalige ASD Mitarbeiter, früher beim ASD sehr viel mehr Unterschichtklientel gehabt. Und dieses Unterschichtklientel kommt natürlich jetzt auch hier mit in die Beratungsstelle. Damit verändert sich auch was für die Mitarbeiter und in sofern haben die ehemaligen EB-Mitarbeiter in gewisser Weise auch was zu verlieren gehabt" (L, Z. 182ff.).

Zusammenfassend lässt sich festhalten, dass die neuen Arbeitsbereiche für die eine Partei eine Aufwertung ihrer Arbeit bedeuten, für die andere dagegen eher als unattraktiv bezeichnete Aufgabengebiete dazugekommen sind. Spannend wäre zu untersuchen, welche Konsequenzen diese unterschiedliche Zufriedenheit mit den Veränderungen durch den Zusammenschluss bewirkt.

7.5.3 Neue KollegInnen, eine neue Leitung und ein neuer Arbeitsort

Für alle MitarbeiterInnen hat der Zusammenschluss Auswirkungen hinsichtlich einer Veränderung ihrer Teamkollegen. Für die ehemaligen MitarbeiterInnen des ASDs hat dadurch außerdem die Leitung gewechselt, für die ehemaligen MitarbeiterInnen der EB der Arbeitsort.

Hinsichtlich des Teams äußern sich die MitarbeiterInnen, trotz der anfänglichen Unsicherheit - „wie werden die neuen Kollegen, wie wird die neue Dienststellenleitung" (S, Z. 202f.) - durchweg positiv. Aus dem ehemals „langjährigen

ASD-Team" (S, Z. 222) und dem kleinen, außerhalb des Jugendamts arbeitenden, Team der Erziehungsberatung ist durch den Zusammenschluss ein „sehr
großes Team" (S, Z. 223; vgl. W, Z. 212f.) geworden. Wie schon im Kapitel
über den Entstehungsprozess des Beratungszentrums geschildert, war anfänglich
die Auseinandersetzung im Team über anstehende Themen und Fragen entscheidend (vgl. S, Z. 422ff.; L, Z. 258).

Auch wenn Frau Nussbaumer erzählt, dass „es (…) auch am Anfang schon
immer mal wieder so ein bisschen schwierig [war], sich da auch zu verteidigen"
(N, Z. 321ff.) scheint es gelungen zu sein, so die Aussagen der MitarbeiterInnen,
sich kennen zu lernen und „ganz arg schnell zusammen[zu]wachsen" (S. Z. 99).
Auch Frau Nussbaumer beschreibt das jetzige Team als „sehr gutes Team" (N, Z.
322). Die MitarbeiterInnen berichten bezüglich des Umgangs miteinander über
eine offene und vertrauensvolle Atmosphäre (vgl. S, Z. 474ff; ML, Z. 813ff.).
Sie können sich mit Fragen an andere Kollegen wenden und diskutieren die
Fachthemen auf hohem Niveau, so dass die bestmögliche Qualität erreicht werden kann. Deutlich wird dies in den Schilderungen von Frau Schiller bezüglich
des vertrauensvollen Umgangs in der Fallverteilung (vgl. S, Z. 392ff.) und den
Äußerungen von Herr Müller-Lüdenscheidt:

> „Was früher immer schlecht war, es gab zwischen den Diensten Neid. Und andere negative Ge-
> fühle. Durch den Zusammenschluss sind diese negativen Gefühle verschwunden. Es gibt mehr
> Wertschätzung und Respekt und weniger Neid. Und, das möchte ich nicht mehr missen" (ML,
> Z. 1344ff.).

Die Zusammenarbeit mit den neuen Kollegen wird somit nicht nur aus fachlicher
Sicht (vgl. Kap. 7.3) als bereichernd erlebt, sondern auch im menschlichen Miteinander.

Auch die Leitungsseite bewertet die Zusammenarbeit mit den neuen MitarbeiterInnen als positiv. Sie schildert, dass ihr die Zusammenarbeit mit dem neu-
en, vielfältigen Team Spaß macht. „Ich finde das auch eine interessante Vielfalt
von Leuten, weil sie unterschiedliche Ausbildungen und Qualifikationen haben,
wenn das so zusammenkommt, das finde ich eigentlich ganz interessant, macht
eigentlich auch so als - die Leitung macht mir jetzt eigentlich Spaß" (W, Z.
494ff.).

Ebenso scheint das Verhältnis zwischen Leitung und Team ganz gut zu
harmonisieren. Keiner der interviewten MitarbeiterInnen äußert sich negativ
bzgl. der Leitung. Die MitarbeiterInnen der ehemaligen Erziehungsberatung sind
dagegen sehr froh, dass Frau Weber, ihre frühere Chefin, auch im Beratungszentrum die Leitungsstelle innehat. Sie fühlen sich dadurch, so Herr Müller-
Lüdenscheidt, als kleinerer Teil des Teams, vor der Gefahr der Vereinnahmung
und Auslöschung geschützt (vgl. ML, Z. 587ff.).

Positiv eingeschätzt wird auch die Regelung, dass „Frau Weber nicht 100% frei-gestellt ist für Leitungsaufgaben, sondern dass sie immer noch auch vehement in der Fallarbeit drin ist" (ML, Z. 810ff.) und somit an der Arbeit der Mitarbeite-rInnen ganz dicht dran ist. Außerdem wird für gut befunden, wie Frau Weber den Prozess zum Zusammenschluss „anpackt" (N, Z. 458), sie sich dabei viele Ge-danken gemacht hat und mit „viel Klarheit aber auch (...) viel (...) Beteiligung der Personen" (N, Z. 459f.) einen „guten Weg gefunden" (N, Z. 460) hat.

Durch den Zusammenschluss wurde die Dienststelle der ehemaligen Mitar-beiterInnen der EB in das Jugendamt verlegt. Für die MitarbeiterInnen bedeutet diese Veränderung, dass sie durch den Umzug ins Jugendamt ihre Unabhängig-keit ein Stück weit aufgeben müssen.[61]

7.5.4 Arbeitsbelastung

Obwohl eigentlich nur Herr Müller-Lüdenscheidt in seinem Interview eine zu-nehmende Arbeitsbelastung beklagt, scheint dieses Thema auch für die anderen beteiligten MitarbeiterInnen wichtig gewesen zu sein.

> Herr Luca: „Ich denke es gab am Anfang einfach so eine Auseinandersetzung wirklich darüber, wie sind Belastungen und wie können Belastungen ausgeglichen werden. Und aber auch noch mal Abgrenzung, also das und das mach ich, und das und das mache ich auf alle Fälle nicht" (L, Z. 272ff.).

Die Frage scheint zu sein, ob der Zusammenschluss für die MitarbeiterInnen eine Entlastung bringt. Zumindest aus den Aussagen bzgl. der Abkehr von der ‚Feu-erwehrfunktion' der ehemaligen MitarbeiterInnen des ASDs, kann geschlossen werden, dass der Druck, zu handeln, bei diesen Mitarbeitern anders wahrge-nommen wird. Die KollegInnen aus der ehemaligen EB beklagen dagegen einer-seits, dass sie ihr Arbeitsfeld gegenüber dem des ASDs rechtfertigen müssen[62] und andererseits, dass im Laufe der Jahre – nicht erst seit dem Zusammen-schluss, aber daraufhin auch – auf Grund der höheren Fallzahlen viel weniger

---

[61] Frau Weber beschreibt, dass sie mit der früheren Erziehungsberatungsstelle eher „ein bisschen separat" waren und ihnen dort „großzügiger[e]" Räume als im Jugendamt zur Verfügung standen (W, Z. 252ff.).

[62] Frau Nussbaumer schildert, dass es manchmal schwer ist, die Arbeit der ehemaligen Erziehungsbe-ratung gegenüber der ASD-Arbeit zu verteidigen: „also ich finde das schon, dass es immer mal wieder auch, das geht so ein bisschen so in Wellen auch, je nach dem wie es so läuft, dass man, dass man immer ein bisschen in so einen Rechtfertigungsdruck kommt, ja die Arbeit bei dem ASD, die ist halt so schwer, so dramatisch und Sorgerechtsentzug und pipapo, ja und ehm natürlich wir haben mehr Familien mit mehr Ressourcen mit denen wir arbeiten, ja. Und das ist dann manchmal so ein bisschen, muss man so sagen, ja Moment mal, aber das hat auch seine Berechtigung" (N, Z. 309ff.).

Zeit für die Arbeit mit den einzelnen Ratsuchenden sowie für Vor- und Nachbereitung bleibt.

In der Analyse der Aussage von Herrn Müller-Lüdenscheidt, hinsichtlich der Auswirkungen der knapperen Zeitfenster, werden folgende Verluste deutlich:

- Die Auseinandersetzung mit den einzelnen ‚Fällen' kann nicht so intensiv wie früher betrieben werden.
- Die Arbeitsanforderungen nehmen zu, da viele Dinge in der zur Verfügung stehenden Zeit gleichzeitig erledigt werden müssen.
- Die Qualität der Arbeit nimmt ab, da weniger Zeit für eine gute Vorbereitung bleibt, Ratsuchende warten müssen bis sie an der Reihe sind und der kollegiale Austausch bzw. unbürokratische Absprachen mit anderen KollegInnen nur noch schwer möglich sind.[63]

An dieser Stelle verdeutlicht sich ein weiteres Mal, dass die MitarbeiterInnen der ehemaligen Erziehungsberatung durch den Zusammenschluss Einschränkungen in ihrer gewohnten Arbeitsweise erhalten. Sie beschreiben diese Veränderungen als eher schwierig und negativ, wobei die ehemaligen MitarbeiterInnen des ASD scheinbar vom Zusammenschluss eher profitieren.

---

[63] Herr Müller-Lüdenscheidt beschreibt seine Situation wie folgt: „Die Zeitspanne, die ich zur Verfügung habe für einen Termin in meinem Kalender, die wird immer kürzer. Man kann es mal so sagen, ich hatte früher 2 Stunden Zeit für einen Termin brutto, in der Regel gingen Termine bei mir eineinhalb Stunden und dann hatte ich ne halbe Stunde Luft, um aufs Klo zu gehen, um meine Dokumentation zu schreiben, um die Dokumentation vom letzten Mal des Folgetermins zu lesen, mich drauf einzustellen oder gegebenenfalls auch noch mit einem Kollegen zu sprechen. Das hat sich weiter entwickelt, dass ich dann nur noch eineinhalb Stunden Zeit hatte, ich musste dann gucken, dass ich nicht einen eineinhalb Stunden Termin mache, sondern gucke, dass ich es auf eine Stunde reduziere oder maximal fünf viertel Stunden, dann hatte ich wenigstens noch eine Viertelstunde für Dokumentation und mich auf den nächsten Termin vorzubereiten. Mittlerweile ist es so, dass ich häufig nur noch brutto eine Stunde habe, d.h. das Ergebnis ist, ich schreibe meine Dokumentationen auf dem Klo, die nächste Familie wartet 10 Minuten auf mich, die übernächste 20 Minuten, und ich bin nicht mehr so gut vorbereitet auf meinen nächsten Termin. Jetzt habe ich glücklicherweise ein ganz gutes Gedächtnis und wenn ich schnell in meine Notiz gucke, bin ich sehr schnell wieder auf dem Stand der Dinge und ich mache sehr gute Dokumentationen, damit ich das auch leisten kann. Weil natürlich kann ich nicht alles im Kopf behalten, weil ich so viele Familien habe, die ich berate. Aber das macht natürlich dann so den Kollegialen Austausch schwerer, weil ich dann doch häufiger verschlossene Türen sehe, weil die Kollegen arbeiten mit Familien und den Kollegen geht es wie mir genauso, die Türe ist dann doch meistens zu. Weil ich hier sitze mit Familien. (...) Das hat sich kontinuierlich in den letzten 14 Jahren so entwickelt. Das war am Anfang lockerer und es ist jetzt sehr stark verdichtet, das muss man so sehen. Also es ist keine Seltenheit, dass ich am Tag 6 Familiengespräche habe und das ist einfach zu viel. Wenn man bedenkt, das ist ja nicht das einzige was ich tue, ich hab enorm viele Telefonate zu beantworten, es kommen viele Anfragen von anderen Kollegen, es kommen natürlich auch viele Telefonate von Familien, von Eltern und zwischen den Gesprächen, die auch bedient werden wollen" (ML, Z. 836ff.).

7.5.5 Veränderung der AdressatInnen

Wie in der Darstellung der veränderten Rahmenbedingungen deutlich wurde, gibt es unterschiedliche Aussagen bezüglich der veränderten Zusammensetzung der AdressatInnen. Sollte sich das Spektrum der Ratsuchenden erweitert haben (vgl. L, Z. 573f.), so würde dies für die MitarbeiterInnen bedeuten, dass sie die Lebenslagen der AdressatInnen noch differenzierter betrachten und je nach Situation über unterschiedliche Techniken verfügen müssen. Organisieren sie jedoch die Fallverteilung so, dass sie überwiegend mit den herkömmlichen AdressatInnengruppen zu tun haben, wird diese Herausforderung obsolet und erfordert keine mitarbeiterInnenbezogene Veränderung.

7.5.6 Stellensicherung

In den Interviews wird das Thema der Stellensicherung nur randständig thematisiert, dennoch ist anzunehmen, dass der Effekt, durch den Zusammenschluss zum Beratungszentrum Stellen zu erhalten, v.a. für die MitarbeiterInnen der ehemaligen Erziehungsberatungsstelle von Bedeutung ist. Dies wird auch in der von Herrn Müller-Lüdenscheidt und Frau Nussbaumer geäußerten Sorge um mögliche zukünftige Verschlechterungen durch weitere Veränderungen, wie bspw. der Entwicklung von Sozialzentren[64], deutlich (vgl. ML, Z. 435ff.; ML, Z. 612ff.; ML, Z. 1317ff.; S. 956ff.). Herr Müller-Lüdenscheidt befürchtet, dass dabei die spezifische Qualität der Psychologischen Beratung zukünftig nicht mehr gewollt ist und deshalb aufgegeben wird. Sehr deutlich wird dies in seinen Schilderungen bzgl. der Wichtigkeit von PsychologInnenstellen im Jugendamt:

> „Und die Psychologen sind einfach auch teuer, das ist auch natürlich ein Thema, wir haben immer noch Haushaltskonsolidierung, muss man einfach sehen, diese Gefahren sind groß. Die Hoffnung war, dass es vielleicht auch getragen sein kann von der Befürchtung, dass die Beratungsstellen, weil es auch teure Stellen sind, sowieso nicht zu halten wären, als Teil des Jugendamtes und dass es die einzige Chance wäre in der Fusion, quasi diese Qualität dann in der Nähe zum ASD als noch eine Blüte zu erhalten, die dann hier gegossen werden. Das ist die positive Variante. Ich weiß nicht genau, [ob dies] aber die Wirklichkeit ist - Und ob dann auch wirklich die Gießkannen gefüllt sind und dann da auch wirklich diese Blüte zu haben. Oder ob sie dann halt in Gottsnamen da reingepflanzt wird, weil der andere Topf halt nicht mehr da ist. Sie aber von anderen Pflanzen überwuchert wird, kein Licht kriegt, keine Luft kriegt und schon kein Wasser. Und dann ist sie irgendwann weg. Der Rasen ist schon noch da. (...) Ich meine es wäre tragisch" (ML, Z. 639ff.).

---

[64] Vgl. hierzu Kapitel 8 zu den Perspektiven des Beratungszentrums.

Auch für Frau Nussbaumer ist der Effekt der Stellensicherung durch den Zusammenschluss nicht unbedeutend, weil somit erstmal die Diskussion beendet ist, ob die Psychologischen Beratungsstellen an die freien Träger abgegeben werden sollen (vgl. N, 259ff.). Außerdem ist für sie persönlich der Zusammenschluss dahingehend positiv, dass durch das neue Organisationskonzept ihre Stelle überhaupt erst geschaffen wurde (vgl. N, Z. 80ff.).

Somit kann gefolgert werden, dass für die MitarbeiterInnen der ehemaligen Erziehungsberatung durch den Zusammenschluss eine gewisse Absicherung ihrer Stellen erreicht wurde, sie dennoch aber die anstehenden Entwicklungen kritisch beobachten.

Zusammenfassung

Zum Abschluss dieses Abschnittes werden die wichtigsten Ergebnisse gebündelt und damit verdeutlicht, welches, aus Sicht der MitarbeiterInnen, die entscheidenden mitarbeiterInnenbezogenen Veränderungen sind. Dabei wird deutlich, dass die Veränderungen von den MitarbeiterInnen des ehemaligen ASDs und der ehemaligen EB fast immer unterschiedlich erlebt werden. Nur die Veränderung im Team, die die Zusammenarbeit mit neuen Kollegen und einer neuen Leitung bewirkt (vgl. Kap. 7.5.3) und die Veränderung der AdressatInnengruppe (vgl. Kap. 7.1.1) beschreiben und bewerten sie ähnlich. Die unterschiedlichen Wahrnehmungen werden an dieser Stelle nochmals hervorgehoben.

a) *Hinsichtlich der Arbeitsweise*
   - erfahren die ehemaligen MitarbeiterInnen des ASDs eine Entlastung durch die Möglichkeit, von ihren Kollegen aus der ehemaligen EB neue Arbeitshaltungen und Arbeitstechniken abschauen zu können.
   - wird nicht deutlich, inwiefern der Zusammenschluss für die MitarbeiterInnen der ehemaligen EB einen Zugewinn bewirkt, bzw. ist anzunehmen, dass sie von der Zusammenarbeit mit den Kollegen aus dem ASD hinsichtlich der Arbeitsweise wenig profitieren.

b) *Hinsichtlich der neuen Aufgabenbereiche*
   - erfahren die MitarbeiterInnen des ehemaligen ASDs eine Bereicherung durch neue Aufgaben, die ihnen eine neue berufliche Perspektive bieten oder die sie als erfüllenden „Spaß" erleben.
   - empfinden die MitarbeiterInnen der ehemaligen EB die dazugekommenen Aufgaben eher als störende Pflicht.

c)   Hinsichtlich der Arbeitsbelastung
  –   erwähnen die MitarbeiterInnen des ASDs keine Verschlechterung,
      vielmehr ist durch ihre Schilderung bzgl. der Abkehr von der ‚Feuer-
      wehrfunktion' zu vermuten, dass sie durch den Zusammenschluss ent-
      lastet werden.
  –   thematisieren die MitarbeiterInnen der ehemaligen EB eine Verdich-
      tung der Arbeitsquantität und eine Verringerung der zur Verfügung ste-
      henden Zeit für eine qualitative Arbeit mit den Ratsuchenden.
d)   Hinsichtlich der Stellensicherung
  –   äußern sich die KollegInnen des ehemaligen ASDs nicht.
  –   machen die MitarbeiterInnen der ehemaligen EB deutlich, dass sie ei-
      nerseits um die erreichte Stellensicherung durch den Zusammenschluss
      froh sind, andererseits jedoch für zukünftige Entwicklungen nicht opti-
      mistisch sind.

7.6   Theoriebasierte Bewertung der mitarbeiterInnenbezogenen Veränderungen

Auffallend ist zu allererst, dass die Dimension der mitarbeiterInnenbezogenen
Veränderungen in den Interviews einen zentralen Stellenwert einnimmt. In den
Schilderungen spielen die Veränderungen durch den Zusammenschluss zum
Beratungszentrum hinsichtlich der Auswirkungen auf sie selbst eine viel größere
Rolle als die Effekte auf die AdressatInnen. Eigentlich hätte angenommen werden können, dass sowohl die Auswirkungen auf die AdressatInnen als auch auf
die MitarbeiterInnen im Fokus der Befragten stehen. Doch der Blick auf die
AdressatInnen bleibt, wie in Kapitel 7.2 schon angedeutet, eher spärlich. D.h. es
wird deutlich, dass die MitarbeiterInnen den Zusammenschluss zum Beratungszentrum nicht nur auf Grund von fachlichen Standards bewerten, sondern vor
allem hinsichtlich der Auswirkungen für sich selbst.

In der Auseinandersetzung zeigt sich, dass dieses Thema immer unter der
Frage des Gewinns oder Verlustes thematisiert wird. Die MitarbeiterInnen fragen
sich: Was habe ich durch den Zusammenschluss gewonnen, was habe ich durch
ihn verloren. Dabei wird ziemlich schnell offensichtlich, dass in den Wahrnehmungen der Befragten die MitarbeiterInnen der ehemaligen Erziehungsberatungsstelle durch den Zusammenschluss eher etwas verloren und die ehemaligen
MitarbeiterInnen des ASDs eher etwas gewonnen haben. Der Verlustwahrneh-
mung der KollegInnen aus der ehemaligen Erziehungsberatung äußert sich zum
einen in faktischen Veränderungen (bspw. neue Zuständigkeit für HzE-Fälle)
zum anderen aber auch in Sorgen bezüglich zukünftigen Entwicklungen (bspw.

Verlust der Psychologenstellen). Dagegen zeigen sich die MitarbeiterInnen des ehemaligen ASDs zufrieden mit den Veränderungen durch den Zusammenschluss. Fraglich ist, was es für die gemeinsame Arbeit im Team bedeutet, wenn die eine Partei den Zusammenschluss als Bereicherung und die andere dies als Verlust empfindet. Da von allen Befragten hinsichtlich der Zusammenarbeit eine positive Umgangsform dargestellt wird, ist zumindest nicht anzunehmen, dass diese Ungleichbehandlung zu einer Arbeitsunfähigkeit im Team führt, sondern die MitarbeiterInnen der ehemaligen Erziehungsberatungsstelle die Benachteiligung durch den Zusammenschluss auf einer grundsätzlicheren Ebene thematisieren. Dies zeigt sich deutlich in den ambivalenten Schilderungen der ehemaligen MitarbeiterInnen der Erziehungsberatung hinsichtlich der fachlichen Entwicklungen. Bezogen auf die alltägliche Arbeit können sie viele positive Veränderungen feststellen, insgesamt sind sie jedoch relativ kritisch (vgl. Kap. 7.3.7). Es geht darum, eine Veränderung, die sich auch auf das grundlegende Selbstverständnis eines Dienstes und somit auch den Status der MitarbeiterInnen auswirkt, nicht unkommentiert hinzunehmen. Da die Seite der Erziehungsberatung nicht an der Gestaltung des Entstehungsprozesses beteiligt war (vgl. Kap. 6.1), nützt sie über die Bewertung der Veränderungen jetzt im Nachhinein die Möglichkeit, ihre Unzufriedenheit auszudrücken. Diese wird aus ihrer Sicht verständlich, wenn es, wie Frau Nussbaumer schildert, zutrifft, dass Regelungen für das Beratungszentrum an den grundsätzlichen Entwicklungen des ASDs ausgerichtet werden und die spezifische Arbeitsweise der Erziehungsberatung damit übergangen wird. Auch die eher herkömmliche Regelung zur Fallverteilung ist so zu verstehen, dass innerhalb des Teams und durch die Leitung damit versucht wurde, den ehemaligen Kollegen der EB zumindest teilweise ihr altes Arbeitsfeld zu erhalten. Dennoch bleibt offen, welche Bedeutung diese grundsätzliche kritische Haltung für die Arbeit im Beratungszentrum hat. Es ist anzunehmen, dass die Offenheit für neue Herangehensweisen und somit für ein grundsätzlich neues Fachlichkeitsverständnis bei den MitarbeiterInnen der Erziehungsberatung geringer ist als bei den positiv gestimmten ehemaligen MitarbeiterInnen des ASDs.

Auch in der Kontrastierung mit den in der Fachliteratur geschilderten Selbstverständnissen der beiden Dienste, zwängt sich das Raster Gewinn-Verlust auf. Der ASD kommt durch den Zusammenschluss aus seiner Rolle des ‚letzten‘ Dienstes, der immer nur für die sonst nicht zu versorgenden Fälle zuständig ist (vgl. Kap. 3.1.2), heraus, indem er nun ganz eng mit einem anerkannten Spezialdienst zusammenarbeiten bzw. teilweise sogar dessen Aufgaben übernehmen darf. Die MitarbeiterInnen der ehemaligen Erziehungsberatung gewinnen zwar auch neue Aufgabenbereiche dazu, diese sind für sie jedoch nicht attraktiv, da sie sich nicht mit den psychologisch, therapeutischen Hintergründen der MitarbeiterInnen bearbeiten lassen. Die MitarbeiterInnen der ehemaligen Erziehungsberatung müssen sich demnach teilweise zu etwas verändern, was sie nicht werden wollen.[65]

Somit zeigt sich, dass für die Bewertung der mitarbeiterInnenbezogenen Veränderungen der Blick bzw. das Raster, auf dessen Grundlage die Entwicklungen bewertet werden, entscheidend ist. Die ehemaligen MitarbeiterInnen der Erziehungsberatungsstelle bewerten die Veränderungen mit einer psychologisch-therapeutischen Hintergrundsfolie, auf der sozialpädagogische Herangehensweisen an Fälle keinen Platz finden und deshalb, auch wenn sie im konkreten Arbeitsalltag Sinn machen, kritisch betrachtet werden. Dabei ist spannend, dass den MitarbeiterInnen der ehemaligen Erziehungsberatungsstelle die in der Fachdiskussion erörterten aktuellen Herausforderungen an ihren Dienst scheinbar nicht präsent sind, denn sonst würden sie, wie sich in Kapitel 9 zeigen wird, eventuell zu einer anderen Bewertung der Veränderungen kommen.

7.7 Zusammenfassung der Veränderungen aus Sicht der MitarbeiterInnen

Der Zusammenschluss von Allgemeinem Sozialdienst und Erziehungsberatungsstelle bewirkt aus Sicht der MitarbeiterInnen einen Wandel der Rahmenbedingungen der Arbeit sowie Veränderungen in fachlicher und mitarbeiterInnenbezogener Hinsicht.

Werden noch einmal alle drei Dimensionen der erlebten Veränderungen im Gesamten betrachtet, so fallen einige interessante Tendenzen auf.

Hinsichtlich der Veränderungen der Rahmenbedingungen gibt es in den Aussagen zu der veränderten Zusammensetzung der AdressatInnen keinen deutlichen Unterschied zwischen den MitarbeiterInnen der ehemaligen EB und des ASDs. Bei beiden Parteien bleibt offen, inwiefern sich die veränderte Zusammensetzung der AdressatInnen auf ihre Arbeitsweise auswirken kann. Bzgl. der Veränderung des Arbeitsortes werden insofern unterschiedliche Haltungen in den Schilderungen der MitarbeiterInnen deutlich, dass für die Seite der EB diese Umgestaltung entscheidend ist, für die Seite des ASDs jedoch nicht erwähnenswert.

Im Hinblick auf die fachlichen Veränderungen schildern sowohl die ehemaligen MitarbeiterInnen des ASDs als auch der EB überwiegend positive Konsequenzen durch den Zusammenschluss. Sie können hinsichtlich ihrer Arbeitsweise von Kollegen dazu lernen und ihren Blick erweitern, erleben eine fachliche Ergänzung durch die anderen Kompetenzen und Hilfen des jeweils anderen

---

[65] Vgl. hierzu die Aussagen von Frau Nussbaumer und Herrn Müller-Lüdenscheidt, die deutlich machen, dass sie diesen Zusammenschluss nicht gebraucht hätten (vgl. Kap. 7.3.7).

Dienstes und fühlen sich durch die vor Ort geschaffene Multidisziplinarität als Team mit „geballter Kompetenz".

D.h. beide Gruppen des Zusammenschlusses bewerten die fachlichen Veränderungen größtenteils ähnlich positiv. Nur an wenigen Stellen zeigt sich in diesen Schilderungen, dass die ehemaligen MitarbeiterInnen der Erziehungsberatung hinsichtlich der fachlichen Veränderungen zunächst große Sorgen hatten und den Verlust von fachlichen Standards (wie Supervision) beklagen.

Ganz anders äußert sich dies in den Darstellungen der Auswirkungen auf die MitarbeiterInnen. Dabei zeigen sich offenkundige Unterschiede in der Wahrnehmung und Bewertung zwischen den KollegInnen des ehemaligen ASDs und der ehemaligen EB. Zugespitzt formuliert, haben Frau Schiller und Herr Luca durch die Veränderungen dazu gewonnen, Frau Nussbaumer und Herr Müller-Lüdenscheidt dagegen eher verloren. Relativiert werden diese Verluste durch die positiven Schilderungen bzgl. der fachlichen Veränderungen. Die Ausführungen hinsichtlich der Veränderungen sind demnach sehr ambivalent. Interpretiert werden könnte aus dieser Art von Darstellung, dass die MitarbeiterInnen der ehemaligen Erziehungsberatung sich in ihrer Akzeptanz des Zusammenschlusses mit dem kleineren Übel arrangieren und darin auch positive fachliche Aspekte sehen können. Die nur an wenigen Stellen deutlich werdenden, sonstigen Möglichkeiten (Abgabe der Erziehungsberatung an freie Träger, Stellenstreichung) scheinen gegenüber dem Beratungszentrum die schlechteren Alternativen zu sein.

Nehme ich nochmals die am Anfang des Kapitels gestellte Frage – was hat sich aus Sicht der MitarbeiterInnen durch den Zusammenschluss in Vergleich zu den vorherigen Diensten verändert – in den Blick, so lässt sich folgendes zusammenfassend festhalten:

	Für die MitarbeiterInnen des ehemaligen ASDs	Für die MitarbeiterInnen der ehemaligen Erziehungsberatungsstelle
Fallarbeit	Zugewinn Arbeitshaltungen, Arbeitstechniken; Zugewinn von anderen Sichtweisen im Team; Zugewinn durch unkomplizierte Kombination von unterschiedlichen Hilfen und Kompetenzen	Zugewinn anderer Sichtweisen im Team Zugewinn durch unkomplizierte Kombination von unterschiedlichen Hilfen und Kompetenzen
Arbeitsaufkommen	Arbeitsentlastung	Arbeitsbelastung nimmt zu
Team	Zugewinn an kompetenten Austauschpartnern, mit denen vertrauensvoll zusammengearbeitet werden kann.	Nach anfänglichen Schwierigkeiten Zugewinn an .sehr guten' Kollegen, die den fachlichen Austausch möglich machen.
Vorgesetzte	Müssen unter einer Leitung arbeiten, die nicht aus ihrem herkömmlichen Arbeitsfeld stammt und einen eher psychologischen Hintergrund hat.	Behalten ihre bisherige Vorgesetzte und erfahren durch diese einen schützenden Rahmen für ihre spezifischen Qualitäten in der Arbeit.
Arbeitsbereiche	Bekommen zusätzliche, interessante und spannende Arbeitsbereiche dazu (Erziehungsberatung, präventive Fallberatung) dürfen Fälle auch abgeben	Müssen durch den Zusammenschluss zusätzliche Bereiche übernehmen (HzE-Fälle, Orientierungsberatung, Kinderschutz)
AdressatInnen	Erleben eine größere Mischung der AdressatInnen und damit auch eher freiwillig aufsuchende und motivierte Ratsuchende neben dem ,traditionellen' ASD-Klientel.	Erleben eine größere Mischung der AdressatInnen und damit auch Menschen, die früher nicht in die Beratungsstelle gefunden haben.
Arbeitsort	Erwähnen keine Veränderungen	Wechsel ins Gebäude des Jugendamtes, mit dem gelungenen Versuch, spezifische Qualitäten einer Beratungsstelle zu erhalten

7.8 Bewertung der Veränderungen durch Kontrastierung mit Herausforderungen der Arbeitsfelder

Betrachtet man für eine abschließende Bewertung der Veränderungen durch den Zusammenschluss zum Beratungszentrum die in Kapitel 3.1.2 und 3.2.2 theoretisch hergeleiteten Herausforderungen des ASDs und der Erziehungsberatung, so zeichnet sich folgendes Bild: Es gibt viele Herausforderungen bei beiden Arbeitsfeldern, die durch die gemeinsame Arbeit besser bewältigt bzw. überhaupt angegangen werden können (7.8.1). Daneben gibt es auch Herausforderungen, auf die mit dem Beratungszentrum nicht reagiert werden kann und die neue Form der Zusammenarbeit sich somit weder positiv noch negativ auswirkt (7.8.2). Des Weiteren gibt es eine Herausforderung, für die angenommen werden muss, dass diese durch den Zusammenschluss schlechter bearbeitet werden kann (7.8.3).

Im Folgenden werden in der vorgestellten Logik die Herausforderungen der beiden Arbeitsfelder mit den empirischen Ergebnissen kontrastiert und damit verdeutlicht, welche fachlichen Entwicklungen durch den Zusammenschluss des Allgemeinen Sozialdienstes und der Erziehungsberatung erreicht und welche nicht erreicht werden können.

7.8.1 Herausforderungen der Arbeitsfelder, auf die durch den Zusammenschluss reagiert werden kann

Komplexe Problemlagen

Sowohl aus Sicht des Allgemeinen Sozialdienstes als auch der Erziehungsberatung können nach dem Zusammenschluss komplexere Problemlagen besser bearbeitet werden. Für die MitarbeiterInnen des ASDs stellt sich von nun ab nicht immer sofort die Frage, ob sie als allzuständiger Grunddienst über genügend Kompetenzen für die vorliegende Problematik verfügen, da durch die Zusammenarbeit mit den Kollegen aus der ehemaligen Erziehungsberatung eine andere, ergänzende Fachkompetenz ins Team dazugekommen ist. Sie haben die Möglichkeit, in Co-Beratungen mit KollegInnen aus der EB zusammenzuarbeiten, neue Tipps und andere Sichtweisen auf Problemlagen zu erfahren, sowie im Rahmen des Beratungszentrums unterschiedliche Hilfen zu kombinieren. Der ASD überwindet durch den Zusammenschluss zum Beratungszentrum somit seine Rolle als Vermittlungsinstanz für komplexe Problemlagen.

Für die MitarbeiterInnen der ehemaligen Erziehungsberatung werden komplexere Problemlagen dahingehend bearbeitbarer, da sie ebenfalls von den anderen Kompetenzen der KollegInnen aus dem ASD profitieren. Sie erfahren neue Umgangsformen bspw. mit Krisen, die über intrapsychische Konflikte hinausgehen und in der Lebenswelt der Ratsuchenden bearbeitet werden müssen. Somit ist durch den Zusammenschluss für die MitarbeiterInnen der ehemaligen Erziehungsberatung eine intensive Kooperation mit den MitarbeiterInnen aus dem ehemaligen ASD garantiert.

Ressourcenknappheit

Die auf Grund beschränkter finanzieller Mittel bestehende Herausforderung stellt sich im Rahmen der Arbeit im Beratungszentrum genauso wie in den getrennten Diensten. Weiterhin müssen komplexe Problemlagen mit begrenzten Ressourcen bearbeitet werden. Dennoch kann auf die Herausforderung der Ressourcenknappheit durch die Arbeit im Beratungszentrum dahingehend reagiert werden, dass durch die Verstärkung der Kompetenzen vor den Hilfen zur Erziehung versucht wird, Ressourcen zu schonen, in dem kostenintensivere Hilfen vermieden oder verschoben werden können.

Außerdem wurde es durch den Zusammenschluss möglich, scheinbar bedrohte Stellen der PsychologInnen im Beratungszentrum zu integrieren und somit weiterhin in einer garantierten Regelfinanzierung zu verankern.

Interdisziplinäres, teambezogenes Arbeiten

Den Forderungen, verschiedene Erfahrungs- und Berufshintergründe in die Arbeit beider Dienste zu integrieren, kann durch den Zusammenschluss zum Beratungszentrum optimal entsprochen werden. Selbst die MitarbeiterInnen aus der ehemaligen Erziehungsberatung, für die das Arbeiten im multiprofessionellen Team zum Standard gehört, erfahren durch die Zusammenarbeit mit den KollegInnen des ehemaligen ASDs eine zusätzliche Erweiterung der Perspektiven und Herangehensweisen. Die in den Erziehungsberatungsstellen vorhandene Gefahr der teaminternen Angleichung der Arbeitsstile (vgl. Kap. 3.2.2 f)), ist durch die unterschiedlichen Selbstverständnisse der Arbeitsfelder nicht gegeben. Die maximale Varianz der Sichtweisen kann somit für die Arbeit im Beratungszentrum genutzt werden.

Niederschwelligkeit

Der niederschwellige Zugang zu den Diensten und Hilfen ist eine grundsätzliche Forderung an die Arbeitsfelder Erziehungsberatung und ASD. BürgerInnen sollen auf einfachem Weg und ohne Stigmatisierung zu den für sie notwendigen Diensten finden. Durch das Beratungszentrum scheint es gelungen, die Niederschwelligkeit für die AdressatInnen der Erziehungsberatung trotz Umzuges ins Jugendamt zu erhalten und den Zugang aller Ratsuchenden für das jeweils andere Arbeitsfeld zu ermöglichen. Familien, die herkömmlich eher Hilfen des ASDs in Anspruch genommen haben, können nun auch von der Erziehungsberatung profitieren, ebenso wie Familien, die sich bisher nicht ins Jugendamt getraut haben, erfahren, dass sie hier ebenso familienunterstützende Hilfeleistungen erhalten können und dabei nicht nur durch den Staat kontrolliert werden.

Kundenorientierung

Eine Verbesserung der Kundenorientierung als Herausforderung an den ASD, die im Rahmen der Verwaltungsmodernisierung gestellt wird, ist durch den Zusammenschluss von ASD und EB erreicht worden. In den Äußerungen der MitarbeiterInnen der ehemaligen Erziehungsberatung wurde deutlich, welche Vorstellungen des Umgangs mit Ratsuchenden und der Gestaltung von Räumlichkeiten sie aus der Tradition der Erziehungsberatung mitgebracht haben. Auch wenn die ehemaligen MitarbeiterInnen des ASDs diese Veränderung nicht in ihren Darstellungen erwähnen, kann zumindest von einer verbesserten ‚äußerlichen' Kundenorientierung ausgegangen werden. Ob und wie sich das Verhalten der MitarbeiterInnen im Einzelnen gegenüber den Ratsuchenden verändert hat, ist durch die Interviews nicht zu bewerten.

Schlechte Arbeitsbedingungen im ASD

Die Überwindung von schlechten Arbeitsbedingungen im ASD wurde durch den Zusammenschluss zumindest dahingehend erreicht, dass die ehemaligen MitarbeiterInnen des ASDs ihre bisherigen Arbeitsfelder durch neue, ihnen Freude bringende, erweitern konnten und durch die Zusammenarbeit mit den KollegInnen der ehemaligen EB eine Entlastung erfahren haben.

Selbstwertgefühl und Unzufriedenheit mit dem Arbeitsplatz

Dadurch, dass sich die Arbeitsbedingungen für die MitarbeiterInnen des ehemaligen ASDs verbessert haben und sie die Rolle der allseitsbereiten ‚Feuerwehr‘ und des letzten Instanz verloren haben, scheint es im Rahmen des Beratungszentrums gelungen zu sein, den MitarbeiterInnen Anerkennung zu schenken und somit ihr berufliches Selbstwertgefühl sowie ihre Zufriedenheit mit ihrem Arbeitsplatz zu stärken.

Definitions- und Interpretationsleistung

Der Herausforderung, vermehrt unbestimmte Rechtsbegriffe inhaltlich füllen zu müssen, kann im Rahmen des Beratungszentrums mit vielfältigeren und somit detaillierten Situationsanalysen begegnet werden. Durch die multidisziplinäre Zusammenarbeit gibt es mehr Blickwinkel und Sichtweisen im Team, die MitarbeiterInnen sind nicht mehr sich selbst überlassen. Gemeinsame Fallbesprechungen gehören im Beratungszentrum zum Standard der Arbeit.

Gesetzliche Entwicklungen hinsichtlich des KJHGs

Die MitarbeiterInnen der ehemaligen Erziehungsberatung erhalten im Rahmen der Zusammenarbeit im Beratungszentrum die Möglichkeit, von den langjährigen Erfahrungen der KollegInnen des ASDs mit dem Umgang des KJHGs und der darin formulierten Forderungen profitieren zu können. Diese kennen bspw. die Schwierigkeiten der gesetzlich vorgeschriebenen Hilfeplanung und können somit wertvolle Tipps an die neuen KollegInnen weitergeben. Inwiefern die durch das KJHG geforderte Gestaltung und Verbesserung von Lebenswelten für Kinder und deren Familien durch den Zusammenschluss zum Beratungszentrum gewährleistet werden kann bleibt offen.[66]

Umsetzen von fachlichen Entwicklungen der Jugendhilfe

Hinsichtlich der fachlichen Entwicklungen der Jugendhilfe, ist die Erziehungsberatung gefordert, diese in ihre Entwicklungen aufzunehmen und in ihrer Arbeit

---

[66] Vgl. hierzu die marginale Thematisierung des sozialräumlichen Blicks in den Interviews überhaupt.

umzusetzen. Durch die Zusammenarbeit im Beratungszentrum ist die Umsetzung der fachlichen Entwicklungen zwar nicht garantiert, jedoch entsteht eine intensive Nähe zum ASD des Jugendamtes, durch die zumindest der Blick auf Entwicklungen in der Jugendhilfe gewährleistet scheint. Im Rahmen des Beratungszentrums sind deshalb die MitarbeiterInnen der ehemaligen Erziehungsberatung und des ehemaligen ASDs gemeinsam gezwungen, sich mit einer Breite von jugendhilferelevanten Themen zu beschäftigen.

Neue Organisationsformen von Erziehungsberatung

Im Rahmen der fachlichen Weiterentwicklung der Jugendhilfe werden neben der Arbeitsweise auch die traditionellen Organisationsformen der Erziehungsberatungsstellen hinterfragt. Im Rahmen des Beratungszentrums ist es möglich geworden, eine neue innovative Zusammenarbeitsform auszuprobieren und sogar das Wagnis einzugehen, die räumliche Trennung, von Jugendamt und Beratungsstelle scheinbar ohne den Verlust der AdressatInnenakzeptanz, aufzuheben. Das Beratungszentrum stellt somit eine Art integrierte Beratungsstelle dar.

7.8.2　Herausforderungen der Arbeitsfelder, auf die der Zusammenschluss keinen Einfluss hat

Bürokratisierung

Die von Hinte geschilderte Herausforderung an den ASD, mit einer überladenen Bürokratisierung im Rahmen der Jugendamtsarbeit zurecht zu kommen, bleibt auch nach dem Zusammenschluss von Allgemeinem Sozialdienst und Erziehungsberatung bestehen. Allerdings wird in den Interviews diese Herausforderung von keinem der Befragten erwähnt, so dass angenommen werden kann, dass dieses Thema bei den MitarbeiterInnen nicht den größten Leidensdruck erzeugt.

Gesetzliche Entwicklungen hinsichtlich offener Verfahren

Im Rahmen der offenen Verfahren im KJHG erhält der ASD und somit das Beratungszentrum die Aufgabe, die Hilfen gemeinsam mit verschiedensten Parteien dialogisch auszuhandeln. Die MitarbeiterInnen erbringen somit nicht die Hilfe direkt, sondern ihre Unterstützung besteht darin, die unterschiedlichen Meinungen und Interessen zu koordinieren und zu planen. Diese von Frau Nussbaumer als „HzE-Verwaltung" (N, Z. 286) bezeichnete Tätigkeit, scheinen die Mitarbei-terInnen der ehemaligen Erziehungsberatung nicht gerne zu machen, so dass fraglich ist, inwieweit der Umgang mit diesen offenen Verfahren durch den Zu-sammenschluss von ASD und EB verbessert werden kann.

Gesetzliche Entwicklungen hinsichtlich Kindschaftsrechtsreform

Im Rahmen der theoretischen Auseinandersetzung mit derzeit aktuellen Heraus-forderungen des Arbeitsfeldes Erziehungsberatung, wurden die durch die Kind-schaftsreform dazugekommen Aufgaben als Herausforderung thematisiert. Da im Beratungszentrum keine Juristen arbeiten, sondern im multiprofessionellen Team lediglich SozialpädagogInnen und PsychologInnen zusammenarbeiten, ist nicht zu erkennen, inwiefern der Zusammenschluss zum Beratungszentrum hinsicht-lich der Betreuung von Erwachsenen und deren Fragen der Regelung des Sorge-rechts eine Veränderung darstellt.

7.8.3 Herausforderungen, auf die nach dem Zusammenschluss schlechter reagiert werden kann

Sozialräumlich denken und handeln statt ausschließlicher Orientierung am Ein-zelfall

Durch die Zusammenarbeit mit den KollegInnen der ehemaligen Erziehungsbe-ratung besteht für die MitarbeiterInnen des ASDs die Gefahr, dass die Orientie-rung am Einzelfall an Bedeutung gewinnt und präventive, fallunspezifische Ar-beit an Bedeutung verliert. Wie deutlich wurde, werden von den Befragten kaum Blickwinkel auf Arbeitsinhalte außerhalb von Einzelfällen thematisiert, vielmehr sind veränderte Umgangsweisen mit den Einzelfällen im Fokus des Interesses. Die in der Fachdiskussion geforderte Erweiterung der Aufmerksamkeit auf prob-lemverursachende Mechanismen, die außerhalb der einzelnen Familie bzw. des einzelnen Kindes liegen, scheint in der Arbeit des Beratungszentrums nicht auf-gegriffen zu werden. Die Mitwirkung bei der Gestaltung eines tragfähigen Netz-werkes, das sich positiv auf die Lebensbedingungen vor Ort auswirkt und somit Familien unterstützen kann, wird durch den Zusammenschluss von Erziehungs-beratung und Allgemeinem Sozialdienst nicht gefördert. Es ist also anzunehmen, dass sich durch das Beratungszentrum der Blick auf Einzelfälle verstärkt hat. Die von Straus/Gmür (1991) kritisierte Verschlossenheit von Erziehungsberatungs-stellen gegenüber dem Gemeinwesen trifft für das Beratungszentrum ebenfalls zu. Die von ihnen formulierte Vorstellung, dass eine Erziehungsberatung – in diesem Fall nun das Beratungszentrum – als ein Teil des Gemeinwesens bekannt ist, sich mit anderen Institutionen vernetzt und somit mit niederschwelligen Angeboten frühzeitig und rechtzeitig wirken kann und damit zum Ansprechpartner für die Menschen im Stadtteil wird, scheint durch den Zusammenschluss zum Beratungszentrum nicht erfüllt zu werden. Allerdings besteht die Hoffnung, dass durch die von Frau Weber formulierte Absicht, zukünftig die Außendarstellung verstärkt im Blick zu haben, sich auch hinsichtlich der Zusammenarbeit mit anderen Diensten im Stadtteil etwas verbessert.

8 Perspektiven des Beratungszentrums

8.1 Die Perspektiven des Beratungszentrums aus Sicht der MitarbeiterInnen – eine Analyse

Im Anschluss an die Analyse der Veränderungen durch den Zusammenschluss von Allgemeinem Sozialdienst und Erziehungsberatung ist es spannend, welche Perspektiven die MitarbeiterInnen für diese neue Organisationsform sehen. Werden die geschilderten Veränderungen sich auch in Zukunft als Standards halten können bzw. wo sehen sie mögliche und vielleicht auch nötige Korrekturen?

Aus Sicht der MitarbeiterInnen werden zwei gegensätzliche Perspektiven deutlich: Zum einen wird angenommen, dass es zunächst keine weiteren Veränderungen hinsichtlich der Organisationsform geben wird (vgl. S, Z. 683; 722) bzw. es „jetzt erstmal [so] weiter gehen" (W, Z. 893) wird, zum anderen wird vermutet, dass die derzeitige Organisationsform „nicht der Weisheit letzter Schluss" (L, Z. 862) ist und „in 5 Jahren anders aussehen bzw. anders genannt werden" (L, Z. 866) wird. D.h. es herrscht keine Einigkeit darüber, ob diese Organisationsform eine langfristige Perspektive hat oder nicht. Auffällig ist, dass trotz der Uneinigkeit bezüglich der Perspektiven des Beratungszentrums scheinbar klar ist, dass diese Organisationsform auch in den anderen Stadtteilen von A. umgesetzt werden soll (vgl. S, Z. 700ff.; ML, Z. 256f.; N, Z. 953ff.). Damit wäre die Perspektive zunächst keine Veränderung, sondern eine Ausweitung dieses Modells. Einige MitarbeiterInnen machen jedoch deutlich, dass die stadtweite Umsetzung sehr wahrscheinlich auch eine weitere Veränderung der Organisationsform bedeuten würde. Es wird bezweifelt, ob die Finanzierung für genügend PsychologInnenstellen in den jeweiligen multidisziplinären Teams gesichert wäre, bzw. befürchtet, dass durch eine nicht mögliche Finanzierung dieser Stellen, die Anzahl der PsychologInnen im Team drastisch gekürzt werden müsste. So beschreibt bspw. Frau Nussbaumer, dass ihr im Falle einer stadtweiten Umsetzung nicht klar ist, wie der Amtsleiter die fehlenden Stellen finanzieren möchte (vgl. N, Z. 956ff.).

Eine weitere mögliche Veränderung der Organisationsform und damit der Perspektive des Beratungszentrums beschreiben die MitarbeiterInnen in der neuen, auf anderer Hierarchieebene, diskutierten Idee von Sozialzentren. Über diese Organisationsform ist den MitarbeiterInnen bisher wenig bekannt (vgl. L,

Z. 859ff.; ML, Z. 612), außer dass in diesem Organisationsmodell ebenfalls verschiedene Arbeitsbereiche multidisziplinär zusammenarbeiten sollen. Herr Müller-Lüdenscheidt weist darauf hin, dass in einem ersten Arbeitspapier bezüglich der Sozialzentren die psychologische Beratung nicht mehr genannt wird (vgl. ML, Z. 612ff.). Es besteht also die Gefahr, dass in dem neuen z. T. aus dem Beratungszentrum weiterentwickelten Dienst, die spezifische Qualität der Erziehungsberatung nicht mehr vorgesehen ist. Deshalb ist es ihm wichtig, dafür zu sorgen, dass dieses Arbeitsfeld auch in der neuen Organisationsform eine langfristige Perspektive erhält (vgl. ML, Z. 447ff.).

Befürchtet wird von den ehemaligen MitarbeiterInnen der EB auch, dass bei den neuen Organisationsformen unter einer nicht psychologisch ausgebildeten Leitung eher die Gefahr besteht, dass die spezifische Qualität der Erziehungsberatung durch die LeiterInnen nicht mehr geschützt wird (vgl. ML, Z. 594ff.). Deshalb ist es notwendig, dass diese Qualität von ganz oben (Amtsleitung) gewollt ist und auf Grund von Vorgaben festgeschrieben wird (vgl. ML. Z. 1323ff.).[67]

Eine weitere mögliche Veränderung und damit eher eine ernüchternde Perspektive wird in der Möglichkeit gesehen, die Erziehungsberatungsstellen komplett über einen Gesamtversorgungsvertrag an die freien Beratungsstellen abzugeben (vgl. ML, Z. 696ff.). Dies würde bedeuten, dass es keine städtischen Beratungsstellen mehr gibt und die Stadt dieses Arbeitsfeld aufgeben würde. Herr Luca thematisiert diese Möglichkeit auch mit dem Verweis auf die gängige Praxis, andere Arbeitsbereiche wie bspw. die Tagesmütterbetreuung nach außen zu vergeben (vgl. L, Z. 937ff.). Diese Entwicklung würde auch zu der in den Interviews beschriebenen Politik der Beschränkung auf Pflichtaufgaben (vgl. L, Z. 933ff.) passen.

Es wird also deutlich, dass trotz der unterschiedlichen Einschätzung der Perspektiven (es wird so bleiben wie es ist vs. es wird sich verändern), hinsichtlich der zukünftigen Entwicklung dieses Dienstes eher Skepsis und Sorgen dominieren als Zuversicht. Fast alle MitarbeiterInnen machen sich Gedanken, ob die zukünftigen Entwicklungen auch zum Stellenabbau bzw. zur Aufgabe von fachlicher Qualität genutzt werden (vgl. L, Z. 895f.; L, Z. 916ff.; N, Z 967ff.; ML, Z.435ff.; ML, Z. 594ff.). Deshalb formulieren sie in ihren Wünschen hin-

---

[67] Herr Müller-Lüdenscheidt schildert diese Problematik wie folgt: „Im Moment sehe ich es aber noch nicht, dass das [die Erhaltung der spezifischen Qualität der Erziehungsberatung] gelingt. Und ich befürchte eher, dass das schief geht. Aber wenn das gelänge, wenn der Amtsleiter auch seine Abteilungsleiter anweist, das zu forcieren und dafür Sorge zu tragen und dass die Abteilungsleiter auch den ganzen Dienststellenleitern diese Anweisung geben, wenn sie denn noch nicht selber in ihren Horizont drin haben, zu sagen, Du ich möchte, dass das gefördert wird und dass das besonders gewürdigt wird und dass da die sächlichen und personellen und sonst wie ideellen Voraussetzungen geschaffen werden, für diese Qualität. Dann haben wir ne realistische Chance" (ML, Z. 1323ff.).

sichtlich den Perspektiven fürs Beratungszentrum, dass diese in ihrer Entwicklung nicht von Sparzwängen beeinflusst werden (vgl. L, Z. 888ff.) bzw. durch die Absicherung in der Hierarchie geschützt werden sollen (vgl. ML, Z. 1325ff.). Frau Schiller erhofft sich außerdem, das das Beratungszentrum „jetzt so ne Weile bleiben soll" (S, Z. 678f.), denn schließlich würden die ganzen Veränderungen ja auch „zermürben" (S, Z. 689), egal ob sie positiv oder negativ sind. Sie wünscht sich deshalb „auch mal so das Gefühl von Stabilität" (S, Z. 692ff.) wieder zu finden, um handlungsfähig zu bleiben. Frau Nussbaumer dagegen würde es am liebsten sehen, wenn die Erziehungsberatung bzw. die psychologische Beratung wieder „wirklich sichtbar abgegrenzt [als Fachdienst] existent wäre" (N, Z. 985). Zugespitzt ausgedrückt wünscht sie sich eine Rückkehr zur alten Trennung zwischen ASD und Erziehungsberatung.

In der Analyse dieser Aussagen wird deutlich, dass das Team sehr unterschiedliche Wünsche hinsichtlich der Entwicklung des gemeinsamen Dienstes hat. Fraglich ist, was dieses ungleiche Streben für die alltägliche Zusammenarbeit bedeutet.

Außerdem fällt auf, dass ähnlich wie in den Beschreibungen zum Entstehungsprozess des Beratungszentrums, die Interviewten über mögliche zukünftige Veränderungsprozesse scheinbar nicht informiert sind. Und dies, obwohl die Auswirkungen auch die MitarbeiterInnen betreffen würden. Auch in den Schilderungen von Frau Weber scheint es, als ob selbst ihr als Leiterin des Beratungszentrums das Wissen über schon diskutierte zukünftige Entwicklungen fehlt oder sie diese nicht thematisieren möchte. Sie antwortet auf die Frage, welche Perspektiven sie für die heutige Organisationsform sieht, mit der Annahme, dass es „jetzt erstmal weiter gehen wird" (W, Z. 893) da sich Organisationsformen „jetzt auch nicht so schnell ändern" (W, Z. 894f.). Sie schildert weder die von den MitarbeiterInnen thematisierten Entwicklungen zu Sozialzentren noch andere Möglichkeiten des Umbaus. Festgehalten werden kann somit, dass Frau Weber, aus unbekannten Gründen, als Leiterin sich zumindest im Interview hinsichtlich der Mitgestaltung von Richtungsentscheidungen sehr zurückhaltend äußert. Sie hat vielmehr – im Gegensatz zu den MitarbeiterInnen – anstehende Entwicklungen innerhalb des Beratungszentrums, wie bspw. die Überprüfung der Außendarstellung, im Blick. Vielleicht ist es auch so, wie Frau Nussbaumer und Herr Luca schildern, dass für zukünftige Entwicklungen allein der politische Wille entscheidend ist (vgl. N, Z. 968f.; L, Z. 859f.) und weder die MitarbeiterInnen noch die Leitungsebene diese Entwicklungsprozesse mitgestalten. Dies bestätigt sich auch in Frau Webers verneinender Antwort auf die Frage, ob sie schon für den Prozess der stadtweiten Umsetzung der Konzeption des Beratungszentrums als Beraterin angefragt worden sei (vgl. W, Z. 907ff.).

8.2 Bewertung der Perspektiven des Beratungszentrums

In den Schilderungen bezüglich der Perspektiven des Beratungszentrums wird in ähnlicher Weise wie bei den Darstellungen der Veränderungen durch das Beratungszentrum deutlich, dass die MitarbeiterInnen die Perspektiven fast ausschließlich hinsichtlich der Auswirkungen auf die MitarbeiterInnensituation bzw. auf den Erhalt von der spezifischen Qualität der Arbeit von PsychologInnen in Erziehungsberatungen thematisieren. Keiner der Befragten erzählt, welche fachlichen Weiterentwicklungen für die AdressatInnen wichtig wären und was dahingehend noch getan werden müsste. Die Perspektiven sind somit dominiert von Sorgen und Skepsis gegenüber neuen, gerüchteartigen Entwicklungen. Dies ist nicht verwunderlich, da scheinbar weder sie noch ihre Leitung als ExpertInnen des Beratungszentrums in die Weiterentwicklung dieser Konzeption einbezogen werden. So wird MitarbeiterInnenpartizipation verhindert, mit dem Ergebnis, dass diese sich auch mit dem Blick auf die Zukunft nicht mit der Institution Jugendamt identifizieren und sich eher kritisch abwartend zurückhalten. Lediglich die Verteidigung des Erhalts der eigenen Profession – der zukünftige Erhalt der psychologischen Kompetenz in der Beratung – veranlasst die MitarbeiterInnen aus der ehemaligen EB genau hinzuschauen, was dort zukünftig passieren soll.

Es ist frappierend, mit welchen ähnlichen Mustern, während der Organisationsentwicklung zum Beratungszentrum, die zukünftigen Entwicklungen angegangen werden. Die MitarbeiterInnen sind nicht informiert und werden an Entwicklungen nicht beteiligt. Dies hat auch zur Folge, dass innerhalb des Teams keine einheitliche zukünftige Perspektive vorhanden ist. Offen bleibt, warum die MitarbeiterInnen, unabhängig vom politischen Willen, den Spielraum nicht nutzen, sich zumindest über die Entwicklungen innerhalb ihres Beratungszentrums zu verständigen um somit mit vereinten Kräften zukünftige Herausforderungen anpacken zu können.

9 Abschließende Betrachtung

Zum Abschluss dieser Arbeit soll die Ausgangsfrage in Erinnerung gerufen werden, in wieweit durch die Organisationsveränderung zum Beratungszentrum fachliche Entwicklungen möglich wurden. D.h. auch zu überlegen, ob die Fachlichkeit durch das Beratungszentrum besser geworden ist, in dem es anders geworden ist.[68]

Dass Organisationen sich verändern müssen, wenn es besser werden soll, steht für mich, in Anlehnung an Lichtenberg, außer Frage. Nur durch Wandel kann auf Veränderungen reagiert oder hinsichtlich Entwicklungen agiert werden. Anliegen dieser Arbeit war es, am Beispiel des Beratungszentrums zu untersuchen, ob die Organisationsveränderung so gestaltet wurde, dass diese im Dienste der fachlichen Entwicklung steht.

Als Maßstab für die Bewertung der fachlichen Entwicklung wurden zum einen die aktuellen Verständnisse der Jugendhilfeentwicklung rund um eine adressatInnenorientierte Ausrichtung der Hilfen, zum anderen die derzeit diskutierten fachlichen Herausforderungen der beiden Dienste ASD und EB angelegt. Zentral ist, dass erst auf Grund einer Offenlegung des Maßstabs die vorgenommene Bewertung der Organisationsveränderung verstanden werden kann. Durch die Auswahl der dargestellten Bewertungsmaßstäbe für diese Arbeit wird deutlich, dass im Rahmen dieser Untersuchung mit einem sozialpädagogischen und nicht mit einem psychologischen Professionalitätsanspruch auf die Veränderungen geschaut wurde.

Vor diesem Hintergrund sollen auch die folgenden, abschließend bewertenden Zusammenfassungen gelesen werden.

9.1 Abschließende Zusammenfassung und Bewertung

In der abschließenden Zusammenfassung geht es um die Bewertung der Ergebnisse hinsichtlich der fachlichen Entwicklungen
a) der Erziehungsberatung,

---

[68] Vgl. hierzu das eingangs gewählte Zitat von Lichtenberg: „Es ist nicht gesagt, daß es besser wird, wenn es anders wird. Wenn es aber besser werden soll, muß es anders werden".

b) des Allgemeinen Sozialdienstes,

c) in A. und

d) einer adressatInnenorientierten Jugendhilfe.

Zunächst wird jedoch der Entstehungsprozess des Beratungszentrums betrachtet.

Der Entstehungsprozess des Beratungszentrums

Die Schilderungen der MitarbeiterInnen zum Entstehungsprozess sowie die theoriebasierten Bewertungen wurden in Kapitel 6 dargestellt.

Gerade wegen den in den theoretischen Kontrastierungen deutlich geworde-
nen gravierenden Defiziten in der Gestaltung des Entstehungsprozesses von
Seiten der verantwortlichen Initiatoren, ist es erstaunlich, wie handlungsfähig das
Team heute im Beratungszentrum arbeitet. Aus den Interviews wurde neben aller
Skepsis und Schwierigkeiten deutlich, wie sich die betroffenen MitarbeiterInnen
nach dem Zusammenschluss zusammengerauft und das aus ihrer Sicht Beste aus
der Situation gemacht haben. Vor allem auf das hohe Engagement von Frau
Weber, der Leiterin, ist hinzuweisen, die trotz der mangelnden Beteiligung im
Vorfeld des Zusammenschlusses und der geringen Unterstützung von Außen die
Verantwortung für die Gestaltung dieses Prozesses übernommen hat.

Dennoch blieben einige ungeklärte Fragen, die ich im Rahmen dieser abschließenden Zusammenfassung aufgreifen möchte.

Zu erst bleibt unbeantwortet, warum die vom Zusammenschluss betroffenen
MitarbeiterInnen sich nicht mehr in die Entwicklungsprozesse eingebracht und
auch nach der Organisationsveränderung scheinbar den Prozess nicht vollständig
aufgearbeitet haben. Sie wissen weder über den Ablauf noch über die Gründe für
den Entstehungsprozesses bescheid. Auch die bestehenden Vorurteile zu Beginn
der Zusammenarbeit scheinen die MitarbeiterInnen heute noch nicht zu kennen.
Während der Interviews entstand der Eindruck, dass die MitarbeiterInnen sich
auf ihre alltägliche Arbeit konzentrieren, darüber hinaus sich jedoch eher mit
dem Gegebenen arrangieren. Dies bestätigt sich auch in den Antworten der Interviewten hinsichtlich der Perspektiven. Die MitarbeiterInnen erleben sich nicht
als gemeinsame ‚Gestalter' zukünftiger fachlicher Entwicklungen. Dies ist als
ein Defizit zu bewerten, da deutlich wird, dass die MitarbeiterInnen, wenn sie die
Entwicklung des Beratungszentrums selbst bestimmen könnten, sehr unterschiedliche und teilweise gegensätzliche Wünsche hätten. Abgesehen davon,
fließen somit die bei den MitarbeiterInnen vorhandenen Erfahrungen und Potentiale nicht in weitere Entwicklungsprozesse ein.

Zum Zweiten ist hinsichtlich der stattgefunden Teamentwicklung zu fragen,
warum das im Prozess bewährte Instrument der Klausurtage nicht häufiger er-

möglicht und vor allem für die Auseinandersetzung mit fachlichen Zielen des Beratungszentrums genutzt wurde.

Drittens bleibt offen, warum es keine, wie in der Konzeption (vgl. Gräßer 2001) vorgesehene, ausführliche Evaluation des Zusammenschlusses stattfand. Dies ist vor allem vor dem Hintergrund des Vorhabens einer stadtweiten Umsetzung zu kritisieren, da somit nicht klar ist, welche Effekte durch den Zusammenschluss von ASD und EB erreicht werden. Außerdem wäre es im Sinne einer Anerkennung der MitarbeiterInnen und deren täglicher Arbeit sinnvoll gewesen, die von oben angestoßene Veränderung nach einiger Zeit nochmals zu fokussieren.

Viertens ist darauf hinzuweisen, dass zwischen den Schilderungen der MitarbeiterInnen und dem offiziellen Leitbild von A., hinsichtlich der Gestaltung von Entwicklungsprozessen, eine große Diskrepanz festzustellen ist. Im Entstehungsprozess des Beratungszentrums wurde nicht deutlich, dass, wie in den Leitzielen des Jugendamtes A. formuliert, das Jugendamt sich als eine lernende Organisation versteht, die ihre Fachkräfte an Veränderungsprozessen beteiligt, diese evaluiert und auf ein gutes Betriebsklima achten möchte (vgl. Kap. 4.1).

Fachliche Entwicklung des Arbeitsfeldes Erziehungsberatung

Vergleicht man die Bewertung des Zusammenschlusses auf dem Hintergrund der fachlichen Ansprüche des Arbeitsfeldes Erziehungsberatung (vgl. Kap. 3.2.2) mit denen der befragten MitarbeiterInnen, so wird ein Unterschied offensichtlich. Das was die MitarbeiterInnen der ehemaligen EB auf Grund ihres eher therapeutisch-psychologischen Hintergrundes als Verlust bewerten, kann einer sozialpädagogischen Perspektive z.T. positiv beurteilt werden. Aus dieser Blickrichtung hat die Organisationsveränderung zum Beratungszentrum eindeutig dazu beigetragen, dass die Institution Erziehungsberatung im Kontext der Jugendhilfe verankert ist und ihre Hilfen im Zusammenspiel mit anderen Unterstützungsleistungen angeboten werden. Durch die Zusammenarbeit mit den KollegInnen des ASDs werden zumindest die Chancen erhöht, dass MitarbeiterInnen der ehemaligen Erziehungsberatung sich von dem, ihnen vorgeworfenen, einseitigen Blick auf individuelle Problemkonstellationen lösen zugunsten einer mehrperspektivischen Herangehensweise an die Arbeit mit Familien. Mit dem Modell 'Beratungszentrum' scheint der Streit um die grundsätzliche Ausrichtung der Erziehungsberatung zwischen medizinisch-therapeutischer oder sozialpädagogischer Arbeitsweise zu Gunsten einer Verankerung in der Jugendhilfe entschieden. Die Erziehungsberatung ist somit ein integrierter Baustein im Hilfsangebot des Jugendamtes geworden.

Fraglich bleibt, inwieweit die skeptische Haltung der MitarbeiterInnen der ehemaligen EB gegenüber diesen Veränderungen sich auf die Realisierung der im Zusammenschluss liegenden Chancen auswirkt. Dadurch, dass sie einerseits gezwungen wurden, in dieser neuen Konstellation zu arbeiten, andererseits aber auch positive Effekte in den Interviews schildern, bleibt der Eindruck eines sehr ambivalenten Verhältnisses zur neuen Organisationsform. Vor allem in der Offenheit bei der Gestaltung von fallunspezifischen Arbeit und Organisation von Hilfen zur Erziehung zeigen sich Grenzen. Den MitarbeiterInnen der ehemaligen EB fällt es schwer, diese Perspektive als ein Element in ihre Arbeit zu integrieren und als bereichernd anzusehen. Es ist ihnen vor allem wichtig, das Angebot einer psychologisch fundierten Erziehungsberatung, neben dem Angebot des ASDs, im Sinne einer Vielfalt der zur Verfügung stehenden Hilfen zu sichern. Dass sie damit den an sie aktuell gestellten Herausforderungen nicht gerecht werden können, scheint ihnen nicht bewusst.

Fachliche Entwicklung des Allgemeinen Sozialdienstes

Auch hinsichtlich des Arbeitsfeldes des Allgemeinen Sozialdienstes bleibt abschließend zu fragen, welche fachlichen Zugewinne sich für den ASD durch die Organisationsveränderung ergeben haben. In den Schilderungen der MitarbeiterInnen geht der Arbeitsbereich ASD als der eindeutige ‚Gewinner' des Zusammenschlusses hervor. Egal ob die ehemaligen MitarbeiterInnen des ASDs die neuen Aufgabenbereiche und die neue Arbeitsweise als gewinnbringend bezeichnen oder die ehemaligen MitarbeiterInnen der Erziehungsberatung annehmen, dass durch die Zusammenarbeit der ASD qualifiziert wird, aus Sicht der MitarbeiterInnen hat der ASD vieles dazu gewonnen. Betrachtet man jedoch genauer, was der ASD durch den Zusammenschluss gewonnen hat, so wird auch eine einseitige Schwerpunktsetzung zu Gunsten der Einzelfallarbeit deutlich. Durch den Zusammenschluss ist es den MitarbeiterInnen des ehemaligen ASDs möglich, ihre AdressatInnen von KollegInnen aus der EB testen zu lassen, andere Blickwinkel auf Einzelfälle kennen zu lernen sowie ihre Beratungskompetenz und Gesprächsführung durch Tipps von den Kolleginnen der EB zu verbessern. Diese Veränderungen bringen den ehemaligen MitarbeiterInnen des ASDs vor allem in ihrer alltäglichen Arbeit Entlastung.

   Die Frage bleibt, inwiefern die erzielten Veränderungen auch der fachlichen Arbeit des ASDs im Sinne einer lebensweltorientierten Sozialen Arbeit dienen. Sicherlich bewirken der neue Austausch im Team und die Möglichkeit der Kombination von Hilfen, dass AdressatInnen vielfältiger wahrgenommen werden und passgenauere Hilfen angeboten werden können. Hinsichtlich der Forderung, die

Hilfe an den individuellen Vorstellungen der AdressatInnen auszurichten und funktionierende soziale Zusammenhänge durch Aktivierung vorhandener Ressourcen zu entwickeln, bleibt unklar, ob die AdressatInnen und deren Lebensumfeld als Ausgangspunkt der Hilfen durch den Zusammenschluss mehr ins Zentrum der Arbeit gerückt sind. Lebensweltorientierte Soziale Arbeit strebt eine Blickveränderung an weg von einem defizitären, individualisierenden Blick hin zu einer ganzheitlichen, die strukturellen Lebensbedingungen der AdressatInnen einbeziehende Perspektive. D.h., wie Hinte es ausdrückt, auch vom ‚Fall zum Feld' (vgl. Kap. 2) zu kommen, indem neben der Einzelfallarbeit, fallunspezifische, sozialräumliche Arbeit mit dem Ziel der Infrastrukturgestaltung ebenfalls einen Stellenwert bekommt. In den präsentierten Schilderungen wird diese Ausrichtung der Arbeit nicht thematisiert, so dass daraus geschlossen werden kann, dass durch den Zusammenschluss zum Beratungszentrum der ASD die von ihm erwartete Kompetenzverbesserung, bspw. bezogen auf das Gemeinwesens und die Vernetzung von Diensten im Stadtteil, nicht erfährt.

Angestrebte Entwicklungen in A.

Die durch das Beratungszentrum bewirkten Veränderungen lassen sich im Kontext der in A. angestrebten Entwicklungen (vgl. Kap. 4) bewerten. In der Konzeption des Beratungszentrums wird gefordert, dass die Zusammenarbeit sich am Bereich, d.h. an einem bestimmten Stadtgebiet, orientiert und zum Ziel hat, „Soziale Dienste, Psychologische Beratung, Wirtschaftliche Hilfen und Elternbildung im Rahmen der Lebenswelt der Bürgerinnen und Bürgern so miteinander zu verknüpfen, dass zielgenau und ressourcenorientiert die Leistungen erbracht werden können, die im Sozialraum benötigt werden" (Gräßer 2001, S. 1). Vergleicht man hierzu die Schilderungen der MitarbeiterInnen und die daraus resultierenden Ergebnisse der Interviewinterpretation, wird folgendes explizit:

- Der Bereich bzw. das dem Beratungszentrum zugeordnete Stadtgebiet, stellt in der Arbeit der MitarbeiterInnen nicht das wichtigste Strukturelement dar. Dies liegt möglicherweise auch an der unterschiedlichen räumlichen Zuständigkeit der KollegInnen der ehemaligen EB im Vergleich zum ASD.[69]
- Von den vier genannten Arbeitsfeldern, die im Beratungszentrum gemeinsam arbeiten sollen, werden in den Interviews nur zwei, der Be-

---

[69] Im Beratungszentrum sind die ehemaligen MitarbeiterInnen des ASDs für die Stadtteile X und R zuständig, die ehemaligen MitarbeiterInnen der Erziehungsberatung sind jedoch im Rahmen der Erziehungsberatung für weitere Stadtteile zuständig. D.h. die Zuständigkeitsbereiche sind nicht deckungsgleich.

reich Soziale Dienste und Psychologische Beratung, explizit. Die Zusammenarbeit mit den Wirtschaftlichen Hilfen und der Elternbildung wird in den Interviews nicht thematisiert, das Arbeitsfeld der psychologischen Beratung wird größtenteils auf die Funktion der Erziehungsberatung reduziert.

- Ob die Perspektive auf die Lebenswelt der BürgerInnen durch den Zusammenschluss mehr Relevanz erfährt, ist schwierig zu beantworten. Wie oben bei den Einschätzungen zur fachlichen Entwicklung der EB erwähnt, nehmen die ehemaligen MitarbeiterInnen der EB durch die Nähe zum ASD und dessen Arbeitsweise die Lebenswelt der AdressatInnen sicherlich mehr in den Blick. Eine wirkliche Ausrichtung der Arbeit an lebensweltlichen Dimensionen, welche auch die Betrachtung von strukturellen Gegebenheiten einbeziehen, scheint jedoch weder bei den KollegInnen des ASDs noch der EB höchste Priorität zu haben.

- Die zielgenaue und ressourcenorientierte Hilfeerbringung wird durch den Zusammenschluss im Hinblick auf der Zielgenauigkeit möglich, da durch die unterschiedlichen Blickwinkel im Team Situationsanalysen differenzierter vorgenommen und Hilfen einfacher miteinander kombiniert werden können. Bezüglich der Ressourcenorientierung bleibt unbeantwortet, inwiefern durch den Zusammenschluss vermehrt fallunspezifische Ressourcenerschließungen angestrebt werden. Da dieses Thema in den Interviews keine Rolle spielt, kann davon ausgegangen werden, dass dieser Aspekt in der alltäglichen Arbeit einen eher marginalen Stellenwert hat. Damit liegt im Beratungszentrum weiterhin der Schwerpunkt auf der Bearbeitung der Einzelfälle.

- Ob die Hilfen im Beratungszentrum so erbracht werden, dass sie dem Bedarf des Sozialraums entsprechen, ist zu hinterfragen, da die MitarbeiterInnen ihren Blick nicht auf die Bedarfe im Sozialraum, sondern auf die der Einzelfälle lenken. Eine Auseinandersetzung darüber, was im Sozialraum benötigt wird, wird in den Interviews nicht dokumentiert. Eine (hier gut vorstellbare) Zusammenarbeit mit der Jugendhilfeplanung ist nicht bekannt.

Auf Grund dieser Schlussfolgerungen kann festgestellt werden, dass nicht alle in der Konzeption formulierten Ansprüche durch das Beratungszentrum erfüllt werden. Vor allem zu Gunsten einer sozialräumlichen Ausrichtung der Arbeit, in der auch die strukturellen Lebensbedingungen der Ratsuchenden einen größeren Stellenwert erfahren, sollte die Arbeit im Beratungszentrum um den Fokus der fallunspezifischen Hilfen erweitert werden. Mit diesen Forderungen dürfen jedoch die MitarbeiterInnen nicht alleine gelassen werden, sondern es gilt, diese auch auf der Ebene der Strukturen und Rahmenbedingungen der Arbeit zu verankern.

Fachliche Anforderungen aus den aktuellen Entwicklungen der Jugendhilfe

Wie schon erwähnt, bildet ein sozialpädagogisches Professionalitätsverständnis, in dem Jugendhilfe als eine Dienstleistung für BürgerInnen angesehen wird, die die Lebenswelten der AdressatInnen sowie sozialräumliche Gegebenheiten in den Blick nimmt, den Bewertungsmaßstab für diese Arbeit. Die neu entstandene Organisationsform, als Teil des Jugendhilfeangebots in A., muss sich an diesen Standards messen lassen. Da diese Vorstellungen auch als Prämissen der fachlichen Entwicklungen sowohl in den Arbeitsfeldern ASD und EB, als auch der Institutionen in A. angesehen werden können, wird an dieser Stelle nur noch auf Grundlegendes hingewiesen. Zentral erscheint dabei der Verweis, dass alle vorgestellten Entwicklungsrichtungen der Jugendhilfe den Adressaten/die Adressatin als die zentrale Orientierung der Gestaltung sämtlicher Prozesse ansehen. Nicht nur einzelfallbezogene Hilfen sollen an den Bedürfnissen des Adressaten/der Adressatin durch dessen/deren Partizipation ausgerichtet werden, auch für Struktur- und Organisationsveränderungen gibt die Ausrichtung an den Bedürfnisse der AdressatInnen die Entwicklungsrichtung vor. Dies wird bspw. im Rahmen der Organisation von integrierten, flexiblen Erziehungshilfen versucht, in dem Hilfesettings, unabhängig von früheren Organisationslogiken, passgenau für jeden individuell entwickelt und Übergänge zwischen den Hilfen fließend ermöglicht werden (vgl. Kap. 2.2.3).

In der Untersuchung des Zusammenschlusses von Allgemeinem Sozialdienst und Erziehungsberatung fällt jedoch in den Erzählungen der MitarbeiterInnen auf, dass die Bedürfnisse der AdressatInnen so gut wie keine Rolle in der Gestaltung der Organisationsstruktur gespielt haben. Es sind hauptsächlich die Themen der MitarbeiterInnen, bspw. wie diese sich ihre Arbeit vorstellen, die die Auseinandersetzungsprozesse prägen. Auch alle fachlichen Veränderungen werden zunächst unter der Perspektive des jeweiligen Nutzens für die MitarbeiterInnen diskutiert, erst durch die damit erzielten Effekte werden indirekt Konsequenzen für die AdressatInnen deutlich. Somit kann die Organisationsveränderung und deren Gestaltung nicht als Reaktion auf veränderte Bedürfnisse der AdressatInnen angesehen werden, sondern scheint vielmehr von organisationsinternen Anliegen geprägt zu sein. Dass davon auch positive Effekte für die AdressatInnen ausgehen können bleibt ohne Zweifel und wird auch in den Interviews bestätigt.

9.2 Fazit

Die Organisationsveränderung zum Beratungszentrum steht nur indirekt im Dienste einer fachlichen Entwicklung. Die Dominanz der Ausrichtung der Veränderungen an den Bedürfnissen der MitarbeiterInnen überlagert die fachliche Perspektive und stellt in Frage, inwieweit die Organisationsveränderung wirklich nur als Mittel zum Zweck, nämlich im Sinne einer fachlichen Verbesserung eingesetzt wurde. Es geht bei dem Zusammenschluss von Allgemeinem Sozialdienst und Erziehungsberatung eben auch, neben den intendierten fachlichen Veränderungen, um bereichsbezogene Interessen. Sicherlich hat sich durch den Zusammenschluss von ASD und EB vieles positiv im Sinne einer fachlichen Entwicklung verändert (vgl. Kap. 7.3). Dennoch bleibt die Frage, ob nicht durch eine höhere Partizipation der MitarbeiterInnen im Vorfeld hätte erreicht werden können, dass sich die MitarbeiterInnen stärker mit der neuen Institution identifizieren und somit bereit sind, wichtige fachliche Veränderungen noch mehr in ihr Handeln zu integrieren. Hier wurden, wie in Kapitel 6.2 dargestellt, Potentiale verspielt, so dass bei den ehemaligen MitarbeiterInnen der EB sogar die Gefahr besteht, dass diese sich nur bedingt auf die neuen Aufgaben einlassen möchten und sich damit, wie Hinte verdeutlicht, die Organisation zwar verändert, die Professionellen aber die gleichen bleiben (vgl. 1993, S. 19). Entscheidend ist letztendlich, wie Organisationsveränderungen sich auf die Arbeitsweisen der Professionellen im Kontakt mit den AdressatInnen auswirken. Genau dieser Aspekt wird in den Schilderungen der interviewten MitarbeiterInnen jedoch nicht eindeutig beantwortet bzw. wird dieser immer nur zweitrangig – meistens als Folge der durch die MitarbeiterInneninteressen dominierten Veränderungen – thematisiert.

Es bleibt also zu fragen, ob dadurch, dass es anders geworden ist, es auch besser geworden ist. Grundsätzlich sind durch den Zusammenschluss von Allgemeinem Sozialdienst und Erziehungsberatung viele Entwicklungen möglich geworden, die in weiterhin getrennt arbeitenden Diensten nicht erreicht worden wären. So ist bspw. die Offenheit der ehemaligen MitarbeiterInnen der EB gegenüber einer anderen Sichtweise auf die Lebenslagen von Ratsuchenden als eine deutliche Verbesserung im Vergleich zur rein defizitär-individualisierenden Arbeitsweise zu werten. Genauso im fachlichen Sinne positiv, erscheint die Entlastung und Aufwertung des ASDs durch die Zusammenarbeit mit der Erziehungsberatung. Die ehemaligen MitarbeiterInnen empfinden ihr Arbeitsfeld wieder als erfüllend und haben Spaß an der Arbeit, was sich in einer höheren Kundenorientierung niederschlagen könnte. Somit bewirkt die Organisationsveränderung zum Beratungszentrum einige positive Entwicklungen, bleibt aber gerade hinsichtlich einer in der Lebenswelt verankerten Sozialen Arbeit hinter ihren Möglichkeiten zurück. Sie fördert eher eine Einzelfallfixierung anstatt individuelle Problemlagen auch strukturell bedingt wahrzunehmen und Handlungspotentiale in der fallunspezifischen Arbeit zu sehen. Somit bestätigt die Organisationsform des Beratungszentrums die von Flösser und Otto aufgestellte These, dass MitarbeiterInnen, hinsichtlich der Beeinflussung von strukturellen Problemlagen, die Wirkungschancen ihrer Arbeit begrenzt sehen (vgl. 1991, S. 186f.). Der damit legitimierte Rückzug auf die Bearbeitung von Einzelfällen entspricht nicht den Vorstellungen einer fachlich fundierten Herangehensweise in der Jugendhilfe.

Durch den Zusammenschluss von Allgemeinem Sozialdienst und Erziehungsberatung zum Beratungszentrum hat sich demnach vieles verbessert, dennoch kann aber vor allem hinsichtlich einer konsequenten Beachtung der AdressatInnenperspektive bzw. einer lebensweltorientierten Ausrichtung der Arbeit noch vieles verbessert werden.

10 Literatur

Abel, Andreas (1998): Rahmenbedingungen der Erziehungsberatung. In: Körner, Wilhelm/ Hörmann, Georg (Hrsg.) (1998). S. 87-111.

Bericht über die Lage der Psychiatrie in der Bundesrepublik Deutschland (1975) - Zur psychiatrischen und psychotherapeutisch/psychosomatischen Versorgung der Bevölkerung (Psychiatrie-Enquête). Drucksache des deutschen Bundestags 7/4200. Bonn.

Berker, Peter (1998): Entwicklung durch Beteiligung. Organisationsentwicklung innerhalb von Verwaltung. In: Schrapper, Christian (1998). S. 144-162.

Birtsch, Vera/Münstermann, Klaus/Trede, Wolfgang (Hrsg.) (2001): Handbuch Erziehungshilfen. Münster.

Bohnsack, Ralf/Marotzki, Winfried/Meuser, Michael (2003): Hauptbegriffe Qualitative Sozialforschung. Ein Wörterbuch. Opladen.

Bundeskonferenz für Erziehungsberatung (bke) (1994): Hinweise zu den Tätigkeitsanteilen in Erziehungsberatungsstellen. In: Informationen für Erziehungsberatungsstellen. Heft 3. S. 8-9.

Bundeskonferenz für Erziehungsberatung (bke) (1998): Qualitätsprodukt Erziehungsberatung. Empfehlungen zu den Leistungen, Qualitätsmerkmalen und Kennziffern. In: Informationen für Erziehungsberatungsstellen. Heft 1. S. 6-10.

Bundeskonferenz für Erziehungsberatung (bke) (2000): Grundlagen der Beratung. Fachliche Empfehlungen, Stellungnahmen und Hinweise für die Praxis. Fürth.

Bundeskonferenz für Erziehungsberatung (bke) (2002): Erziehungsberatung als allgemeines Infrastrukturangebot. Stellungnahme zum Elften Kinder- und Jugendbericht. www.bke.de.

Bundesministerium für Familien und Senioren (BMFuS) (1993): Familie und Beratung. Gutachten des Wissenschaftlichen Beirats für Familienfragen beim Bundesministerium für Familie und Senioren. Download: www.bmfsfj.de/Kategorien/Publikationen/Publikationen,did= 5438.html Stand April 2005.

Bundesministerium für Jugend, Familie und Gesundheit (BMJFG) (1980): Fünfter Jugendbericht. Bericht über Bestrebungen und Leistungen der Jugendhilfe. Bonn.

Bundesministerium für Jugend, Familie, Frauen und Gesundheit (BMJFFG) (1990): Der 8. Jugendbericht. Bonn.

Bundesministerium für Familie, Senioren, Frauen und Jugend (BMFSFJ) (1994): Neunter Jugendbericht. Bericht über die Situation der Kinder und Jugendlichen und die Entwicklung der Jugendlichen in den neuen Bundesländern. Bonn.

Chassé, Karl August/ von Wensierski, Hans-Jürgen (Hrsg.) (2002): Praxisfelder der Sozialen Arbeit. Eine Einführung. 2. überarbeitete Auflage. Weinheim, München.

Deutscher Verein für öffentliche und private Fürsorge (1994): Empfehlungen des Deutschen Vereins zur Hilfeplanung nach § 36 KJHG. In: Nachrichten Dienst des Deutschen Vereins. Heft 9. S. 317-326.

Deutscher Verein für öffentliche und private Fürsorge (Hrsg.) (2002): Fachlexikon der sozialen Arbeit. 5. Auflage. Frankfurt am Main.

Feldmann, Ursula/Tauche, Almuth (2002): Sozialdienst, allgemeiner (ASD). In: Deutscher Verein für öffentliche und private Fürsorge (Hrsg.) (2002). S. 850-851.

Finkel, Margarete/Thiersch, Hans (2001): Erziehungshilfen. In: Otto, Hans-Uwe/Thiersch, Hans (Hrsg.) (2001). S. 448-462.

Flick, Uwe u.a. (Hrsg.) (2000): Qualitative Forschung. Ein Handbuch. Reinbek bei Hamburg.

Flick, Uwe (2000): Qualitative Forschung. Theorie, Methoden, Anwendung in der Psychologie und Sozialwissenschaften. 5. Auflage. Reinbek bei Hamburg.

Flick, Uwe (2002): Qualitative Forschung. Eine Einführung. 6. Auflage, vollständig überarbeitete und erweiterte Neuausgabe. Reinbek bei Hamburg.

Flösser, Gaby (1994): Soziale Arbeit jenseits der Bürokratie. Über das Management des Sozialen. Neuwied.

Flösser, Gaby/Otto, Hans-Uwe (1996): Professionelle Perspektiven der Sozialen Arbeit. Zwischen Lebenswelt- und Dienstleistungsorientierung. In: Grunwald, Klaus u.a. (Hrsg.) (1996). S. 179-188.

Frank, Gerhard (2002): Lebenswelt. In: Deutscher Verein für öffentliche und private Fürsorge (Hrsg.) (2002). S. 609-610.

Friebertshäuser, Barbara/Prengel, Annedore (Hrsg.) (1997): Handbuch qualitativer Forschungsmethoden in der Erziehungswissenschaft. Weinheim, München.

Friebertshäuser, Barbara (1997): Interviewtechniken – ein Überblick. In: Friebertshäuser, Barbara/Prengel, Annedore (Hrsg.) (1997). S. 371-385.

Froschauer, Ulrike/Lueger, Manfred (2003): Das qualitative Interview. Zur Praxis interpretativer Analyse sozialer Systeme. Wien.

Früchtel, Frank u.a. (2001): Umbau der Erziehungshilfe. Von den Anstrengungen, den Erfolgen, und den Schwierigkeiten bei der Umsetzung fachlicher Ziele in A.. Weinheim, München.

Früchtel, Frank/Scheffer, Thomas (2001): Die Bausteine des Umbauprojektes. In: Früchtel u.a. (2001). S. 15-26.

Füssenhäuser, Cornelia (o.J.): Theoriekonzepte der Sozialen Arbeit im Vergleich. Silvia Staub-Bernasconi – Hans Thiersch – Hans-Uwe Otto. Oder von der sozialpädagogischen Kochkunst und der Art des Würzens. Unveröffentlichte Diplomarbeit. Tübingen.

Gissel-Palkovich, Ingrid (2004): Abenteuer ASD. Aktuelle Anforderungen und methodische Konsequenzen. In: Sozialmagazin. 29. Jg., 9/2004. S.12-28.

Glaser, Barney G./Strauss, Anselm L. (1998): Grounded theory. Strategien qualitativer Sozialforschung. Bern u.a..

Goode, William/Hatt, Paul (1957): Beispiel für den Aufbau eines Fragebogens. In: König, René (Hrsg.) (1957). S. 115-124.

Gräßer, Herbert (2001): Städtisches Beratungszentrum A. Konzeption.

Gräßer, Herbert (2002): Auf dem Weg. Der Allgemeine Sozialdienst wandelt sich ständig - Beispiel A.. In: Blätter der Wohlfahrtspflege 1/2002. S. 14-18.

Gräßer, Herbert/Schäfer, Sabina (o.J.): Selbstevaluation des multidisziplinären Teams einer Erziehungsberatungsstelle. Unveröffentlichtes Manuskript.

Graz, Detlef/Kraimer, Klaus (Hrsg) (1991): Qualitativ - empirische Sozialforschung. Opladen.

Greese, Dieter u.a. (Hrsg.) (1993): Allgemeiner Sozialer Dienst. Jenseits von Allmacht und Ohnmacht. Münster.

Greese, Dieter/Kersten-Rettig, Petra (1993): Vom ASD zum Dienstleistungszentrum. In: Greese, Dieter u.a. (Hrsg.) (1993). S. 155-163.

Greese, Dieter (2001): Allgemeiner Sozialer Dienst (ASD). In: Otto, Hans-Uwe/Thiersch, Hans (Hrsg.) (2001). S. 7-10.

Grunwald, Klaus/Thiersch, Hans (2001): Lebensweltorientierung. In: Otto, Hans-Uwe/ Thiersch, Hans (Hrsg.) (2001). S. 1136-1148.

Grunwald, Klaus u.a. (Hrsg.) (1996): Alltag, Nicht-Alltägliches und die Lebenswelt. Beiträge zur lebensweltorientierten Sozialpädagogik. Festschrift für Hans Thiersch zum 60. Geburtstag. Weinheim, München.

Grunwald, Klaus (2001): Neugestaltung der neuen Wohlfahrtspflege. Management organisationalen Wandels und die Ziele der Sozialen Arbeit. Weinheim, München.

Grunwald, Klaus (2004): Management in Einrichtungen der Sozialen Arbeit. In: Neue Praxis. 34. Jg. 3/2004. S. 241-258.

Hamberger, Matthias/Köngeter, Stefan/Zeller, Maren (2004): Integrierte und flexible Erziehungshilfen. In: Thiersch, Hans/Grunwald, Klaus (Hrsg.) (2004). S. 347-374.

Hermanns, Harry (2000): Interviewen als Tätigkeit. In: Flick, Uwe u.a. (Hrsg.) (2000). S. 360-368.

Hinte, Wolfgang (1991): Innovation im ASD: Strukturelle Chancen und Grenzen für eine stadtteilbezogene Arbeit. In: Institut für Soziale Arbeit e.V. (Hrsg.) (1991). S. 9-20.

Hinte, Wolfgang (1993): Jenseits von Lebenswelt und Einmischung – zur strukturellen und personellen Situation des ASD. In: Greese u.a. (Hrsg.) (1993). S. 7-26.

Hinte, Wolfgang/Litges, G./Springer, W. (1999): Soziale Dienste: Vom Fall zum Feld. Soziale Räume statt Verwaltungsbezirke. Berlin.

Hinte, Wolfgang (1999): Innovation durch Reformschritte im Jugend- und Sozialamt. In: Hinte, Wolfgang/Litgens, Gerd/Springer, Werner (Hrsg.) (1999). S. 53-85.

Hinte, Wolfgang (2002): Agieren statt reagieren. Der Allgemeine Sozialdienst braucht fachliche Standards. In: Blätter der Wohlfahrtspflege 1/2002. S. 8-11.

Hinte, Wolfgang (2004): Jugendhilfe unter erschwerten Bedingungen. Die Situation der Jugendhilfe in Zeiten der Agenda 2010. In: Blätter der Wohlfahrtspflege 3/2004. S. 83-85.

Huber, Günter L. (Hrsg.) (1992): Qualitative Analyse. Computereinsatz in der Sozialforschung. München.

Huber, Günter L. (1992): Vorwort. In: Huber, Günter L. (Hrsg.) (1992). S. 7-10.

Hundsalz, Andreas (1995): Die Erziehungsberatung. Grundlagen, Organisation, Konzepte und Methoden. Weinheim, München.

Hundsalz, Andreas (2000): Entwicklung der Kommunalen Erziehungsberatung in A.. In: Mitteilungen der lag nachrichten 2/2000. Mannheim. S. 21-23.

Hundsalz, Andreas (2001): Erziehungsberatung. In: Birtsch, Vera/Münstermann, Klaus/Trede, Wolfgang (Hrsg.) (2001). S. 504-524.

Institut für Soziale Arbeit e.V. (Hrsg.) (1991): ASD. Beiträge zur Standortbestimmung. Münster.

Jugendamt A. (2000): Projekt Umbau der Hilfen zur Erziehung in A.. Strategische Ziele für den Umbau. Qualitätsziele, Finanzierungsziele, Planungssicherheit.

Jugendamt A. (2005): Leistungen des Jugendamtes für junge Menschen und Familien in A.. Leitziele.

Klatetzki, Thomas (1994): Innovative Organisation in der Jugendhilfe. Kollektive Repräsentationen und Handlungsstrukturen am Beispiel der Hilfen zur Erziehung. In: Klatetzki, Thomas (Hrsg.) (1994). S. 11-22.

Klatetzki, Thomas (Hrsg.) (1994): Flexible Erziehungshilfen. Ein Organisationskonzept in der Diskussion. Münster.

Klatetzki, Thomas (Hrsg.) (1995): Flexible Erziehungshilfen. Ein Organisationskonzept in der Diskussion. 2. überarbeite Auflage. Münster.

Klatetzki, Thomas (1999): Qualitäten der Organisationen. In: Merchel, Joachim (1999): Qualität in der Jugendhilfe: Kriterien und Bewertungsmöglichkeiten. 2. Auflage. Münster. S. 61-75.

Klug, Hans-Peter/Specht, Friedrich (Hrsg.) (1985): Erziehungs- und Familienberatung. Aufgaben und Ziele. Göttingen.

Koch, Josef/Lenz, Stefan (Hrsg.) (1999): Auf dem Weg zu einer integrierten und sozialräumlichen Kinder- und Jugendhilfe. Dokumentation des 2. Bundestreffens INTEGRA der IGfH in Blankensee. Frankfurt (Main).

König, René (Hrsg.) (1957): Das Interview. Formen, Technik, Auswertung. Köln.

Körner, Wilhelm/ Hörmann, Georg (Hrsg.): Handbuch der Erziehungsberatung. Band 1. Anwendungsbereiche und Methoden der Erziehungsberatung. Göttingen, Bern, Toronto, Seattle.

Kommunale Gemeinschaftsstelle für Verwaltungsvereinfachung (1993a): Das neue Steuerungsmo-
dell: Begründungen, Konturen, Umsetzungen. Köln.

Kommunale Gemeinschaftsstelle für Verwaltungsvereinfachung (1993b): Organisation der Jugendhilfe: Ziele, Aufgaben und Tätigkeiten des Jugendamtes. Köln.

Kommunale Gemeinschaftsstelle für Verwaltungsvereinfachung (1994): Outputorientierte Steuerung
der Jugendhilfe. Köln.

Kreft, Dieter/Lukas, Helmut u.a. (1990): Perspektivenwandel in der Jugendhilfe. Band 1: For-
schungsmaterialien und eine umfassende Bibliographie zu Neuen Handlungsfeldern in der Jugendhilfe sowie Ergebnisse einer Totalerhebung (Daten/Fakten/Analysen) zur aktuellen Auf-
gabenwahrnehmung der Jugendämter. Nürnberg.

Krieger, Wolfgang (1994): Der Allgemeine Sozialdienst. Rechtliche und fachliche Grundlagen für
die Praxis des ASD. Weinheim, München.

Kurz-Adam, Maria (1997): Professionalität und Alltag in der Erziehungsberatung. Institutionelle
Erziehungsberatung im Prozess der Modernisierung. Opladen.

Lamnek, Siegfried (1993): Qualitative Sozialforschung. Methoden und Techniken. Band 2. 2. überarbeitete Auflage. Weinheim.

Lamnek, Siegfried (1995): Qualitative Sozialforschung. Methoden und Techniken. Band 2. 3. korri-
gierte Auflage. Weinheim.

Liebig, Reinhard (2001): Strukturveränderungen des Jugendamts. Kriterien für eine ‚gute‘ Organisation in der öffentlichen Jugendhilfe. Weinheim, München.

Lohme, Alexander (2004): Erziehungsberatung und Sozialraumorientierung. Annäherung und thema-
tischer Wandel. In: Sozialmagazin, 29. Jg. 3/2004. S. 29-34.

Lüders, Christian/Winkler, Michael (1992): Sozialpädagogik – auf dem Weg zu ihrer Normalität. In:
Zeitschrift für Pädagogik, 38. Jg., Nr.3, S. 359-370.

Markert, Andreas (2003): Jugendämter als Lernende Organisationen. Konzeptionelle Voraussetzungen und organisationsbezogene Anforderungen einer modernisierungsangemessenen Gestaltung Sozialer Dienste. In: Neue Praxis 33. Jg. 2/2003. S. 209-220.

Marschner, Lutz (Hrsg.) (1999): Beratung im Wandel. Eine Veröffentlichung der Bundeskonferenz
für Erziehungsberatung (bke). Mainz.

Menne, Klaus (Hrsg.) (1998): Qualität in Beratung und Therapie. Evaluation und Qualitätssicherung
für Erziehungs- und Familienberatung. Weinheim, München.

Menne, Klaus (2002a): Erziehungsberatung. In: Deutscher Verein für öffentliche und private Fürsorge (Hrsg.) (2002). S. 282-283.

Menne, Klaus (2002b): Erziehungs-, Ehe- und Familienberatung. In: Chassé, Karl August/ von
Wensierski, Hans-Jürgen (Hrsg.) (2002): Praxisfelder der Sozialen Arbeit. Eine Einführung. 2.
überarbeitete Auflage. Weinheim, München. S. 134-150.

Merchel, Joachim (1998): Qualifizierung von Handlungskompetenzen, Verfahren und Organisationsstrukturen als Ansatzpunkt zum sparsamen Umgang mit Ressourcen. Auftrag, Arbeitsansätze
und Ergebnisse des Projektes. In: Schrapper, Christian (1998). S. 108-143.

Merchel, Joachim (1999): Qualität in der Jugendhilfe: Kriterien und Bewertungsmöglichkeiten. 2.
Auflage. Münster.

Merchel, Joachim (2001): Beratung im "Sozialraum". Eine neue Akzentsetzung für die Verortung
von Beratungsstellen in der Erziehungshilfe? In: Neue Praxis. 31. Jg. 2001, Heft 4. S.369-387.

Merten, Roland (Hrsg.) (2002): Sozialraumorientierung. Zwischen fachlicher Innovation und rechtli-
cher Machbarkeit. Weinheim. München.

Meuser, Michael/Nagel, Ulrike (1991): Das Experteninterview - vielfach erprobt, wenig bedacht. Ein
Beitrag zur qualitativen Methodendiskussion. In: Graz, Detlef/Kraimer, Klaus (Hrsg) (1991):
Qualitativ - empirische Sozialforschung. Opladen. S. 441-471.

Meuser, Michael/Nagel, Ulrike (1997): Das Experteninterview - Wissenssoziologische Voraussetzungen und methodische Durchführung. In: Friebertshäuser, Barbara/Prengel, Annedore (Hrsg.) (1997). S. 481-491.

Mörsberger, Thomas (2002): Garantenpflicht. In: Deutscher Verein für öffentliche und private Fürsorge (Hrsg.) (2002). S. 372-373.

Münder, Johannes (1991): Das neue Jugendhilferecht. Münster.

Münder, Johannes u.a. (1998): Frankfurter Lehr- und Praxiskommentar zum KJHG/SGB VIII. Stand 1.1.1999. 3. völlig überarbeitete Auflage. Münster.

Münder, Johannes (2001): Kinder- und Jugendhilfegesetz (KJHG). In: Otto, Hans-Uwe/Thiersch, Hans (Hrsg.) (2001). S. 1001-1019.

Otto, Hans-Uwe (1991): Sozialarbeit zwischen Routine und Innovation. Professionelles Handeln in Sozialadministrationen. Berlin, New York.

Otto, Hans-Uwe/Thiersch, Hans (Hrsg.) (2001): Handbuch Sozialarbeit/Sozialpädagogik. 2. völlig überarbeitet Auflage. Neuwied, Kriftel.

Peters, Friedhelm/Trede, Wolfgang/Winkler Michael (Hrsg.) (1998): Integrierte Erziehungshilfen. Qualifizierung der Jugendhilfe durch Flexibilisierung und Integration?. Frankfurt/Main.

Peters, Friedhelm/Hamberger, Matthias (2004): Integrierte flexible, sozialräumliche Hilfen (INTEGRA) und der aktuelle Erziehungshilfediskurs. In: Peters, Friedhelm/Koch, Josef (Hrsg.) (2004). S. 27-56.

Peters, Friedhelm/Koch, Josef (Hrsg.) (2004): Integrierte erzieherische Hilfen. Flexibilität, Integration und Sozialraumbezug in der Jugendhilfe. Weinheim, München.

Petersen, Kerstin (1999): Neuorientierung im Jugendamt: Dienstleistungshandeln als professionelles Konzept Sozialer Arbeit. Neuwied, Kriftel.

Pfeifle, Bruno (2000): Entwicklung der Kommunalen Erziehungsberatung in A.. Brief vom 27.11.2000 an Andreas Hundsalz.

Presting, Günter (Hrsg.) (1991): Erziehungs- und Familienberatung. Untersuchungen zur Entwicklung, Inanspruchnahme und Perspektiven. Weinheim, München.

Proksch, Roland (1994): Allgemeine gesetzliche Grundlagen. In: Textor, Martin R. (Hrsg.) 1994). S. 21-42.

Schaarschuch, Andreas (1996): Dienst-Leistung und Soziale Arbeit. Theoretische Überlegungen zur Rekonstruktion sozialer Arbeit als Dienstleistung. In: Widersprüche 59/1996, S. 87-97.

Schäfer, Heiner (1982): Zur Reformdiskussion um das Jugendhilferecht 1977-1980. Eine Dokumentation. München.

Schäfer, Sabina (2005): Das multidisziplinäre Team in der Jugendhilfe als Voraussetzung für Erkennen. Unveröffentlichtes Manuskript der Tagung ,Diagnostik in der Kinder und Jugendhilfe' am 21./22.4.2004 in Berlin.

Schrapper, Christian (1994): Von der Eingriffsbehörde zur Leistungsverwaltung? Überlegungen zur Aufgabenstellung, Struktur und Arbeitsweise des örtlichen Jugendamtes nach dem KJHG. In: Klatetzki, Thomas (Hrsg.) (1994). S. 39-63.

Schrapper, Christian (1998): Qualität und Kosten im ASD. Konzepte zur Planung und Steuerung der Hilfen zur Erziehung durch kommunale soziale Dienste. Münster.

Schröer, Wolfgang/ Struck, Norbert/Wolff, Mechthild (Hrsg.) (2002): Handbuch Kinder- und Jugendhilfe. Weinheim, München.

Seithe, Mechthild (2001): Praxisfeld: Hilfe zur Erziehung. Fachlichkeit zwischen Lebensweltorientierung und Kindeswohl. Opladen.

Stiefel, Marie-Luise (2002): Reform der Erziehungshilfen in A.. In: Merten, Roland (Hrsg.) (2002). S. 55-67.

Straus, Florian/Gmür, Wolfgang. (1991): Ein Nebenthema mit Kontinuität. Empirische Anmerkungen zur Diskussion um die Öffnung der Beratung. In: Presting, Günter (Hrsg.) (1991). S. 125-155.

Strauss, Anselm L. (1991): Qualitative Sozialforschung. Datenanalyse und Theoriebildung in der empirischen und soziologischen Forschung. München.

Strauss, Anselm L. (1994): Grundlagen qualitativer Sozialforschung. München.

Struck, Norbert (2002): Kinder- und Jugendhilfegesetz/SGB VIII. In: Schröer, Wolfgang/ Struck, Norbert/Wolff, Mechthild (Hrsg.) (2002). S. 529-544.

Strübing, Jörg (2003): Theoretisches Sampling. In: Bohnsack, Ralf/Marotzki, Winfried/Meuser, Michael (2003). S. 154-156.

Textor, Martin R. (Hrsg.) (1994): Allgemeiner Sozialdienst. Ein Handbuch für soziale Berufe. Weinheim, Basel.

Thiersch, Hans (1985): Erziehungsberatung und Jugendhilfe. In: Klug, Hans-Peter/Specht, Friedrich (Hrsg.) (1985).

Thiersch, Hans (1992): Lebensweltorientierte Soziale Arbeit. Weinheim, München.

Thiersch, Hans (1998): Notizen zum Zusammenhang von Lebenswelt, Flexibilität und flexiblen Hilfen. In: Peters, Friedhelm/Trede, Wolfgang/Winkler Michael (Hrsg.) (1998): Integrierte Erziehungshilfen. Qualifizierung der Jugendhilfe durch Flexibilisierung und Integration?. Frankfurt/Main. S. 24-35.

Thiersch, Hans (1999): Integrierte flexible Hilfen. In: Koch, Josef/Lenz, Stefan (Hrsg.) (1999). S. 15-32.

Thiersch, Hans (2000): Lebensweltorientierte Soziale Arbeit. Aufgaben der Praxis im Sozialen Wandel. 4. Auflage. Weinheim, München.

Thiersch, Hans/Grunwald, Klaus/Köngeter, Stefan (2002): Lebensweltorientierte Soziale Arbeit. In: Thole, Werner (Hrsg.) (2002). S. 161-178.

Thiersch, Hans/Grunwald, Klaus (Hrsg.) (2004): Praxis Lebensweltorientierter Sozialer Arbeit. Handlungszugänge und Methoden in unterschiedlichen Arbeitsfeldern. Weinheim, München.

Thole, Werner (Hrsg.) (2002): Grundriss Soziale Arbeit. Ein einführendes Handbuch. Opladen.

Till, Henning (2004): Unternehmen Jugendamt. Von der verwaltenden Behörde zur lernenden Organisation. In: Blätter der Wohlfahrtspflege 3/2004. S. 86-88.

van Santen, Eric/Zink, Gabriela (2003): Der Allgemeine Soziale Dienst zwischen Jugendamt und Eigenständigkeit – Empirische Daten zur organisatorischen Verankerung in den Kommunen. In: Nachrichten Dienst des Deutschen Vereins für öffentliche und private Fürsorge. 84. Jg.. S. 25-33.

Weber, Kurt (2000): Kurze Wege und direkte Kontakte erleichtern die Arbeit. Erste Ergebnisse zum Organisationsentwicklungsprozess im Jugendamt A.. In: Jugendhilfe 38. Jg. 6/2000. S. 285-287.

Weißenstein, Regina (1999): Zur Rolle der Spezialeinrichtung bei Sozialraumorientiertem Arbeiten der Erziehungshilfen oder „Was ist der Kuchen - was ist die Sahne?". Evangelische Gesellschaft Stuttgart.

Wiesner, Reinhard (1995): Die Entwicklung der Hilfen zur Erziehung in der Bundesrepublik Deutschland nach der Verabschiedung des KJHG. In: Klatetzki, Thomas (Hrsg.) (1995).

Wiesner, Reinhard u.a. (Hrsg.) (2000): SGB VIII. Kinder- und Jugendhilfe. 2. völlig überarbeitete. Auflage. München.

Wittkowski, Joachim (1994): Das Interview in der Psychologie: Interviewtechnik und Codierung von Interviewmaterial. Opladen.

Wolff, Mechthild (2000): Integrierte Erziehungshilfen. Eine exemplarische Studie über neue Konzepte in der Jugendhilfe. Weinheim, München.